Princípios do Processo Civil

P842p Portanova, Rui
Princípios do Processo Civil / Rui Portanova. 8. ed. — Porto Alegre: Livraria do Advogado Editora, 2013.
308 p.; 23 cm.

ISBN 978-85-7348-836-4

1. Processo Civil. 2. Princípio do juiz natural. 3. Justiça: Acesso. 4. Princípio do devido processo legal: Processo Civil. I. Título.

CDU 347.9
347.97

Índices para o catálogo sistemático:

Justiça: Acesso
Princípio do devido processo legal: Processo Civil
Princípio do juiz natural
Processo Civil

RUI PORTANOVA

Princípios do Processo Civil

OITAVA EDIÇÃO

Porto Alegre, 2013

© Rui Portanova, 2013

Projeto gráfico de
Henry Saatkamp

Revisão de
Rosane Marques Borba

Capa, diagramação e montagem
Livraria do Advogado Editora

Direitos desta edição reservados por
Livraria do Advogado Editora Ltda.
Rua Riachuelo 1338
90010-273 Porto Alegre RS
Fone/fax 0800-51-7522
editora@livrariadoadvogado.com.br
www.doadvogado.com.br

Impresso no Brasil / Printed in Brazil

Aline,
Alice
e
Clarisse.
Pronto. Agora, vamos brincar?

Eu sei que já faz muito tempo
Que a gente volta aos princípios
Tentando acertar o passo
Usando mil artifícios
Mas sempre alguém tenta um salto
E a gente é que paga por isso

LOBÃO E BERNARDO VILHENA

Revanche

Sumário

INTRODUÇÃO   13

Primeira Parte
PRINCÍPIOS INFORMATIVOS   17

1.1. CONSIDERAÇÕES INICIAIS   19

1.2. PRINCÍPIO LÓGICO   21

1.3. PRINCÍPIO ECONÔMICO   24

1.4. PRINCÍPIO POLÍTICO   31

1.5. PRINCÍPIO JURÍDICO   35

1.6. PRINCÍPIO INSTRUMENTAL   48

1.7. PRINCÍPIO EFETIVO   54

Segunda Parte
JURISDIÇÃO E JUIZ   59

2.1. CONSIDERAÇÕES INICIAIS   61

2.2. PRINCÍPIO DO JUIZ NATURAL   63
2.2.1. Princípio da inércia da jurisdição   69
2.2.2. Princípio da independência   72
2.2.3. Princípio da imparcialidade   77
2.2.4. Princípio da inafastabilidade   82
2.2.5. Princípio da gratuidade judiciária   84
2.2.6. Princípio da investidura   88
2.2.7. Princípio da aderência ao território   89
2.2.8. Princípio da indelegabilidade   91
2.2.9. Princípio da indeclinabilidade   92
2.2.10. Princípio da inevitabilidade   95
2.2.11. Princípio da independência das jurisdições civil e criminal   96
2.2.12. Princípio da *perpetuatio jurisdictionis*   99
2.2.13. Princípio da recursividade   103

Terceira Parte
AÇÃO E DEFESA   107

3.1. CONSIDERAÇÕES INICIAIS   109

3.2. PRINCÍPIO DO ACESSO À JUSTIÇA   112
3.2.1. Princípio da demanda   114
3.2.2. Princípio da autonomia de ação   118
3.2.3. Princípio dispositivo   121
3.2.4. Princípio da ampla defesa   124
3.2.5. Princípio da defesa global   128
3.2.6. Princípio da eventualidade   130
3.2.7. Princípio da estabilidade objetiva da demanda   132
3.2.8. Princípio da estabilidade subjetiva da demanda   136

Quarta Parte
PROCESSO E PROCEDIMENTO   141

4.1. CONSIDERAÇÕES INICIAIS   143

4.2. PRINCÍPIO DO DEVIDO PROCESSO LEGAL   145
4.2.1. Atos processuais   148
4.2.1.1. Considerações iniciais   148
4.2.1.2. Princípio do debate   149
4.2.1.3. Princípio do impulso oficial   153
4.2.1.4. Princípio da boa-fé   156
4.2.1.5. Princípio do contraditório   160
4.2.1.6. Princípio da representação por advogado   164
4.2.1.7. Princípio da publicidade   167
4.2.1.8. Princípio da celeridade   171
4.2.1.9. Princípio da preclusão   174
4.2.1.10. Princípio da indisponibilidade procedimental   178
4.2.1.11. Princípio da preferibilidade do rito ordinário   181

4.2.2. Nulidades   184
4.2.2.1. Considerações iniciais   184
4.2.2.2. Princípio da liberdade de forma   186
4.2.2.3. Princípio da finalidade   187
4.2.2.4. Princípio do aproveitamento   190
4.2.2.5. Princípio do prejuízo   192
4.2.2.6. Princípio da convalidação   194
4.2.2.7. Princípio da causalidade   195

4.2.3. Prova   197
4.2.3.1. Considerações iniciais   197
4.2.3.2. Princípio da busca da verdade   198
4.2.3.3. Princípio da licitude da prova   201
4.2.3.4. Princípio inquisitivo   204
4.2.3.5. Princípio da livre admissibilidade da prova   208

4.2.3.6. Princípio do ônus da prova   212
4.2.3.7. Princípio da comunhão da prova   216
4.2.3.8. Princípio da avaliação da prova   218
4.2.3.9. Princípio da imediatidade   221
4.2.3.10. Princípio da concentração   224
4.2.3.11. Princípio da originalidade   227

4.2.4. Sentença   229
4.2.4.1. Considerações iniciais   229
4.2.4.2. Princípio da vinculação do juiz aos fatos da causa   231
4.2.4.3. Princípio da adstrição do juiz ao pedido da parte   234
4.2.4.4. Princípio da *iuria novit curia*   237
4.2.4.5. Princípio da identidade física do juiz   241
4.2.4.6. Princípio do livre convencimento   244
4.2.4.7. Princípio da motivação   247
4.2.4.8. Princípio da persuasão   251
4.2.4.9. Princípio da sucumbência   254
4.2.4.10. Princípio da invariabilidade da sentença   260

4.2.5. Recursos   262
4.2.5.1. Considerações iniciais   262
4.2.5.2. Princípio do duplo grau de jurisdição   264
4.2.5.3. Princípio do duplo grau de jurisdição obrigatório   266
4.2.5.4. Princípio da taxatividade   269
4.2.5.5. Princípio da singularidade   271
4.2.5.6. Princípio da fungibilidade do recurso   273
4.2.5.7. Princípio da dialeticidade   275
4.2.5.8. Princípio da devolutibilidade dos recursos   277
4.2.5.9. Princípio da irrecorribilidade em separado das interlocutórias   281

CONCLUSÃO   283

BIBLIOGRAFIA   287

ÍNDICE TEMÁTICO   299

ALUNOS COOPERADORES   307

Introdução

Não se faz ciência sem princípios. Costuma-se mesmo definir ciência como conjunto de conhecimentos ordenados coerentemente segundo princípios. Claus-Wilhelm Canaris (1989, p. 280) define o sistema jurídico como "ordem axiológica ou teleológica de princípios jurídicos gerais". Em verdade, há estudos tão avançados de doutrinadores como Dworkin (1986) que autorizam pensar-se mesmo numa principiologia.

Geraldo Ataliba (1981, p. 11) garante: "o princípio é muito mais importante do que uma norma". E, citando Agostinho Gordillo complementa: ". . . (o princípio) é uma norma; mas é mais do que uma norma, uma diretriz, é um norte do sistema, é um rumo apontado para ser seguido por todo o sistema. Rege toda a interpretação do sistema e a ele se deve curvar o intérprete, sempre que se vai debruçar sobre os preceitos contidos no sistema".

A origem dos princípios é antiga. Informa Alcides de Mendonça Lima (1984, p. 11) que em diversos textos, mesmo de épocas remotas, sempre houve dispositivos que, implicitamente, os consagravam. Posteriormente, a partir do século XIX, foram formulados de modo expresso, pela doutrina, com teor condensado. Esclarece José Carlos Barbosa Moreira (1986, p. 9) que "remonta à doutrina alemã do começo do século XIX a preocupação de compendiar em 'princípios' (ou 'máximas') as diretrizes político-jurídicas que se podem acolher na ordenação do processo". Até agora, porém, nenhum código relaciona princípios de maneira categórica, embora cada princípio possa ser encontrado de forma latente no texto de todos os ordenamentos.

A doutrina utiliza o termo "princípio" com muitas significações: critério, política, sistema, requisito e regra, por exemplo. Carrio (1970, p. 33) enumera sete focos de significação do conceito de princípio. Ademais, vale para os princípios o que Hart (1961, p. 20) disse para o direito: "nada lo suficientemente conciso como para ser considerado una definición puede proporcionale una respuesta satisfactoria".

No Brasil, assim como na maioria dos países que adotam sistemas jurídicos de origem romanística, os princípios são considerados como fonte do direito. Por isto, no artigo 4º da Lei de Introdução do Código Civil, no art. 8º da Consolidação das Leis Trabalhistas e no art. 126 do Código de Processo Civil os princípios aparecem como uma das formas de colmatação de lacunas.

Mais do que isto, dispõe a Constituição Federal que "os direitos e garantias nela expressos não excluem outros decorrentes do regime e dos princípios por ela adotados..." (§ 1º do art. 5º).

Logo, os princípios não são meros acessórios interpretativos. São enunciados que consagram conquistas éticas da civilização e, por isso, estejam ou não previstos na lei, aplicam-se cogentemente a todos os casos concretos.

Os limites desta obra podem ser apresentados a partir de esboço classificatório dos princípios de acordo com suas valências e graus de abstração.

Ensina Amauri Mascaro Nascimento (1992, p. 58) que os princípios são *onivalentes* quando aplicáveis a todas as ciências (exemplo: princípio da identidade - o ser é, o não ser não é). São princípios *plurivalentes* aqueles aplicáveis a algumas ciências, como o princípio da causalidade, das ciências físicas, e o princípio da imputabilidade, das ciências sociais. Já os princípios *monovalentes* são os princípios de uma ciência (exemplo: os princípios da ciência jurídica). Por fim, têm-se os princípios *setoriais*, que são os princípios de um ramo da ciência.

Este livro limita-se a apresentar ensaios sobre princípios setoriais do processo civil.

O direito processual civil tem um número bastante grande de princípios de primeiro grau, os quais - dependendo de sua localização na teoria geral do direito processual - são informados por princípios de segundo grau. Assim, o princípio do juiz natural informa todos os demais princípios ligados com à jurisdição e a pessoa do juiz; o princípio do acesso à justiça informa todos os demais princípios ligados à ação e à defesa; e o princípio do devido processo legal informa todos os demais princípios de primeiro graus ligados ao processo e ao procedimento.

Por sua vez, os princípios do processo civil de primeiro e segundo grau são informados pelos princípios informativos ou formativos que, assim, são de terceiro grau. Aos tradicionais princípios formativos - lógico, econômico, político, jurídico - deve-se acrescer o princípio da instrumentalidade e da efetividade.

Em verdade, os princípios de terceiro grau também são informados por princípios de um grau superior. Porém, nesse nível, já se está em sede dos princípios monovalentes que informam toda a ciência do direito. São *princípios dos princípios,* como Willis Santiago Guerra Filho (1992/1993) chama o princípio da proporcionalidade. Também o princípio da primazia da realidade, tal como apresentado por Américo Plá Rodriguez pode ser considerado como informador de todo o direito em geral e o processo civil em particular.

Talvez facilite a compreensão o esquema que apresentamos na página seguinte.

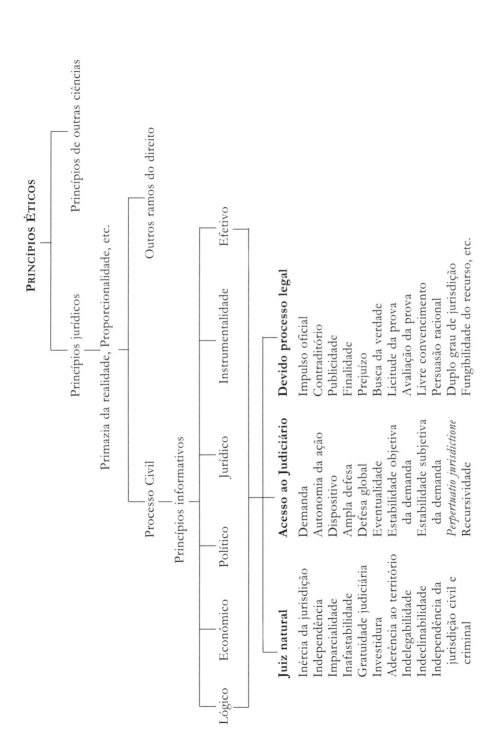

O presente trabalho limita-se a apresentar ensaios sobre os princípios de primeiro, segundo e terceiro graus ligados ao processo civil brasileiro.

Assim, dada a generalidade do tema, a complexidade da tarefa e a natureza da pesquisa, já é possível ao leitor imaginar que tivemos que enfrentar, nesta obra, muitos outros problemas, além daqueles próprios das limitações do autor.

O tempo mostrará que aqui alguns princípios processuais não foram alinhados e/ou foram insuficientemente desenvolvidos. Preferiu-se uma análise mais geral e menos casuística. Ademais, não se trata nesta obra de todos os princípios do processo. Ficaram de fora os pertinentes aos processos de execução, cautelar e jurisdição voluntária. Por fim, tentou-se evitar perspectiva exageradamente judicial do processo. O vício da profissão, contudo, deixou suas marcas.

A grande maioria dos princípios que aqui se encontram ensaiados não são novos. São os mesmos princípios clássicos, classificados em partes que a teoria geral do processo consagrou. Em primeiro lugar, aparecem os *princípios informativos* do processo. Ao lado dos já conhecidos princípios lógicos, econômico, político e jurídico, aparecem dois novos que atualizam o processo com sua vocação instrumental e sua efetividade. Depois, vêm os *princípios ligados com a jurisdição e com a pessoa do juiz*, os quais são informados pelo princípio do juiz natural. Em seguida, *o princípio do acesso à justiça*, informa o rol de princípios que se ligam à ação e à defesa. Por fim, vêm os *princípios ligados ao processo e ao procedimento*. Nessa parte há subdivisões para contemplar princípios ligados aos atos processuais, às nulidades, às provas, à sentença e aos recursos. Todos esses princípios são informados pelo princípio do devido processo legal.

Alguns princípios, mesmo com conteúdos muito próximos de outros, são contemplados em capítulos próprios. Por isso, muitos conceitos e observações aparecem repetidos. Todos estão arrolados no Índice Temático da página 299

Cumpre agradecer o incentivo dos alunos listados no final da obra. A inquietação própria de quem estuda cooperou para a realização desta publicação.

PRIMEIRA PARTE

Princípios informativos

E, na evolução (ou involução) de um ordenamento capitalista, o surto renovador vai abalando idéias consideradas sagradas ante a antiga concepção, como a liberdade contratual, o direito de propriedade, o direito hereditário, a organização da família, a não-intervenção estatal, etc.

ALCIDES MENDONÇA LIMA

Os Princípios Informativos no Código de Processo Civil

1.1. CONSIDERAÇÕES INICIAIS

Costuma-se distinguir os *princípios gerais* do direito processual dos *princípios informativos* (ou *formativos*): "normas ideais que representam uma aspiração de melhoria do aparelho processual" que, dotados de forte conteúdo ético, "não se limitam ao campo da deontologia e perpassam toda a dogmática jurídica, apresentando-se ao estudioso do direito nas suas projeções sobre o espírito e a conformação do direito positivo". (Grinover, 1992, p. 50).

Neste livro, além dos quatro tradicionais princípios informativos, são consagrados mais dois. Assim, comandam todo o processo civil os seguintes princípios informativos:

Lógico,
Econômico,
Político,
Jurídico,
Instrumental e
Efetivo.

Atribui-se a P. S. Mancini (1855, p. 10) a origem dos princípios informativos. Com efeito, em *Commentario del Codice di Procedura Civile*, juntamente com G. Pisanelli e A. Scialoia refere quatro princípios.

O primeiro é o princípio *lógico* representado desta forma: "Scelta de'mezzi più sicuri e spediti per ricercare e scoprire la verità, e per evitare l'errore" (seleção dos meios mais eficazes e rápidos de procurar e descobrir a verdade e de evitar o erro).

O segundo, princípio *jurídico*, "intende a procacciare a'litiganti l'Eguaglianza nella contesa, e la giustizia nella decisione." (destinado a proporcionar aos litigantes igualdade no litígio e justiça na decisão).

Depois, o princípio *político* "si propone d'introdurre nel processo la massima garanzia sociale de'diritti col minimo sacrifizio individuale di libertà (consiste em dar ao processo a máxima garantia social, com o mínimo de sacrifício individual de liberdade).

Por último, o princípio *econômico* "richiede che le liti non siano materia di gravose imposte, nè per la loro lunghezza e la spesa si rendano accessibili soltanto ad alcuni cittadini privilegiati per ricchezza." (pelo qual os processos não devem ser objeto de gravosas taxações, nem pela duração e nem pelas despesas torná-las utilizáveis somente por alguns cidadãos privilegiados pela riqueza).

Antonio Pereira Braga (s. d. , p. 63) refere que Bellavitis entende que esses quatro princípios foram resumidos por Chiovenda num só: importa obter o máximo resultado na atuação da lei com o mínimo emprego possível de atividade processual". Parece, porém, que o próprio Chiovenda declarou juntar mais êsse novo princípio, a que chamou 'del minimo mezzo', aos quatro formulados por Mancini".

Os comentários a respeito dos princípios informativos, na medida do possível, perseguem o ideal de Mancini no sentido de fazer aplicação desses princípios "secundo il grado del progresso intelletualle, morale, politico ed economico di ciuascuna età e di ciascun popolo." (1855, p. 10).

Nesse rumo, pareceu indispensável, não só atualizar os temas para a idéia de processo deste fim de milênio e adaptar os princípios às circunstâncias brasileiras, como consagrar avanço muito peculiar de nossa doutrina no sentido da instrumentalidade e efetividade do processo.

Com efeito, não é difícil constatar que no momento processual brasileiro, tanto a instrumentalidade como a efetividade do processo, não só têm a dignidade de princípios, como - com justa razão - acabam informando e influindo em todos os outros princípios que regem o processo civil no Brasil.

O princípio da *instrumentalidade* atende à necessidade de consagrar a mudança na mentalidade do processualista. Hoje, induvidosamente, o processo está menos preocupado com a forma e mais voltado para resultados substanciais. O momento atual de quem trabalha com o direito judiciário é o propósito de transformar o processo em instrumento ético e político de atuação da justiça e da garantia de liberdade e de plena e total aderência do processo à realidade sociojurídica a que se destina. (Grinover, 1990, p. 48).

A par disso, o processo, em sua efetividade, busca superar o atomismo individualista que caracterizou a doutrina política nascida na Revolução Francesa e que, na verdade, ainda hoje oferece resistência tenaz às idéias contemporâneas, que procuram adequar o processo civil a novas necessidades sociais (Silva, 1991, p. 13). Assim, a efetividade buscada pelo processo só pode ser a social. Nesse passo, o *princípio efetivo* (ou *da efetividade social*) torna-se, tanto quanto qualquer outro princípio formativo, uma constante que vai informar todos os demais princípios.

1.2. PRINCÍPIO LÓGICO

Enunciado

O processo deve desenvolver-se com os atos e formas mais aptas para descobrir a verdade e evitar o erro.

Conteúdo

Quando a doutrina fala no princípio informativo lógico do processo, o faz preocupada com a estruturação coerentemente cronológica dos atos do processo.

Sendo "marcha à frente", o processo, uma vez iniciado, vai racionalmente em busca de sua finalidade numa seqüência coordenada e lógica de atos.

A petição inicial deve preceder à contestação. Esta, por sua vez, deve ser deduzida antes da audiência de instrução e julgamento. Na petição inicial, o autor deverá, primeiramente, narrar os fatos e os fundamentos jurídicos de sua pretensão; somente após é que deduzirá o pedido (Nery Jr., 1993, p. 243).

Outra amostra desta lógica é a ordem das questões no art. 301; e ainda a maneira lógica e, até sucessivamente cronológica da extinção do processo, sem e com julgamento de mérito (arts. 329, 267 e 269, II a V) e julgamento antecipado da lide (arts. 330 e 269, I) (Arruda Alvim, 1975, p.54).

Como se vê, o termo "lógico", aqui não é usado com o sentido de estudo que vise a determinar categorias racionais ou "reflexão crítica sobre os pressupostos de validade do pensamento jurídico no plano dogmático" (Coelho, 1979, p. 43).

O princípio lógico preocupa-se mais com uma adequada liturgia do processo. Em verdade, é uma preocupação metodológica, porquanto interessa à forma de dirigir a investigação da verdade no processo

Talvez por isso Arruda Alvim (1985, p. 99), em conferência pronunciada na Academia de Ciências Políticas e Sociais da Venezuela, entende que "se coloca este principio, en realidad, más al nivel del legislador, y, por lo tanto, antes que todo, se debe decir principio *meta o pré jurídico*".

Aliás, na seqüência das proficientes razões do emérito jurista, se desvenda o caráter ideológico do princípio lógico quando se faz lei: "las mejores maneras de obtenerse, por medio del proceso, una sentencia *justa*, son, ante todo, colocadas al legislador, lo cual, considerando razones políticas (y todas las circunstancias reales que involúcran la sociedad) traducirá en el procedimento el camino a la obtención de esta sentencia ... pues es el resultado de una pauta o de un programa político." (idem, ibidem)

Em verdade, nem o legislador é tão sábio que seja capaz de prever um andamento processual absolutamente lógico, nem o processo é tão rigidamente lógico em todas as suas manifestações.

A prova da falta de capacidade do legislador de prever onicientemente um processo rigorosamente lógico está na previsão do procedimento sumaríssimo.

A falta de lógica em termos de sumaríssimo acabou sendo sanada pela Lei 8952/94, que, retificando o art. 272 do CPC, disse que o procedimento comum é ordinário ou sumário. Com efeito, não havia lógica nenhuma em prever um procedimento sumaríssimo sem cogitar de qualquer procedimento sumário que intermediasse com o ordinário.

No que diz com o andamento do procedimento sumaríssimo (agora chamado de sumário), a falta de lógica é tanta que - como se verá no estudo sobre o princípio da indisponibilidade de rito - o procedimento ordinário, salvo exceções, tem-se mostrado mais rápido que o sumaríssimo.

Por outro lado, não raro a prática forense se depara com situações que excepcionam o princípio lógico do processo. Vejamos um exemplo em que, ilogicamente, o processo tem que andar para frente para só então poder voltar para trás.

Essa hipótese acontece nos processos de execução em que, sendo devedor somente o marido, há penhora integral de bem imóvel. Tratando-se daquelas hipóteses em que o débito não beneficiou a família, por evidente, a mulher tem direito de ação para ressalvar sua meação por via de embargos de terceiros. Esse direito a mulher pode exercer no prazo de embargos de devedor. Mas admite-se que "a mulher casada pode a qualquer momento interpor embargos de terceiros para salvar a sua meação, pouco importando se foi intimada ou não da penhora para oferecer embargos de devedor até cinco dias depois da arrematação, por força do disposto no art. 1.048 do CPC." (Embargos Infringentes 1.93.119 005, Quarto Grupo Cível do Tribunal de Alçada do Rio Grande do Sul. Rel. João Adalberto Medeiros Fernandes).

O processo não tem instrumento que obrigue a mulher a intentar os embargos dentro de determinado prazo que possibilite seguir-se na execução com a garantia de que não sofrerá solução de continuidade.

E aqui o processo se faz ilógico. Temos que seguir na execução, gastar com avaliação e editais, enfim andar para frente, para só então constranger a mulher a, querendo, intentar os seus embargos de terceiros, e, assim, suspender a execução até final julgamento dos embargos.

Seja como for, são apenas exceções que em nada desmerecem o andamento lógico do processo.

O princípio tem muitas implicações importantes ao longo do processo.

O princípio lógico fundamenta, em última análise, a necessidade de reunião de autos, unidade de instrução e decisão conjunta de ações. Trata-se das hipóteses de conexão ou continência, onde o objetivo último é o de evitar-se decisões conflitantes.

Outro exemplo diz com as relações entre fatos ou questões jurídicas quando umas são prejudiciais das outras. Fala-se então em *princípio da prejudicialidade*, segundo o qual se impõe a apreciação preliminar de algumas matérias, quer de direito processual, quer mesmo de direito material, que, conforme o que for decidido antes, pode prejudicar a análise de temas posteriores. São questões de direito cuja solução se apresenta como antecedente lógico de outras que as sucedem. Quando a prejudicial é questão processual, chama-se preliminar; quando a prejudicial é de direito material, chama-se pré-mérito ou prejudicial do mérito.

Como hipótese de incidência do princípio da prejudicialidade em questões processuais, tem-se que, ao sentenciar, o juiz deve apreciar, antes do mérito, algumas das preliminares alegadas pelas partes e referidas no art. 301 do CPC. Mesmo entre as questões processuais, umas podem ser prejudiciais de outras. Por exemplo, a questão pertinente à competência é prejudicial na análise sobre a validade da citação.

Como exemplo de prejudicialidade de direito material, temos os de nulidade de escritura e a apreciação de usucapião em ação petitória.

Outra faceta do princípio da prejudicialidade diz respeito à necessidade de aguardar-se a solução do juízo criminal para depois continuar a investigação própria do fato no juízo cível. A jurisdição criminal, em regra, tem prevalência sobre a jurisdição cível quando se trata de prejudicialidade das questões. Assim, pode ocorrer a necessidade de suspender-se o processo cível até a solução do processo criminal (CPC, art. 110). Em caso, por exemplo, de absolvição criminal, provada a não-participação do réu no fato, esta decisão prejudica a continuação do processo cível, que deverá obrigatoriamente ser julgado improcedente (ver princípio da independência das jurisdições civil e criminal).

Enfim, um andamento lógico e racional do processo é garantia de estar-se em bom rumo para a realização da justiça. O mesmo se pode dizer quanto ao princípio econômico que veremos a seguir.

1.3. PRINCÍPIO ECONÔMICO

Sinonímia

Princípio da economia processual. Princípio da simplificação.

Enunciado

O processo procura obter o maior resultado com o mínimo de esforço.

Conteúdo

Os processualistas perseguem o ideal de uma justiça barata, rápida e justa.

A busca de processo e procedimentos tão viáveis quanto enxutos, com um mínimo de sacrifício (tempo e dinheiro) e de esforço (para todos os sujeitos processuais), interessa ao processo como um todo e, por isso, compreende o que se convencionou chamar de *princípio informativo econômico* ou *da economia processual*.

O princípio econômico significa que o procedimento - como qualquer atividade humana - "deberá ser estructurado para rendir al máximo, con la menor actividad posible, todo para mayor celeridad de la actividad judicial." (Alvim, 1985, p. 103). Contudo, vale a observação de Nelson Nery Jr. (1993, p. 243): "observadas, sempre, as garantias das partes e as regras procedimentais e legais que regem o processo civil".

Enfim, o princípio da economia processual "transcende à mera preocupação individualista de poupar trabalho a juízes e partes, de frear gastos excessivos, de respeitar o dogmatismo dos prazos, pois não visa à comodidade dos agentes da atividade processual, mas à ânsia de perfeição humana - reconhecer o direito com o menor gravame possível" (Lacerda, 1985, p. 6).

O preço elevado dos custos processuais, a demora e o emperramento fazem parte do conjunto de críticas mais constantes e procedentes que se fazem ao aparelho judiciário.

O princípio da economia processual, informativo de todo processo como é, guarda uma idéia e um ideal constante na mentalidade de todos que, teórica ou praticamente, lidam com o processo. Indispensável é que o ator jurídico se incorpore em um clima de economia e racionalização de todo o processo.

A economia processual pode ser analisada a partir de quatro vertentes, que mesmo não sendo absolutamente autônomas entre si, viabilizam:

a) economia de custos;
b) economia de tempo;
c) economia de atos;
d) eficiência da administração judiciária.

Economia de custo e tempo

Sem dúvida, um dos objetivos mais constantes do processo é a economia financeira, o barateamento das custas processuais e até a gratuidade para os necessitados (Lei 1.060/50).

Quanto ao benefício da gratuidade judiciária, remete-se o leitor à análise do princípio da *justiça gratuita*. Contudo, vale salientar, desde logo, muito colaboraria uma visão mais ampliada do benefício. Melhor que seja uma assistência jurídica gratuita e não restritamente judiciária. Ademais, parece viável pensar-se na extensão do benefício às microempresas e mesmo a pessoas consideradas de classe média. Ressalte-se, ainda, a necessidade de mentalidade desburocratizada quanto ao atendimento dos pedidos de gratuidade. Por fim, os beneficiários dessa garantia constitucional melhor se equipararão a seus contendores quando os Estados contarem com defensorias públicas integradas por profissionais submetidos a concurso público no mesmo nível de outros cargos jurídicos.

Os Juizados de Pequenas Causas, criados pela Lei 7.244/84, atendem plenamente ao item economia processual de custos, pois os que buscam aquele serviço estão plenamente dispensados de qualquer pagamento de custas. Além disso, tem um procedimento em cuja informalidade os outros juizados devem espelhar-se.

Os processos - fora das Pequenas Causas - pecam por praxe tão viciada quanto antiquada.

Em verdade, parece que têm diminuído bastante as fórmulas tabelioas, mas ainda não se interpretou com toda prática o art. 154 do CPC que ensina: "os atos e termos processuais não dependem de forma determinada senão quando a lei expressamente a exigir, reputando-se válidos os que, realizados de outro modo, lhe preencham a finalidade essencial".

Talvez por insegurança, muitos juízes assinam editais, mandados, carta de arrematação, carta de adjudicação e formal de partilha sem que o CPC os obrigue.

No Brasil, a partir do ano de 1983, cresceu um movimento de racionalização dos serviços judiciários iniciado no Rio Grande do Sul quando da realização do Congresso em comemoração dos dez anos do Código de Processo Civil. A idéia espalhou-se paulatinamente pelo Brasil, sob a liderança do prematuramente falecido Dr. Diócles Gelatti, até integração quase completa num Congresso de Racionalização dos Serviços Judiciários realizado em Campo Grande em 1985. A racionalização da justiça integrou-se ao Programa de Desburocratização do Governo Federal, que colaborou na publicação de manual sob o título *Racionalização da Justiça*, distribuído, por incentivo da Associação dos Magistrados Brasileiros, a todos os juízes do Brasil (Gelatti,1986).

Em verdade, muitas vezes na ânsia de ganhar tempo, o legislador cria procedimentos e prevê prazos que acabam desprestigiando a idéia de celeridade. O exemplo mais claro é o art. 281 do CPC, que fixou o nunca exeqüível prazo de 90 dias para realização de todos os atos do procedimento sumaríssimo.

Aliás, os dispositivos do procedimento sumaríssimo desde o início mostraram-se de discutível celeridade. Hoje, parece não haver mais dúvida: o procedimento sumário é menos econômico do ponto de vista temporal do que o procedimento comum.

O importante na abordagem desses temas é evitar-se dogmatísmos e sectarismos. Mesmo a disparidade financeira não é companheira confiável para dogmas nesse tema. Costuma-se dizer que o processo demorado pode interessar mais à parte rica, que tem mais condições financeiras para suportar a espera da solução definitiva do litígio. Depende. Muitas demoras podem ser favoráveis aos pobres, que assim terão oportunidade de permanecer morando em locais minimamente dignos ou na posse de seus bens, por exemplo.

Seja como for, não se pode perder de vista algumas peculiaridades do processo judicial. Primeiro, nem sempre todas as partes estão interessadas no rápido andamento do feito. Não raro uma parte quer celeridade na solução do litígio e outra quer demora. Além disso, não se pode esquecer: nem todos os procedimentos são demorados. A legislação sempre tem formas de proteger valores dominantes, criando ações especiais e rápidas. São exemplos: ação de despejo, execução de título de crédito, possessória de bem móvel com arrendamento mercantil e busca e apreensão de bem alienado fiduciariamente.

De resto, os malefícios do prolongado curso procedimental podem ser abrandados pela atenção dos advogados aos novos termos do artigo 273 do CPC. Agora, preenchidos os requisitos de lei, o juiz poderá, a requerimento da parte, antecipar, total ou parcialmente, os efeitos da tutela pretendida no pedido inicial.

Eficiência nos atos

Mas, para além de acesso pleno, de curso procedimental breve, o princípio da economia processual preocupa-se com a eficiência do provimento jurisdicional.

A eficiência administrativa é a conjunção de procedimento suficientemente célere com o menor risco possível de perda da ação para aqueles que, necessitados, buscam o Poder Judiciário.

O processo tem sido ineficiente para atender os pleitos da grande maioria da população que, muitas vezes, vê em lide suas necessidades de trabalho, habitação, saúde, educação e alimentação.

Na maioria das vezes, o Poder Judiciário, despercebido que é um poder autônomo, colocado no mesmo plano do Legislativo e do Executivo, prefere, como diz Cappelletti, uma atitude agnóstica: espécie de irônico gosto de pôr em evidência a imperfeição das leis e de fazer recair todas as culpas sobre a inércia do legislador e do administrador. Tal comportamento atenta contra o princípio econômico processual na sua faceta de eficiência da administração, porquanto "não corresponde já aos deveres constitucionais da ordem judicial, na qual, para se dar conta da Constituição e das metas que ela assinala, não tem que passar pelos trâmites do legislador." (Cappelletti, 1974, p. 568).

Se os pleitos populares não têm logrado eficiência no processo, disso não podem se queixar instituições mais poderosas e quem se beneficia de valores capitalistas.

O processo tem sido econômico do ponto de vista da eficiência para as financeiras, bancos e locadores.

O Decreto-Lei 911/69, apesar da fundada dúvida de constitucionalidade que lhe atribuem Lauria Tucci e Cruz e Tucci (1989, p. 57) tem sido eficiente para as financeiras. A liminar de busca e apreensão do bem alienado fiduciariamente com a tão-só prova da mora é modelo de eficiência administrativa, vindo do período autoritário que em nada dignifica o sistema jurídico brasileiro.

Também as instituições bancárias vêm sendo favorecidas com leis e decisões que lhes oportunizam a cobrança célere de seus créditos, inclusive com acréscimos além dos limites constitucionais de 12% de juros ao ano.

Por fim, os investidores em imóveis têm tido a garantia de um processo eficiente com a recente viabilização do despejo por denúncia vazia. Veja-se: apesar de afrontar o princípio da função social da propriedade e a teoria tridimensional do direito, pouco resta de defesa ao locatário, o que enseja o julgamento antecipado da lide.

O CPC e a economia processual

A legislação brasileira não tem - como tem o projeto de CPC uruguaio - dispositivo estabelecendo que o juiz e seus auxiliares tomarão as medidas necessárias para obter a maior economia na realização do processo (art. 94). Contudo, é elogiável a introdução do § 4° ao art. 162 do CPC pela Lei 8.952/94. Agora, "os atos meramente ordinatórios, como a juntada e a vista obrigatória, independem de despacho, devendo ser praticados de ofício pelo servidor e revistos pelo juiz quando necessário".

O princípio econômico tem alguns pontos altos no nosso sistema legislativo. São exemplos: o sistema cautelar, a possibilidade de julgamento unitário de diversas pretensões e o tratamento dado às nulidades.

Quanto ao sistema cautelar, é importante notar a amplitude do processo que, além dos procedimentos cautelares específicos, autoriza o juiz a determinar "as medidas provisórias que julgar adequadas, quando houver fundado receio de que uma parte, antes do julgamento da lide, cause ao direito da outra lesão grave e de difícil reparação." (art. 798).

Ademais, muitas pretensões de uma parte contra outra são objeto de investigação em um só e único processo para julgamento simultâneo. É o caso da viabilidade da cumulação de ações, da reconvenção, das hipóteses de intervenção de terceiros. Mas é também o caso da ação declaratória incidental.

Por fim, o próprio sistema de nulidade não é tão rígido e formalista como parecia nos primórdios de aplicação do Código.

É de se ter presente que a lei que rege a forma deve ser interpretada e aplicada em função de seu fim. O objetivo do processo é sempre um dado concreto de vida e jamais um esqueleto de formas sem carne. Galeno Lacerda (1983, p. 12) arrola uma série de dispositivos do CPC os quais mostram que a preocupação maior da lei é tudo fazer para salvar o processo para que alcance o objetivo material. Um exemplo é o art. 244, que contempla a fórmula já consagrada *pas de nulité sans griffe* (não há nulidade sem prejuízo). O destaque, contudo, é o art. 462, o qual permite ao juiz tomar em consideração, de ofício ou a requerimento da parte, de algum fato constitutivo, modificativo ou extintivo que influa no julgamento da lide, mesmo depois da propositura da ação.

Além disso, temos outros dispositivos pertinentes à economia processual dispersos pelo CPC e podem ser assim identificados:

- art. 295 que viabiliza o indeferimento da liminar da petição inicial e o art. 296 a reforma desta decisão pelo próprio juiz;

- art. 130 que autoriza o juiz a indeferir provas inúteis;

- art. 330 que viabiliza o julgamento antecipado da lide quando se tratar de questão de direito ou a prova for exclusivamente documental;

- art. 331 que obriga a realização de audiências de conciliação em causa que versar sobre direitos disponíveis e não for caso de julgamento antecipado da lide.

Pela lei nº 9.079 de 14 de julho de 1995, o sistema processual brasileiro passou a contar com a ação monitória. A adoção deste instrumento baseia-se em evidente interesse econômico do processo. Agora, quem pretender, com base em prova escrita sem eficácia de título executivo, pagamento de soma em direito, entrega de coisa fungível ou de determinado valor tem a disposição instrumento rápido para o exercício de sua pretensão.

O sistema processual, enfim, busca sempre realizar o princípio da economia, por isso, a exposição de motivos esclarece a tentativa de estruturá-lo de tal modo que ele se torne efetivamente apto a administrar, sem delongas, a justiça.

Na jurisprudência, o aproveitamento dos atos processuais em nome do princípio da economia processual às vezes surpreende. É o caso, por exemplo, de acórdão da Egrégia 8ª Câmara Cível do 2º Tribunal de Alçada paulista. A decisão reconhece a nulidade da sentença por falta de fundamentação. O juiz de primeiro grau, apesar da revelia do locatário, não atendeu ao pedido inicial de CR$ 600.000,00 e fixou o locativo em CR$ 200,00, sem qualquer fundamentação. Doutrina e jurisprudência dominante entendem que sentença sem fundamentação é inexistente; mesmo assim, o acórdão aproveitou o processo em respeito à economia processual e deu provimento ao apelo para revisar o aluguel tal como pedido na inicial (*Revista dos Tribunais*, v. 615 p. 136).

Humberto Theodoro Jr. (1981, p. 187) indica algumas práticas dos magistrados que comumente violam o princípio da economia processual: iniciar instrução do processo ou saneá-lo sem resolver preliminares, não reunir ações conexas, recusa de ofício de competência relativa, não indeferir petição inicial inepta, deferir diligências inúteis.

As alterações do Código de Processo Civil no fim do ano de 1994 buscaram dar mais economia ao processo. De tantas mudanças, cabe ressaltar a nova redação do art. 273 do CPC. Agora, o juiz pode, a requerimento da parte, antecipar, total ou parcialmente, os efeitos da tutela pretendida no pedido inicial, desde que, existindo prova inequívoca, se convença da verossimilhança da alegação e preencha os demais requisitos alinhados em seus incisos e parágrafos. O dispositivo deve ser elogiado, tanto pelo fato de ligar o princípio da economia com a instrumentalidade do processo, como pelo fato de prever formulações econômicas de forma geral e não em leis especialíssimas e direcionadas a determinados interesses específicos.

Aliás, a democratização da economia processual já se fez sentir no ordenamento jurídico brasileiro com o Código de Defesa do Consumidor.

Por fim, não se pode deixar de criticar o título aproveitamento do inciso XI do artigo 24 da Constituição Federal. Também os Estados podem legislar sobre procedimento em matéria processual. De qualquer sorte, para bom andamento do processo, além da lei, também é importante a transformação de mentalidades resistentes a mudanças e a realidades. Exemplo disto é o pouco aproveitamento do princípio político que veremos a seguir.

1.4. PRINCÍPIO POLÍTICO

Sinonímia

Princípio participativo.

Enunciado

Pelo processo, o cidadão tem a seu dispor instrumento capaz de prover os direitos privados de máxima garantia social com mínimo sacrifício das liberdades individuais e coletivas.

Conteúdo

O princípio político oportuniza o estudo da questão essencial da democracia, que é a participação do cidadão, através do processo, para a realização de seu direito individual e social. Assim, entende-se aqui como *político* o poder da parte de atuar no centro das decisões do Estado.

Neste campo é que se faz o debate do acesso facilitado ao Judiciário, da potencialidade do processo ser instrumento para contestar ações e omissões dos poderes do Estado (inclusive do próprio Poder Judiciário).

Em suma, é a abertura que o processo dá para que o cidadão tenha meios processuais de atuar no centro do decisório do Estado, pondo em questão e vendo discutida e decidida sua pretensão.

Com efeito, em contraponto ao Estado centralizador das concepções individualistas, vive-se o enfoque de uma democracia participativa.

Ada Pellegrini Grinover (1990, p. 222) vê, neste sentido, a existência de verdadeiro princípio participativo com conteúdo bastante amplo que abriga "imensa variedade de formas, desde a simples informação e tomada de consciência, passando pela reivindicação, às consultas, à cogestão, à realização dos serviços, até chegar à intervenção nas decisões e ao controle, como a caracterizar graus mais ou menos intensos de participação".

O princípio político aguça o caráter instrumental do direito processual e coloca-o como elo de ligação entre a população e a satisfação de seus direitos. Essa característica, de ser o elo de ligação, de ser a via de acesso do povo aos seus direitos, dá ao direito processual um marcante aspecto político. Sem dúvida, a evolução desse ramo do direito coincide com o aperfeiçoamento das instituições democráticas. Por isso, é possível acreditar, sem exageros, ser o direito processual importante dado para aquilatar o grau de aperfeiçoamento (democratização) do Estado de Direito (Caballero, 1988, p. 227).

Por evidente, não se vá negar o caráter político do processo, da função jurisdicional e do juiz sob alegação de que a função do Poder Judiciário é meramente interpretativa.

Tal afirmativa peca pela base, pois, em outros termos, nega algo evidente, qual seja a atividade criadora do juiz. Sobre o juiz e a criação do direito já falamos em outro lugar (Portanova, 1992, p. 131). De lá vale trazer a lição de José Puig Brutau (1977, p. 8). É indispensável não confundir o que as coisas são com o que deveriam ser. Apesar das posições em contrário, os juízes criam. Isso pode não ser o mais conveniente, mas é o que efetivamente acontece. É importante afirmar esta realidade que se impõe e é preciso contar com ela, e fazer isso precisamente para dominá-la.

Como diz Cândido Dinamarco (1988, p. 122), "o intenso comprometimento da ordem processual com a política (a Justiça faz parte desta), ou seja, a sua inserção entre as instituições atinentes à vida do próprio Estado como tal e nas suas relações com os membros da população, conduz à necessidade de definir os modos pelos quais ela é predisposta a influir politicamente".

O direito processual brasileiro, neste passo, pode ser considerado um dos sistemas mais politizados do mundo. Por um lado, temos um Poder Judiciário com poderes suficientes para interferir nos atos de governo de outros poderes e até do próprio Judiciário. Por outro lado, temos instrumentos processuais suficientemente capazes que possibilitam aos cidadãos, aos grupos sociais e aos próprio Estado, por seus agentes (Ministério Público), movimentar o Judiciário e assim atuar no centro decisório do Estado.

O exemplo máximo da amplitude investigativa do nosso Poder Judiciário e da abertura instrumental do processo para tal investigação é a ação popular. Por intermédio dela, "qualquer cidadão é parte legítima para propor ação popular que vise a anular ato lesivo ao patrimônio público ou de entidade de que o Estado participe, à moralidade administrativa, ao meio ambiente e ao patrimônio histórico e cultural, ficando o autor, salvo comprovada má-fé, isento de custas judiciais e do ônus da sucumbência" (CF, inc. LXXIII, art. 5º).

Participação e processo

Enfim, do livro *Participação e Processo* (Grinover *et al.*, 1988, p. 412), o qual reproduz palestras e contribuições de processualistas sobre temas ligados à democracia participativa e seus efeitos no processo, retiram-se as seguintes conclusões pertinentes ao princípio político do processo:

- Na democracia participativa, o processo, além de garantir as liberdades públicas, é instrumento político relevante de participação.

- Toda decisão do juiz é compromisso político e ético, pois, como detentor do poder político, tem as responsabilidades a ele inerentes.

- É preciso reintroduzir o direito no conceito do social: o direito está no fato, reafirmando assim sua dimensão política.

- A moderna percepção do processo evidencia, além do escopo jurídico, os escopos políticos (preservação do princípio do poder, garantia da liberdade e oportunidade de participação) e sociais, principalmente a pacificação com justiça.

- O direito de ação apresenta conotação política evidente na medida em que se relaciona com o exercício de função estatal.

- Tal característica é bastante acentuada nas demandas concernentes à tutela de interesses difusos e coletivos. Nas hipóteses da ação popular constitucional e da ação direta declaratória de inconstitucionalidade, pode-se falar em autêntico direito político de ação.

Duas outras conclusões podem ser alinhadas, não sem crítica, porém. A primeira diz: "há que ser acentuada a função do juiz, como dos demais operadores do direito, como agentes de transformação, pois a mudança da lei é um idealismo ingênuo" (idem).

Não há como discordar da assertiva em relação à função do juiz. Contudo, não parece, *data venia*, tratar-se de *idealismo ingênuo* a busca de transformação de conquistas sociais em lei. O jurista está constantemente desafiado a manter com a lei uma relação de amor e ódio, pois, "a lei tem servido basicamente como instrumento de opressão, mas de outro modo não se vê possível uma sociedade sem normas." (Carvalho e Bagio, 1992, p. 6).

Outra conclusão está a merecer análise sem falsa devoção. É aquela que refere que "posturas político-ideológicas do magistrado não se confundem com sua participação político-partidária, por ser esta inconveniente." (Grinover *et al.*, 1987, p. 412). A exteriorização da vinculação político-partidária do juiz talvez não seja tão inconveniente. Por evidente, não se vá pensar um juiz vinculado a partido presidindo eleições. Contudo, conhecendo claramente as posições político-partidárias do juiz, a parte teria melhores condições de conhecer a orientação político-jurídica daquele que vai julgar sua causa.

Há sem dúvida complementariedade entre o princípio político (o cidadão participando no núcleo do Estado) e o escopo político. O princípio participativo permite que o cidadão atue no núcleo do Estado através do processo. O processo, dessa forma, cumpre sua finalidade de possibilitar ao cidadão a concretização dos direitos sociais que a ordem jurídica lhe prometeu.

A distinção é sutil. No princípio político, a preocupação é um pouco mais formal do que substancial: trata-se de um processo de portas abertas às postulações da cidadania. Diz com o fato de o processo não ser obstáculo para tais pretensões. Já o escopo político do processo toca mais o mérito. Vai tratar da abertura do processo para, superando esquemas puramente formais, tratar - em seu interior - de temas substanciais.

Com o processo mais voltado para o material do que para o formal, mais preocupado com o social do que com o individual, é indispensável que o processo se volte também no sentido de abrir as portas efetivamente aos cidadãos para que a final participem desse momento. Nessa situação, o juiz deve estar consciente da necessidade de propiciar, pelo menos, uma certa igualização das partes.

"Se é verdade que *democracia* significa, antes de mais nada, *participação* e se é verdade que o fenômeno mais típico do processo é a existência de um procedimento destinado a assegurar às partes o direito de participar da formação do *judicium*, não se pode conceber como verdadeira jurisdição aquela em que a parte pobre esteja privada de informações e de representação, que constituem condições inarredáveis para sua participação." (Cappelletti, 1994, p. 16).

Sobre o sentido dinâmico do princípio da igualdade, ou melhor, princípio igualizador, trataremos mais alongadamente a seguir.

1.5. PRINCÍPIO JURÍDICO

Sinoníma

Princípio da igualdade. Princípio igualizador. Princípio da isonomia. Princípio da paridade.

Enunciado

Entende-se por princípio da igualdade a equiparação de todos que estejam submetidos a uma dada ordem jurídica no que se refere ao respeito, ao gozo e à fruição de direitos, assim como à sujeição a deveres.

Conteúdo

Igualdade e liberdade

Ensina Ada Pellegrini Grinover (1990, p. 6) que a igualdade tem dimensão estática e dinâmica. "Na dimensão dinâmica... verifica-se caber ao Estado suprir as desigualdades para transformá-las em igualdade real". Contudo, a dimensão estática também é importante. Como se verá, apesar das desigualdades próprias da individualidade de cada um, a estabilidade do conceito oportuniza evitar-se privilégios.

A Constituição brasileira adotou as duas dimensões. O artigo 5º acolhe o sentido estático ("todos são iguais perante a lei, sem distinção de qualquer natureza"). O art. 3º inciso III prevê, em sua segunda parte, o sentido dinâmico, pois fixa como objetivo do país "reduzir as desigualdades sociais e regionais".

Logo, ao princípio jurídico é imanente um sentido tão dinâmico que pode ser chamado de princípio igualizador.

A questão da desigualdade social, bem como a necessidade de criar critérios que igualizem as pessoas, é tema antigo. Em Jó (34. 11), e na Carta de São Paulo a Timoteo (4. 14), vê-se a busca de igualização na referência bíblica ao pagamento "segundo suas obras". "Isto quer dizer que os iguais em ações e meios terão recompensas e penas iguais, e os desiguais nisso, evidentemente, receberão penas e castigos diferentes (Apocalipse, 20. 12).

Costuma-se atribuir a Aristóteles a máxima *igualdade consiste em tratar igualmente os iguais e desigualmente os desiguais na medida de suas desigualdades.* Este sentido de igualdade tem consagração jurisprudencial (Apelação Cível 592097489, do Tribunal de Justiça do Rio Grande do Sul, Rel. Sérgio Gischkow Pereira). A idéia grega de igualdade, aceitando como naturais as desigualdades e assim justificando a escravidão, é diferente da igualdade atual.

Pode-se retirar idéia de igualização no que pretendia Ulpiano quando dizia: *jus semper quarendum est aequabile neque enim aliter esset* (no direito se deve buscar sempre a igualdade, pois de outro modo não haveria direito).

O feudalismo rejeita a igualdade. Há leis que admitem privilégios sociais de natureza consuetudinária. Contra isso o modernismo fez revoluções liberais e burguesas centradas no trinômio liberdade, igualdade e fraternidade, mas ainda sem preocupação de igualar riquezas e meios de sobrevivência.

As raízes do sentido moderno de igualdade vêm da Revolução Francesa, mas já na Declaração Inglesa de 1688, como na Declaração de Independência dos Estados Unidos em 1776, encontra-se a idéia de que "todos os seres humanos nascem livres e iguais...". Não se pode perder de vista o idealismo dessa declaração. Em verdade, os seres humanos já nascem desiguais.

Contudo, a liberal-democracia privilegiou a liberdade em detrimento de uma construção jurídica mais rica do princípio isonômico. Com um conceito idealista e formal de uma igualdade abstrata, racional e apriorística entre os seres humanos, o liberalismo atribuiu à maioria dos indivíduos o direito de igualdade, mas sem possibilidade de efetiva fruição desse direito.

Como ensina José Afonso da Silva (1992, p. 193), a igualdade não tem merecido tantos discursos como a liberdade. As discussões, os debates doutrinários e até as lutas em torno da liberdade obnubilaram a luta pela igualdade. Ocorre que a igualdade constitui o signo fundamental da democracia e como tal não admite os privilégios e distinções que um regime simplesmente liberal consagra. E arremata: "por isso é que a burguesia, cônscia de seu privilégio de classe, jamais postulou um regime de igualdade tanto quanto reivindicara o de liberdade. É que um regime de igualdade contraria seus interesses e dá à liberdade sentido material que não se harmoniza com o domínio de classe em que assenta a democracia liberal burguesa"

A liberdade, ensina Calamandrei, citado por Mauro Cappelletti (1974, p. 115), tornou-se a liberdade dos ricos de acumularem riquezas cada vez mais incalculáveis, privilégio dos nascidos ricos de continuarem sendo ricos e, assim, criarem monopólios, não menos tirânicos do que aqueles que haviam tido no *Ancient Régime* e que a Revolução Francesa havia destroçado. Assim: "as liberdades políticas se converteram em liberdades burguesas, ou seja, na liberdade dos ricos de explorarem os pobres".

A liberdade não basta para assegurar a igualdade, pois os mais fortes depressa se tornam opressores (Süssekind, 1993, p. 128)

Hoje os princípios de igualdade e liberdade são sinônimos de justiça, pilar democrático sendo uma das formulações básicas do Estado de Direito. Mas as democracias não se contentam com as concepções idealistas do princípio da igualdade. Já não satisfazem o mero reconhecimento formal de direitos, que, de fato, são inatingíveis para a grande massa trabalhadora.

Dimensões da igualdade

O princípio isonômico tem dupla significação: teórico, como repulsa a privilégios injustificados; e prático - como igualizador - ajudando a aplicação da norma em caso de insuficiência ou inadequada igualdade diante das peculiaridades de um caso concreto.

A igualdade, dessa forma, passou a fazer a ponte entre o direito e a realidade que lhe é subjacente. A justiça distributiva, prevista por Aristóteles, passou a ser acatada, seguindo a proporção em que os desiguais passam a ser tratados desigualmente, mas com o sentido de pôr fim às desigualdades que colocassem em risco a dignidade da pessoa humana.

O princípio da igualdade, pela sua importância no direito brasileiro, está previsto já no Preâmbulo da Constituição e em seu art. 5º: "todos são iguais perante a lei, sem distinção de qualquer natureza". Não é demasia admitir que se está diante de princípio supraconstitucional, no sentido de que outras disposições da Constituição lhe devem obediência.

A doutrina costuma alertar que o princípio dirige-se a todos os poderes do Estado e que sua efetiva aplicação impõe o reconhecimento das desigualdades e sua igualização. Só existe igualdade jurídica na medida em que a capacidade de direito é a mesma para todos, nas relações de ordem privada, e, na maioria das vezes, também no que diz respeito à ordem pública. (Beviláqua, 1943, p. 45)

Por todos, vale a lição de José Afonso de Souza (1992, p. 195): "porque existem desigualdades, é que se aspira à igualdade real ou material que busque realizar a igualização das condições desiguais".

Trata-se de um princípio informativo, não só do processo civil, mas de todo o direito. É norma verdadeiramente supraconstitucional. É indispensável que o intérprete veja a necessidade do tratamento igualizador de forma mais abrangente do que a tão-só "igualdade perante a lei". A amplitude do princípio é maior, não diz com a só questão formal da lei. A igualização deve dar-se não só perante a lei, mas perante o direito, perante a justiça, perante os escopos sociais e políticos do processo. Perante, enfim, as dimensões valorativas do direito.

A igualdade é norma de conteúdo aberto.

Costuma-se dividir as visões doutrinárias a respeito do princípio da isonomia em três espécies.

A visão *nominalista* do princípio admite a existência de desigualdades, posto que naturais. Entende que as desigualdades sociais são características do universo. A igualdade é simples nome. Quem pensa assim acaba justificando todo o tipo de privilégio de nascimento e de forturna. Do outro lado, a visão *idealista* postula igualitarismo absoluto entre os homens. Costumam remontar ao estado de natureza primitivo dos seres humanos onde reinava a igualdade absoluta. Por fim, a posição chamada *realista* reconhece as desigualdades humanas em múltiplos aspectos, mas identifica em essência igualdades. Ambas, igualdades essenciais e desigualdades fenomênicas, devem ser respeitadas.

O princípio da igualdade pode ser considerado sob dois aspectos: *formal e material.*

Quem acolhe a igualdade *formal* dá-se por satisfeito com a pura identidade de direitos e deveres outorgados pelos textos legais aos membros da comunidade. Já quem considera a igualdade do ponto de vista *material*, tem em conta as condições concretas debaixo das quais, *hic et nunc* , se exercem os direitos e se cumprem os deveres. Entende-se, assim, por igualdade material, a equiparação de todos os seres humanos no que diz respeito ao gozo e fruição de direitos, assim como à sujeição a deveres.

Parece possível distinguir-se igualdade nas pessoas enquanto se fala em espécie, quando se fala da humanidade. Mas, por outro lado, há uma indiscutível desigualdade - e conseqüente necessidade de uma certa igualização - quando se fala em individualização do homem e sua integração na sociedade.

José Carlos Barbosa Moreira (1968, p. 183) refere como tem sido ilusória, ao longo da história, uma igualdade *in abstracto*. Por isso, o objetivo de promover a igualdade material tem se servido exatamente da derrogação imposta pela igualdade formal. Isso é evidente em muitas normas destinadas a proteger certos interesses de pessoas, que por causa da raiz de sua inferior posição econômica ou social, correm o risco de sofrer um tratamento injusto. Exemplifica com os trabalhadores e os inquilinos, e conclui: "la conciencia ético-jurídica de nuestro tiempo exige la superación de esquemas puramente formales".

A afirmação do art. 1º da Declaração dos Direitos do Homem e do Cidadão cunhou uma igualdade formal no plano político. Esta tinha um caráter puramente negativo, qual seja, abolir os privilégios, isenções pessoais e regalias de classe. Era reação necessária contra as desigualdades oriundas do regime feudal.

Contudo, esse tipo de igualdade gerou desigualdades econômicas, porque oriunda da burguesia e fundada numa visão individualista do homem.

Por isso, a interpretação do princípio tem que levar em conta:

a) outras normas constitucionais;

b) objetivos da ordem econômica e social;

c) especialmente, as exigências da justiça social e liberdades individuais e coletivas.

Igualização

A aplicação do princípio da isonomia supõe que os indivíduos estejam numa situação fática, real e concreta de igualdade.

Diante da desigualdade entre os destinatários da norma, impõe-se promover certa igualização.

A própria Constituição Federal Brasileira, como visto, adota como um dos objetivos fundamentais da República "reduzir as desigualdades sociais". Nesse passo, a própria Carta Magna busca promover a igualização dos indivíduos. Temos como exemplos os incs. XXX (proibição de diferença de salários, de exercício de funções e de critérios de admissão por motivo de sexo, idade, cor ou estado civil) e XXXI (proibição de qualquer discriminação no tocante a salário e critério de admissão do trabalhador portador de deficiência) do art. 7º.

Enfim, são dispositivos constitucionais que por um lado representam promessas legislativas de busca da igualdade material, e, por outro, mostram a necessidade da conscientização de que promover a igualdade é - muitas vezes - levar em consideração as particularidades que desigualam os indivíduos.

Como se vê, o tratamento jurídico do princípio da igualdade não se coaduna com uma idéia formalista e ingenuamente neutra de ver o direito. Sem dúvida, a boa aplicação do princípio em exame exige o entrelaçamento de elementos jurídicos e metajurídicos, a fim de que não se caia num idealismo que obstaculize sua implementação.

Não é difícil constatar: o princípio jurídico da igualdade ou da isonomia é um princípio dinâmico. Melhor se diria ao denominá-lo *princípio igualizador*. Ou seja, não se trata de uma determinação constitucional estática que se acomoda na fórmula abstrata "todos iguais perante a lei". Pelo contrário, a razão de existir de tal princípio é propiciar condições para que se busque realizar a igualização das condições desiguais.

É que, havendo indiscutivelmente desigualdades, a lei abstrata e impessoal que incida em todos igualmente, levando em conta apenas a igualdade dos indivíduos e não a igualdade dos grupos, acaba por gerar mais desigualdades e propiciar injustiça. Como diz José Afonso da Silva (1992, p. 200), citando Mauro Cappelletti, está bem claro hoje que tratar como iguais a sujeitos que econômica e socialmente estão em desvantagem, não é outra coisa senão uma ulterior forma de desigualdade e de injustiça. O emérito constitucionalista não esquece que "os pobres têm acesso muito precário à justiça. Carecem de recursos para contratar bons advogados".

Em resumo, não se pode dar guarida a uma visão tradicional e formalista da igualdade que esquece, absurdamente, as diferenças entre os indívíduos, acabando por confundir o princípio da igualdade com o princípio da legalidade.

Convenhamos, é rematada ilusão pensar-se a igualdade só no plano abstrato e formal. Não é difícil notar que foi esse distanciamento da realidade que acabou causando tanto prejuízo aos ideais democráticos de liberdade e igualdade. Por isso, é indispensável que o jurista esteja atento a todas as peculiaridades do caso em questão para, tratando as partes desigualmente, promover e buscar a igualdade real, material e concreta.

A igualização deve dar-se em todos os ramos do direito.

Não comporta mais no jurista atual posição pacífica, complacente, estéril e preguiçosa de visão puramente formal e abstrata do princípio. Definitivamente, este é um princípio dinâmico. Em primeiro lugar, cumpre investigar os desequilíbrios existentes entre as partes e, depois, agir de forma concreta e efetiva para equilibrar as posições dos interessados.

Como se verá a seguir, também o processo civil tem pautado sua orientação no sentido de ser instrumento igualizador do debate judiciário na busca do atendimento do direito substancial, que é sua finalidade última.

Diz Humberto Theodoro Jr. (1991, p. 14): "todos os meios necessários têm de ser empregados para que não se manifeste posição privilegiada em prol de um dos litigantes e em detrimento do outro, no rumo do êxito processual. Somente quando as forças do processo, de busca e revelação da verdade, são efetivamente distribuídas com irrestrita igualdade, é que se pode falar em processo caracterizado pelo contraditório e ampla defesa". A este rol de princípios informados pelo princípio igualizador acrescentamos a imparcialidade.

"A plenitude e efetividade do contraditório indicam a necessidade de se utilizarem todos os meios necessários para evitar que a disparidade de posições no processo possa incidir sobre seu êxito, condicionando a uma distribuição desigual de forças. A quem age e a quem se defende em Juízo devem ser asseguradas as mesmas possibilidades de obter a tutela de suas razões." (Grinover, 1990, p. 19).

Pessoas com mentalidade dogmática, legalista e mecanicista terão dificuldade em acolher o carácter dinâmico e igualizador do princípio da isonomia. O jurista tradicional acomodou-se à ideologia que legitima os privilégios e vantagens individuais de poucos, sob alegação de vitórias sociais da classe. Enfim, pensamento assim utilitarista logo chamará de utópica uma proposta concreta de igualização no processo civil.

Contudo, volta-se a Barbosa Moreira (1986, p. 183) e ver-se-á que a realização perfeita de igualdade, no processo ou fora dele, é e sempre será utopia: "pero semejante convicción no ofrece una disculpa válida a quienes, pudiendo actuar en el sentido de promoverla, prefierem omitirse... no se logrará jamás suprimir o reducir la desigualdad material de las partes sin que el órgano judicial asuma decididamente un papel más activo en el proceso".

Isso, no entanto, é obstáculo ideológico (e não jurídico) que amiúde tem atingido os atores no processo.

Igualização no processo civil

O princípio da isonomia é mais conhecido no processo civil como princípio da paridade entre as partes. Está contido no preceito *auditur altera pars* e tem previsão legal mais específica no art. 125, que determina ao juiz que dirija o processo conforme as disposições do Código, competindo-lhe assegurar às partes igualdade de tratamento (inc. I).

Sendo princípio informativo, evidentemente o princípio da isonomia vai relacionar-se com diversos outros, mas a relação é mais íntima com o princípio do contraditório, da ampla defesa e da imparcialidade.

A teoria do processo civil brasileiro tem dado largos passos no sentido de oferecer embasamento doutrinário capaz de trazer para dentro do processo meios de promover a efetiva igualização das partes que acorrem ao Judiciário. O resultado prático de tal teorização, contudo, parece tímido.

O caminho da visão igualizadora do processo foi aberto, por certo, com a oportuna aproximação de institutos processuais com institutos constitucionais. Quanto à pertinência jurisdicional do princípio em estudo, tem-se que "a igualdade perante a lei é premissa para a afirmação da igualdade perante o juiz" (Grinover, 1973, p. 25). Tal proximidade garante, hoje, a existência de uma especialização de um processo civil constitucional. O avançar de tais estudos viabilizam, ao mesmo tempo, a aplicação concretizada dos princípios processuais consagrados na Constituição e o uso do processo como instrumento constitucional garantidor da participação do cidadão no núcleo do Estado.

Havendo desigualdade material e concreta entre as partes em litígio e o desconhecimento que um deles (ou seu advogado) pode ter de seus direitos, será necessário promover a igualização. Só assim se garante, nos exatos termos constitucionais, a perfeita integração do princípio do contraditório, do direito de ação e de ampla defesa.

Assim, "participação e processo" passa a ser um referencial de integração do cidadão com o processo, através da jurisdição na busca de justiça. Os estudos nesse sentido encontram-se publicados em livro de indispensável leitura, de onde se retiram conclusões de radical importância, como a que acentua a função dos operadores do direito, como agentes de transformação. (Grinover, 1988, p. 143).

Contudo, não basta que o povo participe do processo; é preciso que o processo lhe dê resposta. Ou seja, é indispensável que o processo seja efetivo. Assim, no direito processual, à busca incontida de justiça convencionou-se chamar *efetividade do processo* (Silva, 1988, p. 102). Sob este tema, o debate gira em torno do acesso à justiça, o modo de atuação do processo, mas - principalmente - a justiça nas soluções jurisdicionais. O processo toma seu rumo definitivamente teleológico, agora como novo método de pensamento e com mentalidade mais aberta para uma ampla e mais abrangente reflexão sobre "o contexto político, econômico e social em que se insere a problemática da efetividade do processo" (Moreira, 1983, p. 94).

Enfim, o processo assume sua vocação de instrumento do direito substancial. Por isso, ao lado do escopo jurídico (aplicar a lei material), seguem-se com mais significação os escopos sociais (principalmente pacificar com justiça) e político (preservação do princípio do poder, garantia da liberdade e oportunidade de participação) (Dinamarco, 1987).

Diversos dispositivos processuais fazem discriminações visando a atender o mote igualizador imanente ao princípio da igualdade. Algumas discriminações não têm merecido inquinações; de outras, contudo, discute-se a constitucionalidade em face de privilégios que afrontam ilegitimamente o princípio da igualdade. Refoge ao âmbito deste ensaio a investigação de um a um de tais dispositivos. A discussão se faz mais aprofundada com Ada Pellegrini Grinover (1975) e Nelson Nery Jr. (1992).

Por igual, o Código de Defesa do Consumidor é pleno de normas que têm o objetivo de dar uma certa igualdade entre as partes. Vale ressaltar a mais significativa delas, qual seja aquela que autoriza a inversão do ônus da prova quando o consumidor for hipossuficiente (inc. VIII, art. 6°, da Lei 8.078).

Como se vê, numa teoria relativamente recente e na própria legislação processual, é possível encontrar claro delineamento igualizador apontando na direção de fazer do processo o local onde o objetivo, mais do que a vitória de um ou outro litigante, é lograr uma solução que atenda às necessidades sociais das partes. Para tanto, não basta que os sujeitos processuais atuem burocraticamente. É importante atentar-se para as características e peculiaridades de cada caso. Em cada auto processual, mais do que um número, existem pessoas humanas que debatem muitas vezes direitos sociais relevantíssimos, como a moradia, a alimentação, o trabalho e a saúde. Esses litigantes, para alcançarem os objetivos constitucionais, a efetiva participação, a efetividade e os escopos do processo, não podem litigar em desequilíbrio de forças. A decisão judicial, em face da carga política que representa e em razão da responsabilidade social que lhe é imanente, só pode vir após absoluta garantia de que as partes litigaram em igualdade de condições. Só assim se terá a razoável certeza de que a decisão da justiça não foi fruto da esperteza de uma das partes, mas fruto de um debate jurídico igual.

Aliás, vale sempre relembrar: o direito processual civil se inscreve entre aqueles direitos que fazem parte do campo do direito público. Ou seja, no processo civil há prevalência do interesse público sobre o privado.

E isso nem de longe está vinculado somente ao momento da elaboração legislativa ou teórica. Pelo contrário, a prática através de um dos poderes do Estado, o Poder Judiciário, guarda a necessidade e a garantia do cidadão de que está utilizando instrumento posto a sua disposição que busca concretizar os objetivos e as finalidades do Estado. Na investigação processual, no debate entre as partes e na decisão, prevalecem os fins sociais sobre as vontades particulares.

Em se tratando sempre de interesse público posto *sub judice* e não interesses privados e particulares, é indispensável que haja atividade concreta do Estado-juiz de efetiva igualização das partes, a fim de impedir que o processo seja palco de exploração, individualismos e egoísmos exacerbados. A supremacia do interesse público traz em si a idéia de interesse prevalente da coletividade sobre interesses particulares das pessoas. É caso de sacrifício pessoal em nome da melhor sobrevivência do corpo social como um todo.

Em matéria de prova, o processo dispõe de instrumental eficiente para equilibrar as disparidades entre as partes, pois "caberá ao juiz, de ofício ou a requerimento da parte, determinar as provas necessárias à instrução do processo" (CPC, art. 130)

A elevação do nível do debate e dos interesses e das finalidades públicas, de certa forma ajudam na igualização das partes litigantes, na medida em que afastam das discussões as vantagens pessoais de conquistas individualistas.

O *juiz e a igualização*

Evidentemente o sentido dinâmico do princípio da igualdade, aqui chamado princípio igualizador, não é missão única do juiz. A todos os atores do processo está afeita esta tarefa.

Muito se pode esperar dos advogados, pois são tradicionais defensores da justiça. A busca da justiça concreta passa por postulações conscientes da necessidade de, pelo menos, certa igualização das condições dos desiguais.

Também o juiz deve estar atento à igualização.

"No propósito de contribuir para a mitigação das desigualdades substanciais entre as partes, tem-se cogitado de conferir ao juiz a faculdade (ou mesmo o dever) de prestar-lhes informações sobre o ônus que lhes incumbem, convidando-as, por exemplo, a esclarecer e a complementar suas declarações acerca dos fatos, ou chamando-lhes a atenção para a necessidade de comprovar alegações" (Moreira, 1985, p. 146).

A igualização promovida pelo juiz não compromete em nada a importância essencial da imparcialidade do juiz - pelo contrário, fortalece o princípio da imparcialidade. A propósito. ensina Cappelletti (1994, p. 16) que é perfeitamente admissível, e *até necessário*, que o julgador, diante da parte indefesa ou mal assistida, ao invés de permanecer passivo e até complacente diante dos erros, omissões, deficiências de tal parte, assuma um papel ativo. Salienta o jurista italiano que os dois ideais fundamentais da nossa época são: de um lado, a liberdade individual; de outro, o da igualdade de oportunidades. E enfatiza: "não se pode conceber como verdadeira jurisdição aquela em que a parte pobre esteja privada de informações e de representação, que se constituem em condições inarredáveis para sua participação" (1994, p. 16).

Atuação judicial burocrática e que se renda ao legalismo da igualdade meramente formal e nominal, acaba pondo em dúvida a imparcialidade e a independência do juiz. Presidir um processo assegurando às partes igualdade de tratamento, tal como determina o inc. I do art. 125, nem de longe significa ficar abúlico às disparidades muitas vezes flagrantes entre as condições pessoais das partes e dos advogados que as representam.

A inércia judicial nestas condições será flagrante favorecimento da parte mais forte. O sistema do Código de Processo Civil tem orientação clara em relação à atividade judicial que exige dinâmica no andamento do processo, percuciência na investigação probatória e atenção à efetiva igualdade das partes.

É árduo saber identificar situações ou pessoas iguais, que merecem o mesmo tratamento. Por igual, não é fácil reconhecer desigualdades em que se faz necessário um tratamento diferenciado. Apesar de tal dificuldade, é inadmissível conferir os mesmos direitos e deveres a todos os indivíduos, indistintamente, esquecendo que existem diferenças entre eles.

O caminho da interpretação igualizadora começa pelo reconhecimento da existência de peculiaridades próprias em cada caso concretizado em juízo. Vale o aforismo: "cada caso é um caso".

Muitos litígios contêm uma gama de fatores diferenciais de aspectos fáticos e pessoais que evidentemente jamais poderiam ser apreendidos e previstos pelo legislador. O jurista tem que estar atento a todas as circunstâncias do caso concreto. Qualquer elemento pode ser acolhido como fator discriminatório. Importa que tal fator responda satisfatoriamente a uma correlação lógica compatível entre os dados tomados como base da diferenciação e as conclusões retiradas. Não se admite, por exemplo, desequiparações fortuitas ou injustificadas. É imprescindível, enfim, que a conclusão, além da correlação interna, não seja incompatível com interesses prestigiados pela Constituição Federal.

Reconhecido que não basta a igualdade perante a lei, vê-se que também é necessária a igualdade de oportunidades, ou seja, iguais condições. Os motivos que causam as desigualdades de condições entre as pessoas evidentemente dependem de mudanças profundas no seio da nossa sociedade.

A igualdade perante a lei não resolve as contradições criadas pela produção capitalista. Sem a redução das desigualdades econômicas ao mínimo possível, nenhum mecanismo político ou jurídico permitirá ao homem comum atender a suas necessidades mais básicas e, a partir disso, sonhar em realizar seus desejos e aspirações. O primeiro passo será a melhor distribuição de renda, de modo a evitar a disparidade social clamorosa entre pessoas que o regime atual determina. Para tanto, é indispensável a atuação do Estado como um todo (Executivo, Legislativo e Judiciário) no sentido de evitar, pelo menos, a exploração desmesurada e o lucro exagerado (Mangabeira, 1990, p. 98).

Apesar disso, como ensina Pontes de Miranda (1987, p. 689), as desigualdades econômicas não podem cegar e imobilizar o jurista: "o direito que em parte as fez, pode aparar e extinguir as desigualdades econômicas que produziu. Exatamente aí é que se passa a grande transformação da época industrial, com a tendência a maior igualdade econômica, que há de começar, como já começou em alguns países, pela atenuação mais ou menos extensa das desigualdades".

Evidente: o princípio igualizador vai exigir na atuação do juiz certos limites. Indispensável é que a igualização a ser promovida no processo seja justificada em bases éticas, e que os elementos discriminadores guardem certa pertinência lógica com as peculiaridades pessoais.

A Constituição é bom norte para a igualização.

Ainda em relação a critérios para a discriminação válida é importante a colaboração de Celso Antonio Bandeira de Mello (1978, p. 59). Há ofensa ao preceito constitucional da isonomia quando:

1 - A norma singulariza atual e definitivamente um destinatário determinado, ao invés de abranger uma categoria de pessoas, ou uma pessoa futura e indeterminada.

2 - A norma adota como critério discriminador, para fins de diferenciação de regimes, elementos não residentes nos fatos, situações ou pessoas por tal modo desequilibradas. É o que ocorre quando pretende tomar o fator "tempo" - que não descansa no objeto - como critério diferencial.

3 - A norma atribui tratamentos jurídicos diferentes em atenção a fator de discrímen adotado que, entretanto, não guarda relação de pertinência lógica com a disparidade de regimes outorgados.

4 - A norma supõe relação de pertinência lógica existente em abstrato, mas o discrímen estabelecido conduz a efeitos contrapostos ou de qualquer modo dissonantes dos interesses prestigiados constitucionalmente.

5 - A interpretação da norma extrai dela distinções, discrimens, desequiparações que não foram professadamente assumidos por ela de modo claro, ainda que por via implícita.

A teoria do direito aqui vista na sua formulação constitucional e processual cível tem reconhecido, não só o desatendimento do princípio constitucional isonômico diante da existência de condições pessoais desiguais, como a necessidade de uma atuação efetiva do ator jurídico no sentido da igualização jurídica das disparidades.

No processo civil, a base dessa igualização reside em uma postura atenta e dinâmica dos agentes qualificados do processo. Principalmente em relação aos juízes, cobra-se maior atenção. Dispensar o mesmo tratamento aos loucos e aos sãos, aos pobres e aos ricos, aos fortes e aos fracos, aos jovens e aos velhos, à parte bem representada e mal representada por advogado não viola só o princípio jurídico. A doutrina vem demonstrando que também o princípio da imparcialidade e do contraditório restam violados. Juiz eqüidistante não significa juiz distante.

A sugestão mais pertinente vai no sentido do aumento da oralidade no processo civil. No *vis-à-vis* com as partes, o juiz acaba conhecendo detalhes pessoais que aguçam o seu sentimento de igualização. O julgamento antecipado da lide pode acelerar o fim do processo de conhecimentos, mas muitas vezes paralisa o processo na execução. Tal paralisação deve-se principalmente à falta de tentativa de conciliação no processo de conhecimento quando a transação de alguns direitos tem efeito coativo moral bem mais eficaz que coerção executiva. Por outro lado, também a existência de embargos de devedor com razões de direito tão pertinentes e relevantes acabam ensejando investigação.

Muito colaboraria para uma efetiva igualização das partes no processo civil, visão mais ampliada do benefício da gratuidade judiciária, como já referimos em 1. 3. *Princípio Econômico*. Ressalte-se, ainda, a necessidade de mentalidade desburocratizada quanto ao atendimento dos pedidos de gratuidade. Por fim, os beneficiários dessa garantia constitucional melhor se equipararão a seus contendores quando os Estados contarem com defensorias públicas com profissionais submetidos a concurso no mesmo nível de outros cargos jurídicos.

É ilusão imaginar que todos os advogados tenham a mesma capacidade de defender seus clientes. O interesse público que rege também o processo civil está a exigir do juiz cível a mesma atenção do juiz criminal. Isso significa não só a promoção da prova independentemente do requerimento das partes, mas também cuidado com a qualidade da defesa nos interesses da parte.

Com desigualdade entre as partes não há imparcialidade judicial, mas conivência na opressão pela via judicial do mais forte sobre o mais fraco. Sem que as partes estejam em igualdade de condições de postular seus direitos (que não raro desconhecem) o contraditório é uma farsa.

Definitivamente, o princípio da igualdade é dinâmico no sentido de promover a igualização das condições entre as partes. Com o princípio igualizador, evita-se dentro do processo o excesso e o abuso de poder econômico sobre cidadãos, principalmente sobre os menos favorecidos na relação jurídica material ou processual. Ou seja, é um passo para a busca da instrumentalidade do processo. Princípio que veremos a seguir.

1.6. PRINCÍPIO INSTRUMENTAL

Enunciado

O processo deve cumprir seus escopos jurídicos, sociais e políticos, garantindo: pleno acesso ao Judiciário, utilidade dos procedimentos e efetiva busca da justiça no caso concreto.

Sinonímia

Princípio da instrumentalidade.

Conteúdo

Processo e instrumentalidade

Quando do esforço de autonomia da ciência processual, principalmente com Büllow, o processo precisava afirmar sua especialidade. A forma de tal afirmação científica prendeu-se à demonstração de princípios próprios, categorias autônomas, técnica específica e conceitos adequados, tudo numa visão dogmática de perfeita coerência e sistemática interna.

Tais necessidades couberam, mão na luva, para os interesses da democracia liberal que, como já visto no *princípio jurídico*, trabalha mais com o formal do que com o material, mais com o nominal do que com o real, mais na superfície do que na profundidade.

Como se vê, o processo sofre influências ideológicas de determinado momento histórico.

O processo progrediu, mas ao seu progresso não correspondeu respectiva evolução no funcionamento da justiça.

Pouco a pouco, a realidade foi mostrando o descompasso entre a vida em sociedade e a vida no processo. O processo precisava mudar.

A mudança começa com a aproximação do processo com o constitucionalismo, prossegue até que ele seja instrumento de efetiva realização dos direitos e aporta no processo como instrumento de justiça.

Os estudos processualístico-constitucionais viabilizaram o abrandamento da preocupação demasiadamente técnica do processo para ligá-lo a valores e direitos humanos. Hoje já se fala em Direito Processual Constitucional (extrair da Constituição princípios para o processo) e Direito Constitucional Processual (normas de processso na Constituição que regulam a jurisdição constitucional).

Neste passo, a preocupação quanto à autonomia do processo na ciência do direito é menor do que sua vocação de instrumento de justiça.

É a instrumentalidade do processo que se faz princípio.

Ao depois, sob o signo da efetividade do processo, o direito processual se faz busca incontida de justiça (Silva, 1988, p. 102).

Enfim, hoje pode-se falar num verdadeiro *princípio informativo da instrumentalidade* do processo.

Princípio informativo, sim, porque, como diz Ada Pellegrini Grinover (1990, p. 45), tal como os outros princípios informativos "todo o sistema processual passa a ser visto como instrumento para atingir os escopos jurídicos, sociais e políticos a que se destina".

Não há dispositivo legal afirmando taxativamente o princípio da instrumentalidade do processo. Contudo, o ordenamento jurídico está repleto de normas que, aqui e ali, deixam à mostra o conteúdo do princípio. São normas claramente processuais, que, por um lado abrem as portas do Judiciário para proteger o cidadão (contra atos das autoridades e grupos poderosos), os consumidores e até o meio ambiente. Por outro lado, dentro do procedimento, são normas que visam a desformalizar os atos processuais e aproveitá-los tanto quanto possível.

Instrumentalismo substancial

O processo sempre foi instrumental. Agora, porém, vigorando como princípio, o instrumentalismo se impõe de forma radicalmente diferente do instrumentalismo clássico. O instrumentalismo não é mais tão nominal e formal, é instrumentalismo a serviço do material e do substancial.

O princípio informativo da instrumentalidade acompanha a luta do processo em atender não mais a preocupações individualistas, mas a interesses coletivos e difusos de uma sociedade de massa. O processo busca forma de proteger não só o homem, mas também o ambiente em que ele vive.

O princípio da instrumentalidade mantém o processo preocupado com a lógica do procedimento e sua celeridade, mas também busca ser mais acessível, mais público e mais justo. "É indispensável a consciência de que o processo não é mero instrumento técnico a serviço da ordem jurídica, mas, acima disto, um poderoso instrumento ético destinado a servir à sociedade e ao Estado" (Grinover, 1992, p. 45).

A preocupação com a finalidade substancial do processo e sua celeridade tem estreita proximidade com o poder cautelar do juiz, o qual informa o *princípio da tutela cautelar.*

Em verdade, seria melhor que o processo cautelar não estivesse separado em livro próprio. A tutela cautelar deve ser encarada como meio posto à disposição do juiz, para atuar o direito substancial provisória e preventivamente, quando preenchidos os requisitos para tanto. Por isso, o princípio da tutela cautelar se interpenetra constantemente com todas as espécies de prestação jurisdicional.

A nova redação do art. 273 do CPC dá passo importante no sentido de acolher este sentido dinâmico da prestação cautelar. Agora, o juiz poderá, a requerimento da parte, antecipar, total ou parcialmente, os efeitos da tutela pretendida no pedido inicial, desde que, existindo prova inequívoca, se convença da verossimilhança da alegação e preencha os demais requisitos referidos nos incisos e parágrafos do art. 273.

O princípio da instrumentalidade é princípio informativo que se impôs ao processualista brasileiro atento às peculiaridades de seu tempo. É relevantíssima a importância de Cândido Rangel Dinamarco (1987) na propagação da idéia da instrumentalidade do processo, principalmente com seu livro do mesmo nome e que foi sua tese de concurso de cátedra.

A pedra de toque inicial do princípio em estudo é fazer do processo instrumento do direito substancial público e privado. "Com esse entendimento, a garantia constitucional de ação acaba por superar a rígida distinção entre direito substancial e direito processual, enquadrando-se, com maior eficácia, no contexto amplo de outras garantias, que não apenas aquela de obter uma sentença judicial" (Theodoro Jr. , 1991, p. 130).

Instrumentalismo constitucional

No caso, interessa a finalidade (o escopo) do processo. A grande contribuição de Cândido Rangel Dinamarco foi no alargamento dessa finalidade. O processo não tem mais um só escopo (o jurídico), mas também busca o fim social e o político.

Além disso, o próprio escopo jurídico é ampliado. Como se verá, o escopo jurídico não se restringe mais em só cumprir a lei. Tal ampliação pode ser vista com bastante clareza na 9ª edição da *Teoria Geral do Processo,* de Antonio Carlos Cintra, Ada Pellegrini Grinover e Cândido Rangel Dinamarco.

Em verdade, já em edições anteriores o trio de eminentes juristas paulistas referia "o critério que deve orientar as decisões dos juízes é o critério do justo e do eqüitativo (4ª edição, p. 23). Mas a 9ª edição (1992, p. 28) já acrescenta muito em relação às anteriores no sentido de incentivar o Estado a promover a plena realização da justiça.

Mudança sutil, porém profunda, aparece na abordagem do escopo jurídico do processo e da jurisdição. As edições anteriores referiam que o escopo jurídico do processo era "atuar a vontade da lei que se aplica à lide deduzida" (4ª edição, p. 85). A 9ª edição (1992, p. 115), contudo, diz que o escopo jurídico é "atuar a vontade do Direito Material ..." (não só a lei, portanto, *e* aqui o acréscimo mais relevante) "pacificar e *fazer justiça*" (destaquei).

Assim, com o interior de um processo mais voltado para o material do que para o formal, mais preocupado com o social do que com o individual, é indispensável que o processo se volte também no sentido de abrir as portas efetivamente ao cidadão para que finalmente participe deste momento. É o escopo político.

Pela instrumentalidade, fica aberto o processo para participação popular, tal como ocorre num novo contexto de democracia participativa.

A existência de um verdadeiro princípio participativo com conteúdo bastante amplo que abriga "imensa variedade de formas, desde a simples informação e tomada de consciência, passando pela reivindicação, às consultas, à cogestão, à realização dos serviços, até chegar à intervenção nas decisões e ao controle, como a caracterizar graus mais ou menos intensos de participação" (Grinover, 1990, p. 222)

No escopo social do processo há amplo espaço para a crítica a um sistema que dá relevância ao individualismo, a um Estado que não cumpre sua tarefa de gerente da redistribuição de riquezas e a uma parte que vê sua razão em direitos afrontosos ao interesse social.

Enfim, através do princípio informativo da instrumentalidade, o processo civil brasileiro assume definitivamente sua face publicística, que o aproxima mais do sistema processual anglo-saxão do que de suas fontes européias. No Brasil, temos instrumental constitucional suficiente para abrir as portas do processo para proteger o cidadão das omissões e ações ilegítimas dos maus governantes. Podemos fazer afirmar-se o Estado-juiz em sua independência, fazendo do juiz um agente interessado na plena, justa, breve e efetiva solução do litígio.

Com efeito, os avanços e os mecanismos jurisdicionais encontrados em nosso sistema constitucional nos inserem, na visão de Mauro Cappelletti, na vanguarda de tendência evolutiva que tem mudado profundamente a forma de governo dos países liberal-democráticos modernos. É o chamado Constitucionalismo Moderno ou Justiça Constitucional. O papel do juiz - e obviamente da advocacia - tem tomado proporções gigantescas nesse sistema. O uso da Constituição pela via jurisdicional tem sido o modo mais seguro de defesa contra o perigo do aumento do poder público. O mestre italiano diz que o estudo da nossa Constituição lhe tem sido fascinante.

Contudo, alerta: "não devemos mais esquecer que as leis, e mesmo as Constituições, têm pouco valor sem aquele que os romanos já chamavam *constans voluntas* - os esforços, os sacrifícios, a coragem daqueles que devem aplicá-la" (Cappelletti, 1990, p. 112).

Instrumentalismo justo

Com o princípio da instrumentalidade e sua preocupação com o direito substantivo, o processo tem condições de dar um passo à frente no seu casamento com a Constituição. Não se trata mais só de tornar constitucionais os instrumentos processuais, mas de dar efetividade, por via do processo, às conquistas populares consagradas na Constituição.

Tem-se feito muito, e bem, a ligação do processo com a Constituição. Contudo, essa ligação tem se mantido nos limites do estudo do processo ainda como forma procedimental constitucionalmente assegurada. A instrumentalidade dá um passo para além da preocupação de dar efetividade às garantias processuais de acesso ao Judiciário. Vai interessar o próprio conteúdo material e substancial garantidos constitucionalmente ao cidadão. Só tem sentido um processo informal nas mãos de juristas preocupados com transformações radicais da sociedade. Pelo princípio da instrumentalidade, o sistema abre a porta do Estado para que, pela via do Poder Judiciário, o cidadão veja implementadas as conquistas sociais tais como previstas na Constituição. Afastar uma ideologia individualista implica adotar uma ideologia voltada para uma democracia concreta, social e mais igualitária.

Para além da consagração constitucional, o processo deve estar atento às conquistas da humanidade que em verdade são supraconstitucionais. O processo jamais pode desvirtuar-se de "sua finalidade primacial: o primado do direito e o da justiça". (Lima, 1979, p. 16).

Em conclusão, vê-se que o princípio informativo da instrumentalidade contempla a ampliação e a abrangência que o processo adquiriu nos últimos tempos. Tanto assim, que para lá da possibilidade de participação do cidadão no núcleo central do Estado, o processo acaba, até por conseqüência, exercendo indiscutível papel de conscientização política.

O tecnicismo foi eficiente instrumento de dominação e reprodutor da exploração existente numa sociedade voltada para o individualismo. Mas isto em nada auxiliou o funcionamento da justiça, e as exigências hoje são massificadas de forma tal que o modelo clássico de processo não dá conta delas.

A instrumentalidade, informando todo o processo afasta-se do conteúdo individualista de uma sociedade liberal e, com seus escopos e efetividade, centra-se em ressaltar o valor social.

Pela via da instrumentalidade, o processo ajusta-se à realidade socio-jurídica através de um instrumentalismo substancial fundado numa ética social. E faz isso ampliando seus escopos (que agora são jurídicos, políticos e sociais) e busca sua efetividade (onde se ressalta o acesso ao Judiciário e à justiça das decisões).

Contudo, quem tanto serviu ao individualismo, ao egoísmo, aos interesses de poucos e aos privilégios do liberalismo, não pode mudar, agora, para servir ao neoliberalismo.

"A mudança de *mentalidade* em relação ao processo é uma necessidade, para que ele possa efetivamente aproximar-se dos legítimos objetivos que justificam a sua própria existência" (Grinover, 1992, p. 45)

Hoje o processo não deve servir a uma efetividade individualista, mas a uma efetividade social. Isso deve dominar em todo o processo tal como um princípio informativo.

É o que se verá a seguir com o princípio da efetividade social.

1.7. PRINCÍPIO EFETIVO

Sinonímia

Princípio da supremacia do interesse social no processo. Princípio da efetividade.

Enunciado

O processo civil deve ser impregnado de justiça social.

Conteúdo

Do individual para o social

Como se viu no princípio da instrumentalidade, o processo, menos formalista e mais participativo, não poderia transformar-se num mero lenitivo de uma sociedade que tanto sofreu com os privilégios de uma sociedade liberal. Por evidente, não se vá abrir o Judiciário, chamar o cidadão e entregar-lhe a jurisdição com os mesmos valores individualistas tão criticados. Por isso, o processo se enriquece de função social com seu escopo social. Aqui reside a luta do processo contra os valores individualistas da democracia liberal.

Como diz Justino Magno Araújo (1983, p. 104), citando Hector Fix-Zamudio, "o processo civil moderno, além de procurar reduzir o princípio dispositivo, deve ser impregnado de justiça social, no qual as partes, situadas num plano de autêntica igualdade, possam expressar pública e livremente suas pretensões..."

Não basta pacificar, tem que pacificar com justiça social.

Não há como negar, o conceito de *social* não é unânime.

José Carlos Barbosa Moreira (1985, p. 140) dá a receita para o jurista tratar a função social do processo: "de um lado, cuida-se das possibilidades de estimular a marcha em direção a uma igualdade maior, no sentido da eliminação - ou, quando menos, da atenuação - das diferenças de tratamento dos membros da comunidade em razão de diversidades de riquezas, de posição social, de cultura, de pertinência a esta ou àquela classe, raça, credo religioso ou corrente política. De outro lado, reclama atenção a questão da capacidade do sistema jurídico para assegurar, na medida necessária, a primazia dos interesses da coletividade sobre os estritamente individuais".

Quando se fala em função social do direito, logo vem à mente o direito de propriedade. Contudo, não é só a propriedade que se deve submeter à função social. Não tem mais cabida no concerto da sociedade em geral e do direito em particular, uma visão individualista do direito. A justiça social não é ideal só do direito (material ou processual), mas de toda a sociedade.

Há constantes exigências feitas ao Estado contemporâneo para que sejam aumentadas suas tarefas sociais com vistas ao atendimento das necessidades básicas e vitais de toda a população. Na verdade, luta-se para a consumação do declínio dos princípios e de estruturas que não conseguiram atender às necessidades sociais. Trata-se de uma "revolução que se instaurou contra a concepção individualista do processo e da justiça." (Delgado, 1987, p. 224).

Pelo princípio da efetividade social, o processo abre amplo espaço para a crítica e para a prática contra um sistema que dá relevância ao individualismo, contra um Estado que não cumpre sua tarefa de gerente da redistribuição de riquezas e contra uma parte que põe sua razão em direitos afrontosos ao interesse social. Ademais, o processo se torna capaz de, no caso concreto, pôr em questão o jogo do mercado, o favorecimento e privilégios a minorias, o exercício de direitos baseados em ilegítimas acumulações de riquezas e o lucro abusivo.

Em suma, o princípio informativo da supremacia do interesse social enraiza o processo na realidade através dos objetivos constitucionais do Estado (art. 3º da Constituição, por exemplo). Assim, a função do processo faz mais importante o interessse social e público de cumprir os objetivos do que o interesse das partes ou os eventuais dos governantes.

A supremacia do interesse social, tal como a entendemos, é reação contra as idéias liberais do Estado e do direito que durante séculos influenciaram o pensamento universal. Como se sabe, o liberalismo, enquanto antinomia ao absolutismo, apregoava a minimização do poder e da intervenção estatal como forma de concretizar os direitos individuais, na época ameaçados pelo Estado e seus representantes. Neste sentido, quanto menos o Estado interviesse, mais garantidos estavam os cidadãos e mais os seus interesses estariam assegurados.

Como diz José Carlos Barbosa Moreira (1985, p. 145), "não menos que na economia, a emergência do 'social' também no processo derruiu o império do *laisser faire*".

No século XIX, com a crise do liberalismo e a insurgência das idéias socialistas e social-democráticas, gradativamente se foi percebendo que o Estado não poderia nem deveria se manter inerte, cabendo-lhe desempenhar cada vez mais atividades na vida econômica e política, inclusive a proteção do interesse público. Essas idéias vieram a formar o chamado Estado Contemporâneo do Século XX, intervencionista, caracterizado por alguns autores como *welfare state*.

Durante o curso do processo civil deve imperar a idéia de totalidade. A idéia de solidariedade social, desaparecida durante o período do individualismo, renasce no processo como pressuposto da cidadania. Busca-se o atendimento das necessidades gerais, ainda que contrárias aos interesses individuais.

O jurista não há de se render à ilusão de Rousseau, no século XVIII, que entendia ser a lei a grande forma de expressão do interesse geral, porquanto originada dos representantes do povo. Hoje se sabe perfeitamente: na lei não está todo o direito.

Processo social

Não há previsão legal expressa anunciando o princípio em estudo. A existência, a importância e a aplicação do princípio da supremacia do interesse social dá-se por implicação evidente do próprio Estado de Direito.

Seja como for, são conhecidas as manifestações constitucionais de proteção da função social da propriedade, na defesa do consumidor e do meio ambiente (art. 5º, da CF), como também nos institutos da desapropriação e da requisição, ou ainda no caso de sigilo assegurado para a proteção da sociedade e do Estado.

Fora do âmbito constitucional, temos o art. 5º da Lei de Introdução ao Código Civil, que é norma de sobredireito, ou seja, de aplicação obrigatória em todas as decisões. "Na aplicação da lei, o juiz atenderá aos fins sociais a que ela se dirige e às exigências do bem comum".

Este princípio é aplicável tanto no momento da elaboração das leis quanto no momento de sua execução por parte da Administração Pública em geral e do Poder Judiciário em particular.

Tamanha é a importância do princípio que impõe em todos os ramos da ciência e da administração pública a supremacia do interesse social sobre o interesse particular e privado, que é possível afirmá-lo como condição de existência de qualquer organização social, sem a qual seria impossível a vida em comum.

Trata-se de um princípio de direito público que norteia o Estado em duas grandes direções: de um lado, a proteção dos direitos e garantias individuais, expressa principalmente pelo princípio da legalidade; por outro, a satisfação de interesses públicos para a qual se constitui a Administração Pública.

Para isso, goza a Administração do Estado em geral (Poder Executivo, Judiciário e Legislativo) de garantias e prerrogativas que lhe permite executar seus objetivos e - o mais importante - contrariar interesses privados em nome da supremacia do interesse social.

Não é fácil caracterizar o que seja interesse social ou público. Não se vai duvidar que, sob a invocação da efetividade social, poderão ser protegidos privilégios individualistas.

É importante não perder de vista que se está diante de um dos conceitos juspolíticos, e como tal não existe um parâmetro préconstituído, dogmático, objetivo e concreto para sua definição.

O interesse social é, por definição, inapropriável, indisponível e despersonalizado.

Assim, como o interesse social afasta a proteção ao interesse particular quando em confronto com seu conceito, também é possível dizer-se que não se pode confundir interesse público com interesse do Estado. O interesse do Estado pode ser o interesse de grupos governantes do momento, o que não será necessariamente interesse público e social.

Por igual, também não será necessariamente interesse público o interesse da Administração. Nesta poderá haver apenas interesses de grupos poderosos, corporativistas e/ou setoriais, inclusive contrários ao interesse social.

Principalmente quando se fala na atuação do Poder Judiciário para caracterização do interesse social, é importante que se exija sensibilidade. É nesse momento que aumenta de importância a necessidade de fundamentação da sentença. Não basta o julgador optar por decisão invocando o interesse social. É preciso que sua decisão venha devidamente referendada pela revelação do sentimento do julgador naquilo que ele entende de melhor alvitre para o social .

Ainda que faltem parâmetros mais concretos, vale referir Ada Pellegrini Grinover (1990, p. 11): "Eis o novo significado social do princípio de igualdade processual, atuando mediante adequados institutos e por força do reconhecimento de poderes de iniciativa judicial que, como lembrava Calamandrei, 'podem colocar a parte socialmente mais fraca em condições de paridade inicial frente à mais forte, e impedir que a *igualdade de direitos* se transforme em *desigualdade de fato* por causa da inferioridade de cultura ou de meios econômicos'".

O interesse social deve estar relacionado com as necessidades sociais e coletivas.

Efetividade social

Aqui, mais do que nunca, ressalta de importância o aspecto dinâmico do princípio jurídico (igualizador) e as peculiaridades de cada caso concreto.

Modernamente não prevalece a idéia utilitarista de a Administração Pública (Poder Judiciário, inclusive) servir e proteger somente as liberdades e garantias individuais. Mais do que isso, o direito - inclusive quando discutido no processo - preocupa-se com os interesses essenciais para o exercício da dignidade e da cidadania. Exige-se dos agentes da administração, inclusive juízes, é claro, a satisfação das necessidades da vida em comunidade, e não dos indivíduos em particular. Estes serão atendidos caso seus interesses não conflitem com os interesses da coletividade.

Enfim, cabe ao Estado, através dos seus três poderes, proteger e satisfazer o interesse social. Por isso, para que o Estado possa realizar seus objetivos, é que são concedidos poderes, garantias e privilégios funcionais que não são comuns a todos os cidadãos.

Convém que se ressalte esta obrigatoriedade judicial de aplicação do princípio da supremacia do interesse social por causa de fator ideológico.

A ideologia dominante, pela via do sistema capitalista, privilegia os benefícios particulares em detrimento dos públicos, opta mais pelo interesse individual do que o social. E há uma inegável tendência ao excesso.

Ora, se assim é - e o é ideologicamente, ou seja, inconscientemente - resta justicável o temor da demasia individualista. Houvesse, pelo menos, uma certa conscientização, não haveria necessidade de insistir na obrigatoriedade de aplicação do princípio da soberania do interesse social. Teme-se que a carga ideológico-individualista possa levar o jurista a acomodação, ao esquecimento e a escassa aplicação da função social do processo.

Enfim, não só o direito material, mas como preleciona o Ministro José Néri da Silveira (1993, p. 241), também o processo "não pode deixar de receber o influxo do universal reclamo de Justiça social, que é a tônica de nossa época".

SEGUNDA PARTE

Jurisdição e juiz

Não procures tornar-te juiz se não tens força para extirpar a injustiça

ECLESIASTES, 7. 6

2.1. CONSIDERAÇÕES INICIAIS

O Estado é composto de três poderes: Executivo, Legislativo e Judiciário.

A visão de Estado deve ser marcadamente teleológica. O Poder Judiciário, como um dos Poderes que compõe o Estado tem por alvo concretizar os objetivos a que o Estado se propõe. É com esta visão que se costuma dizer que os escopos da jurisdição não são só os jurídicos, mas também os sociais e políticos. O processo civil moderno vê a jurisdição "como uma das expressões do poder estatal que é uno". (Dinamarco, 1987, p. 161) Ontologicamente, a jurisdição não difere da administração e da legislação.

Ou seja, quando a parte pede algo ao Poder Judiciário, está se dirigindo a um órgão que tem a mesma finalidade dos demais poderes. "La función jurisdicional también se integra en el Gobierno, considerado en sentido amplio [...] y, no cabe duda, que los Magistrados ejercen tarea de Gobierno" (Véscovi, 1988, p. 364).

Mancuso (1988, p. 191) vê a ida do cidadão ao Poder Judiciário como busca para obter a tutela de urgência de remoto conseguimento na esfera administrativa e legislativa. Por isso, pode-se exigir do Poder Judiciário maior participação como órgão do Poder. A tripartição das funções estatais, em nossos dias, não é um dogma, e sim uma proposta de trabalho que é colocada à prova todos os dias: "sua higidez depende de cada um dos Poderes se desincumbir satisfatoriamente de suas atribuições para que daí resulte harmonia geral".

Como ensina Galeno Lacerda (1990, p. 161), poucos percebem o peculiar e fecundo dualismo na estrutura e no modo de realização do direito no Brasil. Aqui convivem "o direito público, inspirado nas instituições norte-americanas, e o Direito privado, do sistema codificado da Europa continental". O resultado disso é que o Poder Judiciário brasileiro (ao contrário do que em regra acontece na Europa continental e ocidental, presas ao dogma montesquiano) tem "importância superior à dos demais Poderes".

Em outras palavras, nosso Poder Judiciário julga os demais Poderes. Isto insere o Brasil no moderno sistema constitucional.

Como diz Mauro Cappelletti (1990, p. 113), estamos diante de dois perigosos gigantes do moderno Leviatã : o gigante legislador e o gigante administrador. Como defender-se do perigo do aumento do poder público destes gigantes? Pergunta o comparativista. E responde: "A sagacidade, a experiência histórico-comparativa forneceram a resposta: o modo mais seguro é aquele, cumpre ressaltar, não o que efetua o aumento dos deveres do legislativo e administrativo, que significaria renegar a evolução da sociedade e do Estado moderno [...] o modo mais seguro de responder ao novo desafio é aquele de precisar, na medida do possível, finalidades, limites e modalidades desta nova visão do Estado, e de atribuir ao *munus* político, ao *munus* partidário dos poderes, ou seja, ao Judiciário, a responsabilidade de controlar a respeito de tal finalidades, limites e modalidades".

É o que se chama justiça constitucional. Em face desse poder se alinham os seguintes princípios devidamente informados pelo consagrado *princípio do juiz natural*:

Inércia da jurisdição
Independência
Imparcialidade
Inafastabilidade
Gratuidade judiciária
Investidura
Aderência ao território
Indelegabilidade
Indeclinabilidade
Inevitabilidade
Independência da jurisdição civil da criminal
Perpetuatio jurisdictiones
Recursividade

O Judiciário só atua provocado. Porém, uma vez provocado, é uma garantia do cidadão que o juiz tenha alguns atributos indispensáveis. Em primeiro lugar, que seja um juiz independente, ou seja, que não se renda a pressões e fatores externos a sua consciência e que esteja consciente dos fatores ideológicos que moverão sua decisão. Deve ser imparcial, ou seja, distante dos interesses pessoais das partes em litígio. Para tanto, deve ser um julgador devidamente investido no cargo, que não delegue seus poderes, nem fuja do compromisso de julgar. Sendo um Poder do Estado, é prevalente o interesse público e social sobre o interesse privado e particular. Sendo um Poder com anseios democráticos, está aberto a todos, inclusive para aqueles que não podem pagar seus custos operacionais. Por fim, a jurisdição garante ao cidadão, ainda, o direito de sempre ver reexaminada, pelo menos uma vez, a decisão a que se submeteu.

2.2. PRINCÍPIO DO JUIZ NATURAL

Sinonímia

Princípio do juízo legal. Princípio do juiz constitucional. Princípio da naturalidade do juiz.

Enunciado

O princípio do juiz natural impede a criação de tribunais de exceção. Compreende-se nesta expressão tanto a impossibilidade de criação de tribunais extraordinários após a ocorrência de fato objeto de julgamento, como a consagração constitucional de que só é juiz o orgão investido de jurisdição.

Conteúdo

Histórico

A importância do princípio do juiz natural é tanta que, como diz Ada Pellegrini Grinover (1983), "mais do que direito subjetivo da parte e para além do conteúdo individualista dos direitos processuais, o princípio do juiz natural é garantia da própria jurisdição, seu elemento essencial, sua qualificação substancial. Sem o juiz natural, não há função jurisdicional possível".

A primeira referência legal à expressão "juiz natural" é do artigo 17 do título II da Lei Francesa de 24.8.1790. Também aos franceses se deve a prioridade da primeira referência constitucional no texto fundamental de 1791.

Contudo, a Magna Carta Inglesa de 1215, mesmo com a distribuição da justiça ainda pelos proprietários de terra e a incipiente justiça estatal, já previa sanções a condes e barões (art. 21) e homens livres (art. 39) após "julgamento legítimo de seus pares e pela lei da terra". No mesmo diploma encontra-se: "nenhuma multa será lançada senão pelo juramento de homens honestos da vizinhança." (art. 39).

Investigando a formação do princípio, ver-se-á que seus aspectos devem-se à proibição histórica do *poder de comissão* (nos textos ingleses do século XVII), ao impedimento do *poder de evocação* (nas Constituições americanas) e do *poder de atribuição* (dos textos constitucionais franceses).

Estas são as três clássicas garantias que vão constituir o conteúdo do princípio do juízo natural em suas múltiplas facetas e conseqüências.

Diz-se *poder de comissão* à instituição de órgãos jurisdicionais sem prévia previsão legal e estranhos à organização judiciária estatal. Eram, enfim, juízos extraordinários, *ex post facto*.

Poder de evocação era a atribuição pelo rei de competência de julgamento a órgão diverso do previsto em lei, ainda que pertencente à organização judiciária. É o que hoje se chama derrogação de competência.

Já o *poder de atribuição* dava prerrogativa de competência a orgão judiciário em razão da matéria, previamente à ocorrência do crime. Corresponde hoje aos juízos especiais.

Conceito

O conceito de juiz natural vem se ampliando. Não se pode mais pensar apenas na hipótese de proibição de tribunais de exceção. Ada Pellegrini Grinover (1990, p. 23), citando doutrina nacional e estrangeira, mostra que há um segundo aspecto do juiz natural: o juiz constitucional. Trata-se do efeito que "vincula a garantia a uma ordem taxativa, e constitucional, de competências". O princípio do juiz natural exige não só uma disciplina legal da via judicial, da competência funcional, material e territorial do tribunal, mas também uma regra sobre qual dos órgãos judicantes (Câmara, Turma, Senado) e qual juiz, em cada um desses órgãos individualmente considerado, deve exercer a sua atividade (Schwab, 1987, p. 125)

O princípio é amplamente acolhido pelo mundo afora. Ademais, a Declaração Universal dos Direitos Humanos de 1948 prevê em seu art. 10: "todo homem tem direito, em plena igualdade, a uma justa e pública audiência por parte de um tribunal independente e imparcial, para decidir de seus direitos e deveres ou do fundamento de qualquer acusação criminal contra ele".

No direito brasileiro, exceto no período do Estado Novo, sempre houve previsão legal a respeito do princípio do juiz natural.

Tal acolhimento tem-se dado na dúplice faceta da proibição a tribunais extraordinários *ex post facto* (proibição de comissão) e proibição de transferência de uma causa para outro tribunal (proibição de avocação).

Assim, juiz natural é aquele juiz integrante do Poder Judiciário, regularmente cercado das garantias próprias conferidas àqueles que exercem esse Poder, e, por isso mesmo, independentes e imparciais (Santos Filho, 1990, p. 137).

A concepção do juiz natural deve centrar-se em bases sempre mais fortes. Por isso, entende-se que só a Constituição deva ser a fonte para fixar o juiz natural.

Não há confundir juízes e tribunais "de exceção" com juízos e tribunais "especiais" ou "especializados" no processo e julgamento de determinados litígios, segundo sua natureza. É da tradição do direito brasileiro a permissão ao poder de atribuição, ou seja, no Brasil não afronta o princípio do juiz natural a criação constitucional de juízos especiais desde que preconstituídos. Costuma-se justificar juízo e foro privilegiados como imposição estrutural e organizacional que viabiliza a distribuição, divisão e especialização de tarefas com vista a um melhor atendimento pelo Poder Judiciário deste ou daquele tipo de processo (Andrade Filho, 1983, p. 14). Contudo, tem-se proibido o foro especializado em razão de privilégios pessoais.

Ainda que legais, os privilégios de foro não estão isentos de críticas. Os juízos especiais e os foros privilegiados afrontam ao princípio da igualdade. Não raro são privilégios elitistas que se assentam em prerrogativa de função. Vale lembrar, ainda, que algumas das justiças especializadas foram criadas para atender os interesses do governo militarista e autoritário pós-1964. Este vício de origem, pelo menos, deve orientar reflexão profunda sobre necessidade de foro privilegiado em razão das pessoas ou das funções em período democrático.

Justifica-se especialização de competência em razão da matéria. Ainda assim, não se pode cair em exagero. O ideal é o Poder Judiciário unificado, sem discussões inúteis sobre competência, evitando prejuízo ao jurisdicionado em seu direito de acesso à justiça.

Ao longo de tantos anos, o princípio do juiz natural foi acumulando requisitos. Isso, contudo, lastimavelmente não impediu sua violação em períodos de governos autoritários que derrogam seus efeitos mesmo após sua vigência.

O direito brasileiro tem sido pródigo em estender os limites da compreensão do juiz natural, dando-lhe cada vez mais importância. Podemos dizer que hoje o princípio do juiz natural tem aspectos que tocam tanto à jurisdição em geral (como segurança do cidadão) como ao processo em particular (como direito da parte e garantia do juiz).

Doutrinadores ligados ao Ministério Público reivindicam legitimamente a existência do *Princípio do Promotor Natural*. "Os membros do *parquet* terão cargos específicos, proibidas as simples e discricionárias designações, afastando-se o promotor de justiça *ad hoc*." (Penteado, 1987, p. 441). Com efeito, diz o art. 129 da Constituição Federal, em seu inciso primeiro, que uma das funções institucionais do Ministério Público é promover, privativamente, a ação penal pública, na forma da lei. Isto significa que "estão vedadas as designações discricionárias de promotores *ad hoc* pelo procurador-geral de justiça, feitas a pretexto da unidade e chefia da instituição (Nery Jr., 1992, p. 81).

Por evidente, o princípio do promotor natural não se conflita com o *princípio da indivisibilidade do Ministério Público* previsto no § 1º do art. 127 da Constituição Federal. O objetivo da indivisibilidade é assegurar a continuidade da atuação do *parquet* em casos de substituição aceita pelo promotor. Unidade e indivisibilidade do Ministério Público são princípios que se completam. Ambos revelam que todos os membros representam a entidade, podendo um ser substituído por outro colega, sem prejuízo. "A opinião pessoal de cada um tem que ser respeitada, sem ser nenhum obrigado a contrariar sua convicção quando atue" (Lima, 1978, p. 66).

Extensão

O juiz natural constitucional, e não apenas legal, é garantia e segurança do cidadão. Interessa que a Carta Magna, com as dificuldades naturais para sua modificação, garanta a existência permanente de um poder estatal preestabelecido que tenha a exclusividade da jurisdição.

O juiz natural, como princípio, acaba influenciando, não só todos os subprincípios ligados à jurisdição, como muitos outros princípios ligados à ação, à defesa e ao processo. Não se deve perder de vista que da naturalidade do juiz advém o direito da parte de buscar o bem da vida, pois que a Carta Magna impede que lei inferior retire do Poder Judiciário a investigação de lesão a direito individual. O curso procedimental dá-se conforme lei anterior, sem prejuízo - para o futuro - da incidência imediata da lei processual. O processo é presidido por juiz imparcial, resguardado de garantias, cuja competência também foi estabelecida em prévia legislação.

Também encontra-se no conteúdo do princípio do juiz natural a garantia para o julgador de que poderá julgar com independência e de acordo com seu sentimento, devidamente fundamentado, de justiça.

A ficção cinematográfica oferece excelente exemplo de infringência ao princípio do juiz natural no filme *Seção Especial de Justiça*, de Costa Gavras.

Tem-se entendido que o princípio do juiz natural não admite tribunais extraordinários ou tribunais designados *ad hoc*. É o que se chama, tradicionalmente, no Brasil, de tribunais de exceção.

No sistema atual, afrontam ao juiz natural a existência de órgãos jurisdicionais transitórios e arbitrários ou foro privilegiado, ou seja, regalia de foro em razão de privilégio pessoal, e não como prerrogativa de cargo ou função.

Assim, não ofende aos ditames do princípio do juiz natural previsão constitucional de competência originária de tribunal superior para processo e julgamento de determinadas pessoas por prerrogativa da função, chamada competência funcional. É viável inclusive que tal privilégio dê-se em âmbito estadual e municipal, desde que não destoe do sistema constitucional, nem fira o princípio do duplo grau de jurisdição. Este privilégio pode, inclusive, dizer com crimes dolosos contra a vida e, assim, afastar a competência do júri.

Por igual, não são afrontosas ao juiz natural as previsões legais sobre substituições de juízes, desaforamento e prorrogação de competência.

Alguns tribunais têm plano de divisão interna de funções (câmaras especializadas em determinadas matérias). Esta distribuição de tarefa jurisdicional, contudo, deve ser compreendida apenas como preferencialidade, e não como exclusividade de uma câmara sobre o tema. Vale lembrar que os tribunais formam um órgão único, e suas câmaras são apenas frações de um todo. No que diz com estas especializações em confronto com o princípio do juiz natural, é possível repetir o que disse Karl Heinz Schwab (1987, p. 131) sobre a divisão de funções dos juízes alemães. Qualquer pessoa deve ser julgada por um juiz, previamente designado para o cargo determinado sem outra consideração, "entretanto se deve tornar inadmissível qualquer manipulação intrínseca ou extrínseca".

A legislação brasileira, tradicionalmente, vem instituindo justiças especializadas como Federal, do Trabalho, Eleitoral e Militar

Permite-se, ainda, a intervenção do Poder Legislativo em casos específicos previamente contemplados na Constituição, tanto para processar e julgar (como no caso de *impeachment*) como para fazer depender de licença ação contra parlamentar.

Encontra-se na doutrina brasileira dissenso sobre se alguns fatos estariam ou não englobados na vasta gama de garantias abrangidas pelo princípio constitucional que impede tribunais de exceção.

Por exemplo, quando a Constituição cria tribunais especializados ou modifica competência antes atribuída à justiça ordinária, ressurgem discussões. Ada Pellegrini Grinover (1983, p. 23) faz distinção: não viola o juiz natural "meras modificações da competência entre os diversos órgãos da justiça comum". Contudo, seria afrontoso ao princípio modificar a competência de casos pendentes iniciados na justiça comum em favor da justiça especializada criada pela Constituição. Nessa hipótese, o novo órgão judiciário só atenderia casos futuros. Com apoio em doutrina estrangeira, justifica a posição entendendo que o princípio do juiz natural limita a esfera do cânone (*tempus regit actum*) segundo o qual a lei do processo consiste nas normas vigentes no momento em que se procede.

Há ainda os casos de avocatória (poder discricionário do Supremo Tribunal Federal de avocar as causas em processamento perante juízos ou tribunais inferiores). No tempo da ditadura militar, a Emenda Constitucional n° 7/77 fez incluir esta possibilidade no art. 119, I, *c*, da Constituição Federal então em vigor.

Violações

Ao longo da história legislativa brasileira tem-se constatado exemplos de violações ao princípio do juiz natural.

Da legislação já revogada vale referir, de início, a discutida decisão da Corte Suprema brasileira sobre a constitucionalidade do Tribunal de Segurança de 1935. Por igual, o art. 84 do Decreto-Lei 898/69 era afrontoso ao juiz natural, uma vez que previa julgadores nomeados para julgamento de casos concretos. Eram hipóteses de crimes contra a segurança nacional punidos com prisão perpétua e pena de morte. O julgamento se dava por tribunal formado de ministros militares e membros do Conselho de Justiça. Por fim, também disposições processuais autorizando início de ação penal pela autoridade policial em casos de contravenção (art. 531 do CPP) e homicídio e lesões culposas (Lei 4.611/65) e infrações ao Código de Caça (Leis 4.771/65 e 5.197/67) são violações ao princípio do juiz natural.

Há, ainda, alguma legislação de discutida vigência e/ou constitucionalidade com dispositivos afrontosos ao juiz natural. São os casos das execuções extrajudiciais previstas no Decreto-Lei 70/66 e na Lei 5.741/71 (referente ao Sistema Financeiro da Habitação) e aquela prevista no Decreto-Lei 911/60 (referente a bens alienados fiduciariamente).

Como se vê, o princípio do juiz natural tem múltiplas aplicações, mas ainda há espaço para maior desenvolvimento em busca de decisões mais justas. Uma questão que está a exigir aprofundamento na forma de ver o princípio em questão diz com a necessidade de perfeita integração do juiz a um determinado e específico contexto social.

Por outro lado, exemplo de afronta a este tópico é o caso relatado por Maria Margarida Moura (1990). Trata-se de hipótese em que um juiz trabalhista desconhecia as peculiaridades de um trabalho familiar camponês que multiplicava o número de braços à disposição de uma usina. Por isso, considerou suficiente, com a morte do chefe da família, a indenização ao irmão mais velho e improcedente a reclamatória do mais novo. Pior: em sua fundamentação, a decisão considerou o camponês um parasita, entendendo incrível que, sendo o reclamante maior e capaz, ficasse longos anos trabalhando para a ré sem nunca perceber, ajustar ou conhecer seus ganhos.

O princípio do juiz natural é verdadeira garantia a ser invocada contra toda e qualquer forma de autoritarismo que queira se justificar através do Poder Judiciário. A invocação do juiz natural, com seu extenso conteúdo democrático, consagra conquistas da humanidade, ao longo de sua história, contra um Judiciário subserviente a comandos ditatoriais que o afrontam.

Com base no juiz natural, poderá o operador jurídico pleitear contra invenções legislativas. No mesmo passo, o princípio do juiz natural constitucional é fundamento para afastar toda sorte de influência estranha no Poder Judiciário (tribunais de ocasião, escolhas ou substituições de juízes) tão ao gosto de ditadores que conquistam o Executivo.

Numa tentativa de resumo, poderíamos dizer que, sendo um princípio que obriga previsões legais claras e expressas para o futuro e não previsões incompletas e/ou para passado, trata-se de um dos princípios que dá sustentação política à independência do Poder Judiciário e que informa todos os outros princípios ligados à jurisdição. É o que se verá a seguir.

Ver também: princípio do acesso à justiça, princípio da independência e princípio da imparcialidade.

2.2.1. PRINCÍPIO DA INÉRCIA DA JURISDIÇÃO

Sinonímia

Princípio da necessidade da demanda.

Enunciado

Não proceda o juiz de ofício (*Ne procedat judex ex officio*). Ninguém é juiz sem autor (*Nemo judex sine actore*).

Conteúdo

Para as finalidades desta obra, é indispensável distinguir-se: princípio da disponibilidade, princípio da demanda, princípio dispositivo e princípio da adstrição do juiz ao pedido da parte.

Esta não é uma distinção tranquila na doutrina. Os significados que aqui serão identificados separadamente são englobados por muitos doutrinadores no *princípio da disponibilidade* ou no *princípio da demanda*.

Mais do que nunca é necessária a compreensão do leitor no sentido de reconhecer que os princípios não são absolutamente autônomos, nem têm limites absolutamente rígidos. Muitas vezes os significados se interpenetram, formando uma zona gris que torna difícil dizer onde termina um e começa outro. Pode ser, inclusive, que um seja consequência de outro.

No campo do direito e do processo civil, quando se fala que uma pessoa pode "dispor " de determinado direito, quer-se significar que a parte tem liberdade de, por sua única e exclusiva vontade, usar de tal direito ou não. Pois bem, quando falamos do *princípio do acesso à justiça* (também chamado da *disponibilidade*), estamos falando de direito em geral, pré-processual e até supraconstitucional e que, em última análise, informa todos os outros princípios ligados à ação e à defesa. Trata-se de um poder quase absoluto no processo civil, mercê da natureza do direito material a que se visa atuar. "Sofre limitações quando o próprio direito material é de natureza indisponível, por prevalecer o interesse público, sobre o privado. Pela razão inversa, prevalece no processo criminal o princípio da indisponibilidade (ou da obrigatoriedade)" (Grinover, 1992, p. 57).

Se o interessado acionar o Poder Judiciário, o faz sob a proteção do *princípio da demanda* (ou *da ação*). O direito de ação é, assim, o princípio ativo da disponibilidade. O princípio da demanda significa que a parte "dispõe", ou seja, tem a liberdade de agir como e quanto quiser. Querendo agir, ninguém e nada há que impeça o cidadão de movimentar o Poder Judiciário. Mais do que isto. Por pior que seja o prejuízo do cidadão, só ele pode agir em seu interesse. Por princípio, a jurisdição é inerte. O *princípio da inércia da jurisdição* é o mesmo *princípio da demanda* visto pelo lado passivo.

Além de ter a liberdade de movimentar e de não movimentar o Poder Judiciário, o cidadão, optando por movimentá-lo, também tem a liberdade de impor alguns limites na atuação do julgador que vai dirigir o processo. Estes limites são:

a) em relação aos *fatos* que comporão a demanda - *princípio dispositivo*;

b) quanto ao *pedido* da prestação jurisdicional pretendida - *princípio da adstrição do juiz ao pedido da parte*.

Como visto, o princípio da inércia da jurisdição e da demanda têm conteúdo similar. Só muda o prisma da análise. A inércia é analisada pelo lado passivo: é a jurisdição que aguarda passivamente a iniciativa da parte pela demanda. Já a demanda é vista pelo lado ativo: é a parte quem movimenta a jurisdição que, por princípio, é inerte.

Ovídio Baptista de Silva (1991, p. 49) desdobra o princípio em dupla faceta: movimentador da jurisdição e, por conseqüência, limitador da ação do juiz nos limites daquilo pelo qual foi movimentado o Poder Judiciário. Reconhecemos que o princípio da adstrição do juiz ao pedido da parte é, sem dúvida, conseqüência do princípio da demanda, mas preferimos alinhá-los em capítulos próprios.

A grande maioria dos conflitos é resolvida sem a participação regular de um juiz. Lastimavelmente, a dificuldade de acesso ao Poder Judiciário e, também, o desconhecimento de seus direitos - principalmente pelo povo pobre - são fatores que concorrem para que a jurisdição fique alheia à grande quantidade de violações de direitos na sociedade.

Contudo, se o interessado pretender acionar o Estado-juiz para dirimir o conflito em que se encontra envolvido ou, nos casos de jurisdição voluntária, se a solução de interesses só se resolve pela participação do Poder Judiciário, é indispensável saber que a jurisdição é inerte. Ou seja, é uma função provocada.

Como ensina Athos Gusmão Carneiro (1993, p. 7), o princípio impõe-se no direito brasileiro com raríssimas exceções e assim também nos demais países ocidentais não-socialistas. O ex-Ministro do Superior Tribunal de Justiça esclarece que, mesmo nos países socialistas (antigamente de orientação marxista) "igualmente vigorava o princípio da necessidade da demanda, ajuizada pela parte interessada como, freqüentemente, pelo agente do Ministério Público ou por substituto processual, admitidas algumas exceções em matéria de execução". No Brasil, o princípio está previsto no art. 2º e também no art. 262 do CPC. Por sua vez, o art. 282 do mesmo diploma, indicando o conteúdo da petição inicial, também é referência legislativa pertinente.

Costuma-se justificar o presente princípio com a alegação de preservação da imparcialidade, já que, se ao juiz fosse dado iniciar um processo, ele estaria psicologicamente comprometido com a solução final.

Nesse sentido, a função jurisdicional é diferente das funções legislativas e executivas do Estado. Tanto o administrador como o legislador não precisam da provocação dos cidadãos para exercerem suas atividades públicas. O legislador pode propor uma lei, e o governante executar sua política administrativa sem necessidade da provocação do cidadão.

Claro, todo o cidadão tem o poder de petição para exigir a atuação do Estado nas suas três funções, mas o legislador e o administrador não dependem de tal provocação, como necessita o juiz.

O princípio da inércia da jurisdição, ou da necessidade da demanda, aplica-se tanto para os casos de jurisdição contenciosa como voluntária. Por igual, aplica-se em todos os processos, tanto de conhecimento, como cautelar ou de execução. Enfim, não interessa a natureza do direito em disputa, seja ele disponível ou indisponível, o princípio sempre vigora.

O princípio, contudo, comporta exceções. O art. 989 do CPC autoriza o juiz a instaurar de ofício inventário se os outros legitimados não o fizerem em 30 dias após aberta a sucessão. Pelo art. 1.129, o juiz pode determinar de ofício que o detentor do testamento o exiba. Poderá de ofício o juiz, ainda, determinar a arrecadação de bens, quer em herança jacente (art. 1.142), como em bens de ausentes (art. 1.160). Ao depois, poderá decretar a falência de ofício nas hipóteses do art. 162 da Lei de Quebras (Decreto-Lei 7.661/45). Por igual, e a qualquer tempo, o juiz cível ou criminal pode dar ordem de *habeas corpus* sem necessitar de provocação de qualquer interessado (§ 2º do art. 654 do Código de Processo Penal). Também o Código Eleitoral e o Estatuto da Criança e do Adolescente trazem diversas disposições que autorizam atividades que excepcionam o princípio da inércia da jurisdição.

Por princípio, a jurisdição é inerte, mas nem por isso deve ser inócua. Ou seja, a jurisdição necessita da ação para dar início a sua movimentação, mas depois disso movimenta-se por impulso oficial. Quer dizer, o andamento do processo dá-se independentemente da vontade das partes. Ademais, ocorrendo eventos processuais que desatem interesse público e levem à extinção do processo, como falta de condições da ação ou de pressupostos processuais, o juiz poderá conhecer de ofício.

Não se deve esquecer o cunho liberal que se encerra no princípio da inércia. A jurisdição está aberta a todos, ricos e pobres, competentes e incompetentes, espertos e ingênuos. Por isso, movimentada a jurisdição, o princípio igualizador oferece meios para que todos cheguem ao final de um processo substancialmente justo. O desafio do processualista atual é, afastando a aplicação burocrática do princípio da inércia da jurisdição, possibilitar que o Judiciário Cível não seja local privilegiado de vitórias dos competentes, dos espertos e dos ricos, e o Judiciário Criminal, local de derrota dos pobres.

Depois de movimentada, pode-se dizer que a jurisdição guarda certa perenidade. Como se verá a seguir, uma vez estabelecida, ela não se altera.

Ver também: princípio da imparcialidade, princípio do impulso oficial, princípio igualizador

2.2.2. PRINCÍPIO DA INDEPENDÊNCIA

Sinonímia

Princípio da autonomia. Princípio da interioridade. Princípio da isenção de pressão externa.

Enunciado

A jurisdição não pode sofrer interferência de fatores externos a ela, nem mesmo de outros órgãos superiores do próprio Poder Judiciário.

Conteúdo

Independência e imparcialidade

O princípio da independência não se confunde com o princípio da imparcialidade.

A independência diz com a função, com o ofício de julgar. É a porção técnica jurisdicional do Estado. Já a imparcialidade diz com o juiz, com o homem julgador. É a conexão subjetiva do órgão.

Como a idéia de independência pressupõe a indispensável moralidade do julgador, pode-se dizer que é a independência que gera a imparcialidade. Por evidente, temática tão relevante e de caráter tão geral, não pode esbarrar em particularismos que mais atinem com as ciências penais (em caso do juiz corrupto), com a psiquiatria (no caso do juiz autoritário), enfim com a responsabilização pessoal de quem abusou de sua independência.

O Judiciário como um todo e cada juiz em particular é independente não só em relação aos outros poderes, como diante do próprio poder e da opinião pública. É direito do cidadão que a jurisdição seja isenta de pressões externas, e como tal a parte deve exigir do julgador que exerça esta independência.

Não se poderia falar em independência absoluta, a ponto de isso significar isolamento e descompromisso com a realidade. O que se ressalta é que a independência da jurisdição é diferente da independência dos outros poderes. Não se pode perder de vista que os julgamentos feitos pelos outros poderes são julgamentos sobre a própria atividade. Ao contrário, a jurisdição, em regra, julga a atividade alheia e uma vontade de lei concernente a outrem (Chiovenda, 1942, p. 23), mas casos há em que a própria atividade jurisdicional pode ser objeto de um julgamento.

Não há propriamente *separação de poder* como se diz tradicionalmente. Há separação de funções. Também não há critério uniforme para se distinguir as atividades exercidas pelo Estado, já que não são estanques, mas predominantes. Em verdade, o poder é uno. "O poder é sempre um só, qualquer que seja a forma assumida. Todas as manifestações de vontade emanadas em nome do Estado reportam-se a um querer único, que é próprio das organizações políticas estatais" (Silva Filho, 1991, p. 71).

A jurisdição é poder que nasce da própria soberania estatal. Quando o Estado retirou do cidadão a justiça privada e a autodefesa, deu-lhe em troca um juiz independente e imparcial. Ou seja, um juiz colocado acima de qualquer pressão sobre suas decisões

Como anota Mauro Cappelletti (1990, p. 112), o Brasil, em matéria de independência da jurisdição, inscreve-se privilegiadamente no concerto do constitucionalismo moderno. Trata-se de nova e grande revolução que, abandonando a idéia da rígida separação dos poderes, busca responder à trágica experiência de um poder político incontrolado, corrupto e tirânico. Neste particular, constituições como a nossa confiam a órgãos jurisdicionais, independentes e imparciais, o sistema de controle e atuação da legitimidade constitucional. "A Constituição brasileira se insere, portanto, em muitos aspectos, na vanguarda de uma grande tendência evolutiva contemporânea, uma tendência que ... tem mudado profundamente a 'forma de governo' dos países liberal-democráticos modernos".

Vejamos em que termos se dá a independência do Poder Judiciário em relação aos demais poderes.

O juiz e os poderes do Estado

A independência do Poder Judiciário em relação ao Poder Executivo dá-se por duas vias. Por um lado, o exercício da jurisdição está imune a qualquer forma de pressão da Administração em relação aos aspetos políticos dos atos submetidos à decisão. Por outro lado, pela via jurisdicional, o cidadão pode controlar os atos do Poder Executivo.

A doutrina costuma afirmar que o limite objetivo da jurisdição em relação à independência do ato administrativo diz tão-somente com as questões formais. Assim, o Poder Judiciário não poderia julgar questões de conveniência e oportunidade de decisões executivas.

Não bastasse a pouca precisão do que venha a ser "conveniência" e "oportunidade", vale ressaltar que a Constituição Federal de 1988 abriu, consideravelmente, o leque de investigação do ato administrativo, estatuindo que também a moralidade poderia ser objeto de investigação pelo Poder Judiciário. Com efeito, nossa Constituição (art. 5º, inc. LXXIII) viabiliza que o Poder Judiciário investigue a *moralidade administrativa*. Isso se dá através da Ação Popular a que vise anular ato lesivo ao patrimônio público.

A jurisdição também guarda independência em relação ao Poder Legislativo e até uma certa prevalência.

Visão tradicional do direito tem dificuldades em aceitar esta independência. Em nome de certa racionalidade, sustenta-se que a divisão dos poderes atribui ao Legislativo a criação do direito e ao Poder Judiciário uma aplicação mecânica e cromática das leis ao caso *sub judice*. Assim, a independência do Judiciário se reduziria a ser a *longa manus* do legislador. Pode-se reconhecer uma idéia tradicional dessa visão em expressões como "o juiz é um escravo da lei" ou "o juiz é a boca da lei". E nisto residiria a racionalidade.

Em verdade, o processo não se desenvolve só no nível da racionalidade. Não se podem esquecer fatores emocionais e humanitários próprios da subjetividade do juiz. Como diz Adolfo Gelsi Bidart (1981, p. 159), o processo se desenvolve no âmbito da razão, o que não significa excluir nem o sentido do direito nem o sentimento de apreço aos homens que nele se movem "sino que, con tal motivación, se pretende asegurar el mejor medio para que se alcance la satisfacción de una necesidad de la vida social: la justicia que el orden jurídico acuerda".

A atividade jurisdicional é aquela de dizer o *direito*. E a norma não contêm todo o direito. O direito não é unidimensional. O direito é formado, pelo menos, de três elementos ou dimensões que o constituem: fato, valor e norma (Reale, 1986). Assim, dizer só o que a lei diz sobre o fato em julgamento não é trabalhar com o direito. Jurisdicionar, além da dimensão normativa, é dizer sobre as peculiaridades dos fatos e de sua valoração no âmbito da sociedade.

Por evidente, não vamos aqui repetir a investigação feita sobre este tema e que consta do livro *Motivações Ideológicas da Sentença* (Portanova. 1992). Contudo, permita-se uma pequena transcrição de decisão singular do Tribunal de Alçada do Rio Grande do Sul: "O Judiciário, por ser um Poder, não pode ficar apenas na posição subalterna de obediência a comandos emitidos pelos demais Poderes. Deve colaborar com o Legislativo e com o Executivo na solução dos problemas sociais, especialmente quando se apresentam hipóteses que não se prestam à edição de normas abstratas, exigindo solução concreta, caso a caso". (Embargos Infringentes 100287119, publicado nos *Julgados do Tribunal de Alçada do Rio Grande do Sul*, v. 57, p. 163).

Não é difícil constatar, ainda, que a jurisdição, além de independente, é, em certas ocasiões, prevalente ao Poder Legislativo.

Vale lembrar neste sentido decisão do Poder Legislativo instituindo, por emenda constitucional, Imposto Provisório sobre Movimentação Financeira (IPMF) com incidência imediata. Provocado, o Supremo Tribunal Federal considerou o ato legislativo inconstitucional, pois violava a cláusula pétrea consagradora do princípio da anualidade dos impostos. A cobrança do imposto esperou a entrada do ano de 1994.

Por fim, a independência da jurisdição é soberana também em relação ao próprio Poder Judiciário.

Os termos do exercício da independência em relação ao próprio poder confunde-se com a pessoa do juiz e suas garantias constitucionais. Essas garantias, contudo, verdadeiramente não pertencem ao juiz, pertencem ao povo, à sociedade, ao jurisdicionado.

Os aspectos que fazem uma jurisdição mais ou menos independente começam pela forma de ingresso do juiz na magistratura. Das diversas formas existentes, a que tem garantido independência é a do concurso público. Por outro lado, a que menos dá garantia de independência é a nomeação do juiz pelo Executivo. Mesmo a eleição, que em tese parece ser a forma ideal, na prática tem sofrido duras críticas. Nos Estados Unidos, o sistema está em franco declínio, tendo sido acusado, por exemplo, de ser responsável pelo desenvolvimento do gansterismo (Andrade Filho, 1983, p. 15).

No Brasil, a grande maioria os juízes ingressa por concurso público. Mas, por infelicidade, justamente no órgão de cúpula do sistema judiciário

(Supremo Tribunal Federal) e no Superior Tribunal de Justiça, Superior Tribunal Militar e Superior Tribunal do Trabalho, os juízes são nomeados.

Também os critérios de promoção dos juízes na carreira são um obstáculo a ser superado na busca de maior independência. No Brasil, as promoções se fazem por merecimento e antigüidade. Os magistrados interessados em promoção devem candidatar-se. Nesses momentos, o juiz deve cuidar para não abdicar de sua independência em troca de pedidos de votos dos desembargadores. A Associação dos Juízes do Rio Grande do Sul, em assembléia geral, sugeriu ao legislador constituinte que as promoções fossem só por antigüidade, enquanto se aguardasse legislação própria sobre critérios objetivos para aferição de merecimento.

Mas o princípio da independência da jurisdição se impõe também sobre as decisões anteriormente proferidas e conhecidas sob a forma de jurisprudência (mesmo dominante) e de súmulas.

Contudo, apesar da independência, apesar da soberania, o juiz, enquanto homem, não está a salvo de responsabilidade civil no caso de agir com dolo ou culpa grave (art. 133 do CPC), nem ao poder disciplinar para atos que afrontem a dignidade de sua função. Ademais, o próprio Estado responde civilmente a erros culposos ou dolosos de seus juízes.

Em muito têm colaborado para o efetivo exercício da independência da jurisdição as disposições legais determinando dotações orçamentárias próprias para o Poder Judiciário. Isso tem possibilitado o autogoverno administrativo do Judiciário e, assim, maior independência em relação aos outros Poderes.

Independência e controle

Por fim, cumpre salientar a discussão, cada vez mais candente no Brasil, a respeito do controle externo do Poder Judiciário.

Os juízes, pelo seu órgão de cúpula, por suas associações estaduais e nacional, têm-se posicionado contrários a qualquer forma de controle externo. Em verdade, para lá de qualquer discussão corporativista (dos que são contra) ou vingativa (dos que são a favor), paira sobre o tema grande interrogação. Não se sabe exatamente que controle a chamada "opinião pública" ou "sociedade civil" está a exigir do Judiciário: se controle sobre a independência e soberania dos juízes em suas decisões (controle jurisdicional, portanto) ou controle dos atos de administração praticados pelo Judiciário (ou seja, controle administrativo).

O debate tem-se travado um tanto sectariamente. Os juízes, alegando que o controle será sobre o mérito das decisões, em verdade acabam evitando reflexão séria sobre a indispensável participação popular que ainda aguarda melhor forma de ser exercida. Por outro lado, os que querem controle externo, principalmente os legisladores, o fazem em tom de ameaça, especialmente em momentos de reveses em ações judiciais.

O Poder Judiciário brasileiro não pode temer controle externo já existente em outras democracias. De outra parte, os que pretendem controle externo devem estar atentos aos seus ideais e não devem restringir seu desejo só ao Poder Judiciário ou só à Administração Pública. No que pertine ao Poder Judiciário, a existência de órgão controlador externo deve objetivar efetivo *controle-ajuda* das muitas atribuições administrativas, sem permitir o controle ideológico da independência da jurisdição. Além disso, há de ser *controle-representativamente-externo*, ou seja, órgão igualitariamente representado por todos os movimentos e entidades populares e da sociedade organizada. No que diz respeito a outros controles externos, vale salientar a necessidade de se pensar, por exemplo, em controle externo dos meios de comunicação, das empresas concessionárias de serviço público e dos Poderes Executivo e Legislativo.

Enfim, diante destas palavras sobre o princípio da independência, cumpre referir, a seguir, algo sobre o *princípio da imparcialidade*.

Ver também: princípio político, princípio da instrumentalidade e livre convicção

2.2.3. PRINCÍPIO DA IMPARCIALIDADE

Sinonímia

Princípio da alheabilidade.

Enunciado

O juiz não deve ter interesse pessoal em relação às partes em litígio, nem retirar proveito econômico do litígio.

Conteúdo

Imparcialidade e neutralidade

Já distinguimos imparcialidade de independência. Agora convém distinguir imparcialidade de neutralidade.

Como referido em *Motivações Ideológicas da Sentença* (Portanova, 1992), imparcialidade é tema que se liga institucionalmente à questão do juiz natural e, processualmente, à condição pessoal do *juiz-homem-individual*.

A exigência de imparcialidade é um dado objetivo do CPC que concretiza nos óbices legais previstos pelos arts. 134 e 135 do CPC.

O juiz será imparcial enquanto não tiver interesse no julgamento: "Interesse no julgamento é todo interesse próprio do juiz, ou de pessoa que viva a sua expensa. . . Se o juiz é mação, nem por isso está suspeito na causa em que é parte loja maçônica... Tampouco se o laço é político [...]" (Pontes de Miranda, 1973. p. 407).

Já a neutralidade é dado subjetivo que liga o *juiz-cidadão-social* e sua visão geral de mundo, no concerto da comunidade e da ciência.

O juiz, como cientista, quer queira quer não, tem engajamento pessoal com algum tipo de valoração, pois sendo produto humano, "a ciência participa das vicissitudes da ação social. Não há ciência absolutamente isenta de valoração e de ideologia" (Japiassu, 1981, p. 61). Trata-se, em última análise, da posição pessoal do juiz referente à tese de direito em questão. Claro, não pode causar qualquer impedimento ao juiz o fato de pensar o direito de determinada maneira e mesmo de ter manifestado sua opinião sobre tese de direito sujeita à sua decisão. Como decidiu o Tribunal de Justiça de São Paulo, o "interesse que o juiz tenha na prevalência de sua opinião, já conhecida, não o torna suspeito para o julgamento da mesma relação jurídica" (*Revista de Processo*, v. 13, p. 265).

Diferentemente do que sugere a tradição alimentada por idéias típicas do liberalismo clássico e até uma certa modernidade neoliberal, ambas refratárias a qualquer intervenção do Estado no jogo da "livre concorrência", "imparcialidad no significa indiferencia del juez respecto al resultado del proceso. El juez no puede dejar de tener interés en que su sentencia sea justa y, por consiguiente, en que la actividad procesal le suministre, cuanto posible, los medios necesarios para decidir bien". (Moreira, 1986, p. 179).

Em caso de parcialidade, o juiz não deve se comprometer, deve se omitir. Já no que diz com a neutralidade é diferente. A atuação do juiz dá-se pela sentença que provém de *sentire* (sentimento e/ou razão). Logo, o sistema quer que o juiz coloque o seu sentimento na decisão (não fora isso, um computador decidiria melhor). Obrigado a revelar seu sentimento, o juiz tem que se comprometer com ele e revelá-lo na decisão.

O jurista moderno não fecha os olhos a esta realidade: "pode-se afirmar sem temor de erro que o destino da maioria das causas depende essencialmente da convicção do órgão judicial acerca dos fatos de que se originou o litígio". (Moreira, 1984, p. 231). O subjetivismo do juiz pode ser algo incômodo, mas é indispensável contar-se com ele. É a melhor forma de combater excessos.

Assim, enquanto a imparcialidade busca ressalvar o juiz do comprometimento com a parte (atitude omissiva), a neutralidade, ao contrário, leva a comportamento comprometido (atitude comissiva).

Não é outro o entendimento de Cândido Dinamarco (1988, p. 115): "o processualista moderno sabe também que a imparcialidade não se confunde com a neutralidade axiológica, porque o juiz é membro da sociedade em que vive e participa do seu acervo cultural e problemas que a envolvem, advindo daí as escolhas, que, através dele, a própria sociedade vem a fazer no processo. Agindo como canal de comunicação entre o universo axiológico da sociedade e o caso concreto, o juiz não inova e não infringe o dever de imparcialidade".

O *juiz imparcial*

A imparcialidade é condição primordial para que um juiz atue. É questão inseparável e inerente ao juiz não tomar partido, não favorecer qualquer parte, enfim, não ser a parte. Em verdade, a expressão juiz imparcial é redundância e seria quase desnecessário falar em imparcialidade, tal é a imanência existente entre juiz e imparcialidade

Quando o Estado tirou do cidadão o direito à justiça privada e ao desforço pessoal, deu-lhe um terceiro imparcial e independente para resolver seu conflito: o juiz. Assim, é direito fundamental do cidadão um juiz imparcial e independente.

Já na Bíblia encontra-se a imparcialidade com o estabelecimento de "justos juízos, sem se inclinarem para uma das partes . . . nem receberás dádivas, porque as dádivas cegam os olhos dos sábios e transtornam as palavras dos justos" (Deuteronômio, 16, 18-20).

A imparcialidade sempre foi preocupação, mesmo das leis religiosas, como o Código de Hammurabi e o de Manu.

Os gregos sorteavam juízes porque acreditavam na intervenção divina em tal processo.

A visão tradicional do direito não tem um conceito preciso sobre o que seja imparcialidade. Há quem veja no estrito cumprimento da lei o apanágio da imparcialidade (Muller, 1989). Assim, é indispensável pôr-se em guarda para que, sob a capa da imparcialidade, não se volte à idéia de um juiz acomodado, asséptico, acrítico, neutro e distante da realidade. Enfim, um juiz - como quer a visão tradicional do direito - sem vontade, que seja a boca da lei, um escravo da lei e tão somente a *longa manus* do legislador.

Tradicionalmente a imparcialidade é representada por uma mulher com olhos vendados e com uma espada numa mão e a balança equilibrada noutra. Contudo, não há negar, é temeridade dar uma espada a quem está de olhos vendados. Ademais, como visto no princípio jurídico, muitas vezes a balança está desequilibrada. Logo, o mais correto é manter os olhos da Justiça bem abertos para ver as desigualdades e igualá-las.

Como diz Bidardt (1986, p. 146): "El Tribunal puede ser imparcial, esta más allá del conflito, mejor 'más arriba' del mismo, viéndolo en toda su dimensión, sin participar en él, pero con aptitud para resolverlo, en la medida en que el agente sea imparcial, es decir no se sienta involucrado en la causa, directa o indirectamente".

Enfim, uma visão tradicional, a partir do princípio da imparcialidade, forjou a deletéria imagem do "juiz um homem só". Hoje, contudo, vê-se claro, o que se quer é um juiz participativo, comunicativo, interessado, atuante, dinâmico e com pés na realidade. Em suma, um *juiz-cidadão*.

Se a administração da justiça é função integrante da soberania, não se pode admitir que o juiz, como órgão do Estado, assista passivamente à disputa judicial entre as partes, sem participar em nome do interesse da sociedade.

A imparcialidade é princípio universal previsto no art. 10 da Declaração Universal dos Direitos do Homem, contida na proclamação feita pela Assembléia Geral das Nações Unidas, reunida em Paris em 1948: "Toda pessoa tem direito, em condições de plena igualdade, de ser ouvida publicamente e com justiça por um tribunal independente e *imparcial*, para a determinação de seus direitos e obrigações ou para exame de qualquer acusação contra ela em matéria penal".

Não existe dispositivo legal ou constitucional determinando afirmativamente que o juiz seja imparcial. O sistema legislativo prefere usar a forma negativa. Ou seja, na Constituição Federal apresentar vedações e nos códigos de processo indicar casos de impedimento e suspeições que tornam o juiz subjetivamente incapaz de agir.

No Brasil, a Constituição, preocupada com a imparcialidade, apresenta vedações no parágrafo único do art. 95. De acordo com esse parágrafo, o juiz está limitado em sua atividade profissional tão-somente à função judicial e a um cargo ou função de magistério (inc. I). Não pode receber custas (inc. II) e nem dedicar-se a atividade político-partidária (inc. III).

As interpretações muitíssimo extensivas da vedação do inc. III têm levado, de um lado, à falsa necessidade de neutralidade ideológica judicial e de outro, ao alheamento político ideológico do juiz pretensamente neutro.

Em 1934, o Tribunal Regional Eleitoral de São Paulo julgou impugnação contra juiz eleitoral que exercia funções de redator em jornal diário de manifesta opinião política. A impugnação foi rejeitada pelo Tribunal sob o fundamento de que opinião política não configura exercício de atividade político-partidária (Andrade Filho, 1983, p. 17).

Suspeição e impedimento

Suspeição e impedimento, as duas modalidades que privam o juiz de atuar ou continuar no feito, têm técnica mais apurada do que as clássicas previsões das Ordenações do Reino, que falavam em ódio, amor, interesse ou temor.

As hipóteses legais de imparcialidade estão previstas no Código de Processo Civil sob a forma de hipóteses de impedimento (art. 134) e casos de suspeição (art. 135).

Também há hipóteses de impedimentos para o exercício da jurisdição de graus superiores (art. 136). Ademais, os mesmos motivos que tornam o juiz subjetivamente incapaz obrigam o Ministério Público, o serventuário da justiça, o perito e o intérprete (art. 138).

O juiz deve dirigir o processo prevenindo ou reprimindo qualquer ato contrário à dignidade da justiça (art. 125, III, do CPC). Logo, tanto nas hipóteses de impedimento como nas de suspeição, compete ao juiz em primeiríssimo lugar invocar sua parcialidade e omitir-se da presidência do processo. A sentença de juiz impedido é passível de ser rescindida pela hipótese do inc. II do art. 485 do CPC.

Em algumas situações particulares pode acontecer da suspeição envolver todos os membros do Poder Judiciário. Para essas hipóteses está consagrado: "quando todos os juízes são suspeitos, nenhum o é. Mas, se algum, por seu procedimento, cria circunstância de marcante relevo, particularizando uma situação que o torne suspeito, deve pôr-se fora da jurisdicição do processo". (*Julgados TARS*, v. 59, p. 118).

A parte e o Ministério Público poderão excepcionar o juiz, oferecendo exceção de impedimento ou de suspeição tão logo tenham conhecimento dos fatos que o tornem parcial (conforme procedimento previsto nos arts. 312 a 314 do CPC). Ainda que as hipóteses de ação rescisória não contemplem expressamente os casos de suspeição, tem-se que a sentença de juiz comprovadamente suspeito viola literalmente as disposições de um dos incisos do art. 135. Daí a viabilidade rescisional por incidência do inc. V do art. 485 do CPC.

Enfim, o princípio da imparcialidade judicial é uma garantia fundamental do cidadão . Há indiscutível imbricação ética a informar o princípio que leva a imparcialidade a ser imanente à atividade jurisdicional. Contudo, não pode estar a serviço de pequenas suposições ou intenções que visam a bloquear os sentimentos do juiz, sua visão de mundo e a busca da verdade no processo.

O sistema exige um juiz que objetivamente não se relacione com a parte. Contudo, como decidiu a 6ª Câmara Cível do Tribunal de Justiça do Rio Grande do Sul, "a honradez dos Juízes, sua consciência funcional e o zelo pela imparcialidade da jurisdição tem de ser presumidos, e tal presunção só pode ceder diante de prova sólida e séria" (Suspeição de Impedimento e Incompetência 589077700, 20. fev. 1990). Ademais, o sistema precisa de um juiz atuante, que se instrumentalize com provas durante a instrução, para que ao final diga como sente a solução dada ao caso concreto.

Hoje, com os salutares ares publicísticos oxigenando a ciência processual, já não cabe dizer que o princípio dispositivo e o da imparcialidade se completam. Assim, em nada violenta a imparcialidade judicial o poder do juiz de averiguar. Este poder não é mais exclusividade só das partes. É até mesmo dever também do juiz tomar iniciativa na pesquisa da verdade: "não há neutralidade possível" (Moreira, 1984, p. 180).

Assim, com juízes sem interesse próprio (individual) no processo, mas com interesse social a ser revelado na sentença, o Judiciário abre suas portas através do princípio da inafastabilidade que se verá a seguir.

Ver também: princípio da igualdade e princípio do juiz natural.

2.2.4. PRINCÍPIO DA INAFASTABILIDADE

Sinonímia

Princípio do controle jurisdicional. Princípio da utilidade da jurisdição.

Enunciado

Não se pode criar obstáculos ao cidadão de buscar o seu direito no Poder Judiciário.

Conteúdo

Autores há que englobam, no estudo do *princípio da inafastabilidade*, também o *princípio da indeclinabilidade*. Aqui preferimos apartá-los. Assim, inafastabilidade é a inviabilidade de criar-se obstáculos ao cidadão de buscar seu direito no Judiciário. Como indeclinabilidade é tematizada a conseqüente proibição ao juiz de declinar do seu dever-poder de julgar (*non liquet*).

Quando o inc. XXXV do art. 5º da Constituição Federal diz que a lei não pode "excluir da apreciação do Poder Judiciário qualquer lesão ou ameaça a direito", verdadeiramente está abrindo o Judiciário a todo tipo de discussão.

Esta abertura, no Brasil, é até maior do que aquela existente na Europa. Nosso sistema é misto do sistema romano-germânico com o sistema anglo-saxão. Assim, temos uma base predominantemente legal como o primeiro, mas acesso a discussões de caráter público como o segundo.

É o que Cappelletti (1990, p. 112) chama de constitucionalismo moderno ou justiça constitucional. É a nova e grande revolução que, abandonando a idéia da rígida separação dos poderes, busca responder à trágica experiência de um poder político incontrolado, corrupto e tirânico. Constituições como a nossa confiam a órgãos jurisdicionais, independentes e imparciais, o sistema de controle e atuação da legitimidade constitucional. "A Constituição brasileira se insere, portanto, em muitos aspectos, na vanguarda de uma grande tendência evolutiva contemporânea, uma tendência que ... tem mudado profundamente a 'forma de governo' dos países liberal-democráticos modernos".

O princípio da inafastabilidade tem estreita relação com o princípio do acesso à Justiça.

Como se vê com Sálvio de Figueiredo Teixeira (1993, p. 254), o princípio em comento toca dois dos temas mais relevantes da doutrina processual moderna: a efetividade do processo e a questão do acesso à justiça. Assim, restam viabilizados tanto a aplicação do direito material como o próprio funcionamento do regime democrático: "sabido ser a jurisdição uma das expressões da soberania e o processo instrumento dessa jurisdição, instrumento político de efetivação das garantias asseguradas constitucionalmente e até mesmo manifestação político-cultural".

Neste ponto não há como deixar de reconhecer a importância dos Juizados de Pequenas Causas que viabilizam levar ao Judiciário grande número de demandas reprimidas.

Ainda que se queira o pleno acesso à jurisdição, não se pode esquecer: a função jurisdicional não é exercida por simples diletantismo, ou mero deleite intelectual. A jurisdição, assim, não é informada pelo princípio do prazer, mas pelo *princípio da utilidade* (Rocha, 1981, p. 170).

José Maria Rosa Tesheiner (1993, p. 254) diz que o princípio da inafastabilidade do Poder Judiciário surgiu do desejo de defender o indivíduo contra o Estado. Contudo alerta - com certa ironia - para alguns exageros que pode se converter no princípio da onipresença do Judiciário. É que se tem visto juízes a substituir professores na aprovação ou reprovação de alunos; a imiscuir-se na vida de associações, para manter ou excluir associados; a interferir nas disputas esportivas, para apontar o campeão ou suspender jogos. É de questionar-se até que ponto se justifica a intromissão do Judiciário, pois "em seus extremos limites, a omnicompetência do Poder Judiciário se torna, às vezes, deletéria; outras vezes, apenas ridícula".

Antes que se apressem a buscar limites, não se pode perder de vista o momento histórico. A preocupação com o acesso à justiça no Brasil, que informa o princípio da inafastabilidade, é uma filosofia libertária, aberta para o social e para a realidade, que busca, imperativa e ingentemente, métodos idôneos de fazer atuar os direitos sociais e uma justiça mais humana, simples e acessível. Enfim, é um movimento para a efetividade da igualdade declarada e consagrada pelo Estado Social (Cappelletti, 1985, p. 16).

A sociedade brasileira, recém-saída de período extremamente autoritário, ainda vê disseminados resquícios de autoritarismo. Os excessos são praticados tanto pelos representantes dos três Poderes, como por particulares de diversas instituições (as escola e associações são apenas exemplos). O Judiciário tem sido o local onde se busca evitar pequenas ditaduras.

A questão do amplo acesso à justiça traz indiscutível finalidade educativa, de verdadeira adaptação de comportamento a tempos democráticos. Ademais, permite pôr em questão a superação de eventual descompasso entre uma lei antidemocrática e a dinâmica da vida. O Judiciário é acessível, ainda, a demandas que evitem um tratamento exageradamente individualista, na busca de um enfrentamento coletivizado do direito. Assim, prevalece menos o ponto de vista do Estado produtor do direito (legislador/lei, juiz/Judiciário), e prevalece mais a ótica do cidadão consumidor do direito e da justiça (Portanova. 1992, p. 117).

Contudo, não basta abrir as portas do Poder Judiciário para a sociedade. É indispensável, também, que, em resposta, venha uma decisão efetiva e justa. Como anota brilhantemente Kazuo Watanabe (1988, p. 135), não basta por si só o acesso à Justiça. "O direito de acesso à Justiça é, fundamentalmente, direito de acesso à ordem jurídica justa".

Esta justiça deve estar aberta a todos, inclusive àqueles que não podem suportar seus custos. Para tanto, existe o princípio da gratuidade judiciária que será vista a seguir.

2.2.5. PRINCÍPIO DA GRATUIDADE JUDICIÁRIA

Sinonímia
Princípio da justiça gratuita.

Enunciado
O acesso ao Judiciário é gratuito aos necessitados.

Conteúdo

Assistência jurídica integral

Atribui-se à justiça inglesa a etiqueta sarcástica *Justice is open to all, like the Ritz Hotel* (A justiça está aberta a todos, como o Hotel Ritz). Não deve estar longe da verdade internacional.

Em rigor, como leciona Ruy Armando Gessinger (1992, p. 177), bater às portas da Justiça não deveria custar nada. "O acesso deveria ser o mais fácil possível para assegurar esse direito fundamental do cidadão, garantidor dos direitos dos indivíduos, dos direitos ético-sociais e dos direitos políticos". Trata-se de um instrumento de acesso à ordem jurídica justa, e não apenas de defesa técnico-processual ou pré-processual (Watanabe, 1985, p. 221).

Sobre o direito à assistência jurídica e sua evolução no ordenamento brasileiro, dissertou com a costumeira acuidade o Professor José Carlos Barbosa Moreira no volume 55 da *Revista Ajuris* a partir da página 60. O leitor interessado em aprofundar-se no tema deverá consultar tal ensaio.

O jurista carioca ensina que a expressão *assistência judiciária* apareceu pela primeira vez em texto constitucional, entre nós, no art. 113 da Carta da República de 16. 7. 1934. Vale notar, ainda não havia o consagramento constitucional do princípio do acesso ao Judiciário (só ocorrido em 1946), mas a gratuidade já era garantida. A Carta autoritária de 1937 silenciou a respeito, mas o benefício da gratuidade era regulado pelo Código de Processo Civil de 1939 (arts. 68 e seguintes). A matéria voltou ao plano constitucional com a Carta de 1946 (§ 35 do art. 141). Em 1950 aparece a Lei 1.060, que continua em vigor com muitas modificações. Na Constituição de 1967 e na Emenda nº 1, de 1969, também há expressa previsão da gratuidade judiciária.

Hoje, com o advento da nossa Constituição Cidadã de 1988, a gratuidade está ampliada consideravelmente, tanto que inserida no Título dos Direitos e Garantias Fundamentais e no Capítulo dos Direitos e Deveres Individuais e Coletivos. O inc. LXXIV do art. 5º prevê que "o Estado prestará assistência jurídica integral e gratuita aos que comprovarem insuficiência de recursos".

A ampliação veio no bojo da expressão *assistência jurídica integral*. Assim, está viabilizada a gratuidade para intentação de ações judiciais, e também de serviços extrajudiciais. A amplitude do conceito de assistência jurídica integral viabiliza pensar-se, inclusive, na possibilidade de dispensa nos casos de depósito prévio para recursos e ações rescisórias (CPC, art. 488, II).

À clássica distinção entre *assistência judiciária* e *benefício da justiça gratuita*, pode-se acrescentar a *assistência jurídica integral*. Com efeito, Pontes de Miranda (1986, p. 601) ensinava que assistência judiciária e benefício da justiça gratuita não são a mesma coisa. "O *benefício da justiça gratuita* é direito à dispensa provisória de despesas, exercível em relação jurídica processual, perante o juiz que promete a prestação jurisdicional. Já a *assistência judiciária* é como se chama o serviço da organização estatal, ou paraestatal, que tem por fim, ao lado da dispensa provisória das despesas, a indicação de advogado".

Hoje, além dos dois conceitos, pode-se alinhar, outro mais geral, que é o da *assistência jurídica integral*. Trata-se de verdadeira garantia fundamental com mais amplitude, transformada em direito constitucionalmente consagrado. Assim, além de abrir gratuitamente as portas do Judiciário, são garantidos os serviços advocatícios de organizações estatais, não-estatais e até individual do advogado que se proponha a atender o necessitado. Ademais, a assistência jurídica integral garante aos pobres também acesso gratuito a serviços extrajudiciais, como registro civil de nascimento e certidão de óbito (CF, art. 5°, inc. LXXVI). "Incluem-se na franquia: a instauração e movimentação de processos administrativos, perante quaisquer órgãos públicos, em todos os níveis; os atos notariais e quaisquer outros de natureza jurídica, praticados extrajudicialmente; a prestação de serviço de consultoria, ou seja, de informação e aconselhamento em assuntos jurídicos" (Moreira, op. cit. , p. 71). Acresça-se, ainda, que são gratuitas as ações de *habeas corpus* e *habeas data* e, na forma da lei, os atos necessários ao exercício da cidadania (CF, art. 5°, inc. LXXVII) e o acesso aos Juizados de Pequenas Causas.

Enfim, se o *benefício da justiça gratuita* é instituto pré-processual e a *assistência judiciária* é instituto de direito administrativo, tem-se que a *assistência jurídica integral* é uma garantia fundamental de aplicação geral constitucionalmente garantida.

Extensão

Com esta visão abrangente, José Carlos Barbosa Moreira exemplifica algumas hipóteses de alargamento do benefício. Assim, entende que a isenção abrange o depósito exigido pelo art. 488, II, do CPC, para propositura de ação rescisória. Da mesma forma, podemos pensar quando se trata de depósitos recursais na Justiça do Trabalho, sempre que o reclamado se apresentar impossibilitado. O doutrinador carioca vê, ainda, possibilidade de incluir-se no benefício pessoas jurídicas (principalmente as microempresas, acrescentamos). E alerta que a existência de patrimônio imobiliário, por si só, não afasta necessariamente a possibilidade da concessão.

Já se encontra jurisprudência admitindo a gratuidade relativamente a pessoas jurídicas. Com efeito, a concessão, preenchidas as condições referentes à necessidade, parece de rigor, porquanto se está diante de requisito que atende ao princípio supraconstitucional do acesso à justiça. Assim, "sua concessão pressupõe conhecimento sobre a situação econômico-financeira de quem a postula", logo, "admite-se relativamente às pessoas jurídicas" (*Julgados TARGS*, v. 64, p. 343).

Diante dos termos do inc. LXXIV do art. 5° da nossa Carta Magna ("o Estado prestará assistência jurídica integral e gratuita aos que comprovarem insuficiência de recursos"), houve quem entendesse necessária a comprovação da insuficiência de recursos.

Ora, o dispositivo constitucional refere-se ao Estado enquanto Executivo, pois o Judiciário não "presta" assistência jurídica. Assim, quer a Constituição que os serviços de justiça gratuita do Poder Executivo apenas atuem em prol de quem comprovar dita insuficiência de recursos. "Não se trata, contudo, de ficar apenas na interpretação literal ou gramatical, que é a mais pobre. Sucede é a hermenêutica mais consentânea por razões mais profundas, de ordem sociológica e axiológica, visto que a Justiça se deve aproximar o mais possível do povo, e a maneira eficaz de alcançar este desiderato é facilitar os mecanismos de sua gratuidade." (*Julgados do TARGS*, v. 76, p. 242). Nossa Lei Maior, centrada nas conquistas sociais, não poderia mesmo exigir a prova que até ali tinha sido dispensada pela Lei 7. 510/86.

Por isso, não vemos razões para excluir-se o benefício nas hipóteses de purgação da mora pelo réu beneficiário da assistência judiciária, na ação de despejo por falta de pagamento.

A gratuidade é de aplicação ampla, pois atinge o pagamento de custas e honorários.

O benefício exclui a necessidade de pagamento das despesas com perito, mas é difícil encontrar-se *experts* que se disponham, de bom grado, a atender tais periciamentos. O Tribunal de Justiça do Rio Grande do Sul, a partir do momento em que começou a gerir sua própria dotação orçamentária, pôs cobro de forma eficiente à questão, editando o Provimento 9/93-P, de 20.10.1993. A Justiça gaúcha não antecipa a despesa para custear o trabalho técnico, mas concede prévia autorização para contratação do trabalho e, depois de entregue o laudo, paga rapidamente o *expert*.

Seja utilizando-se de serviço estadual, seja utilizando-se de advogado livremente escolhido, o beneficiário está dispensado de pagamento de honorários. O Estado pagará os honorários do advogado indicado para patrocinar causas de pessoas juridicamente necessitadas, no caso de impossibilidade da Defensoria Pública (§ 1º do art. 22 da Lei 8. 906, de 4.7.94 - Estatuto da Advocacia). O Superior Tribunal de Justiça, apreciando Recurso Especial oriundo do Rio Grande do Sul (Res 26.644-4. Primeira Turma), entendeu que o defensor dativo, nomeado em vários processos-crimes de réus pobres, onde o Estado não possui defensoria pública, faz jus a honorários. E refere "o colendo STF, em decisão plenária no RE 103.950-7 SP, entendeu cabível o pagamento pela Fazenda Nacional da verba honorária aos advogados nomeados pelo Juiz". Ademais, decisão do Terceiro Grupo Cível do Tribunal de Alçada do Rio Grande do Sul, por maioria, entendeu que é dever do Estado, após a Constituição de 1988, prestar assistência judiciária gratuita e, pois, não pode obrigar os profissionais do direito, que tem por dever quando nomeados assistir aos desvalidados economicamente a trabalharem sem remuneração (Embargos Infringentes 190.049.189).

Enfim, "a concessão do benefício importa tanto na isenção do pagamento de custas pelo assistido e de honorários ao assistente judiciário, quanto na isenção do reembolso de custas e honorários de advogado da parte contrária, quando vencido o beneficiário da assistência judiciária" (*Julgados TARGS*, v. 63, p. 366)

O benefício, como se vê, não afasta o princípio da sucumbência. Sucumbente a parte beneficiária da justiça gratuita, a condenação em custas e honorários constará da sentença. Esta poderá ser executada dentro de cinco anos, provada a superação da miserabilidade. Após cinco anos, a obrigação estará prescrita (art. 12 da Lei 1.060/50).

Na dúvida, é de conceder-se a gratuidade para evitar ao máximo o risco de que o acesso ao Judiciário seja uma *garantia de papel*.

Não se pode perder de vista: a discussão sobre a gratuidade judiciária é secundária. Eventual erro judiciário na concessão não prejudicada o objeto mesmo do litígio. Só o Estado, e eventualmente os advogados, podem acabar prejudicados. Por isso, "a justiça não deve ficar dependendo da situação financeira dos litigantes. É algo mais sublime e mais elevado, que não pode estar sujeito a contigências secundárias, a par de outras que marcam e diferenciam os indivíduos na ordem social" (Lima, 1979, p. 35).

Como visto, o Estado põe à disposição de todos os cidadãos um Poder Judiciário independente, imparcial e gratuito. Além disso, garante uma segura prestação jurisdicional, impondo algumas condições que recaem sobre a pessoa do juiz. Uma dessas condições provém do princípio da investidura que se verá a seguir.

Ver também: Princípio do acesso ao Judiciário.

2.2.6. PRINCÍPIO DA INVESTIDURA

Enunciado

Só pode julgar processo judicial a pessoa que for regularmente investida no cargo de juiz.

Conteúdo

Julgar é atividade inerente a um dos Poderes do Estado. O Estado, contudo, é pessoa jurídica de direito público. Assim, tal como em todas as outras funções estatais, há necessidade de *agente público* - pessoa física - que represente o Estado.

A investidura é o ato ou procedimento legal que vincula todo agente público ao Estado.

Segundo as formas de investidura apresentadas por Helly Lopes Meireles (1983, p. 54), a do juiz é administrativa, originária e vitalícia. É investidura *administrativa* porque não se realiza por eleição como a política, mas atendidos os requisitos de capacidade e idoneidade que a lei estabelece. Além disso, é investidura *originária* porque não há necessidade de o agente público (no caso o juiz) ter anterior nomeação para cargo público. Por fim, trata-se de investidura *vitalícia*, pois a hipótese de destituição exige processo judicial.

A Constituição Federal prevê a possibilidade de haver juízes de paz - que são eleitos - agirem como conciliadores. Ademais, nos Juizados de Pequenas Causas é possível a atividade de conciliadores e juízes leigos. Esses atores jurídicos, contudo, apesar de agirem no âmbito do Poder Judiciário, não exercem atividade propriamente jurisdicional.

No Brasil é condição indispensável a quem se submete a um juízo natural que este seja personificado na pessoa de um agente público investido regulamente nas suas funções estatais.

Não basta, contudo, o juiz preencher os requisitos formais da investidura para dizer o direito; outros ainda existem. Um deles é que ele exerça sua atividade dentro de limitada extensão territorial. É o *princípio da aderência ao território*, que veremos a seguir.

2.2.7. PRINCÍPIO DA ADERÊNCIA AO TERRITÓRIO

Sinonímia

Princípio da improrrogabilidade da jurisdição.

Enunciado

Cada juiz só exerce a sua jurisdição nos limites. Territoriais fixados por lei.

Conteúdo

É da essência da atividade judicante uma limitação territorial para atuação do poder jurisdicional.

Tais limites variam conforme a espécie do órgão jurisdicional. Assim, pode tratar-se de uma aderência limitada a todo território nacional, como no caso dos tribunais federais superiores. Pode ser uma limitação regional, nos casos da atuação dos tribunais regionais federais, por exemplo. Pode, ainda, tratar-se de limitação a um Estado, como no caso dos Tribunais de

Justiça. E, por fim, será uma aderência limitada a uma comarca. Chama-se comarca a sede do juízo de primeiro grau. Esta pode constituir-se de um Município ou de um conjunto de Municípios.

Convém esclarecer, ainda, que a improrrogabilidade da jurisdição pode dizer respeito a determinadas regiões dentro de um Município. É que, em Municípios com grande densidade populacional, como nas capitais, pode haver sedes regionalizadas (Fórum Regional) dentro do mesmo município.

Vale referir lição de Amilcar de Castro, citado por Arruda Alvim (1977, p. 20). A jurisdição deve ser limitada em relação ao espaço pelo *princípio da efetividade da jurisdição* e pelo *princípio da submissão*. O primeiro significa que o juiz será incompetente para proferir sentença que não possa executar, por estarem fora de seu alcance as coisas objeto da demanda, ou o sujeito passivo. O segundo focaliza a hipótese de submissão voluntária de alguém que, normalmente, não estaria sujeito a uma dada jurisdição, mas a ela, *sponte sua*, se submete. Quem, de início aceita a jurisdição, não pode depois pretender livrar-se dela.

Não se pode perder de vista a importância do princípio da aderência do juiz ao território para o julgamento. A proximidade do julgador com as peculiaridades do local onde se deram os fatos é fator relevante para uma solução justa.

Não podendo o juiz praticar atos fora do seu território, o sistema viabiliza uma forma de delegação. Assim, a carta precatória (quando o ato tiver que ser praticado no território nacional), ou a carta rogatória (quando se tratar de prática de ato fora do país), viabilizam a citação e a tomada de prova sem violação do princípio em comentário.

O princípio comporta duas exceções. A primeira diz com ações que versarem sobre imóvel que se achar situado em mais de um Estado ou comarca. Neste caso, o art. 107 do CPC viabiliza prorrogação da competência que se determinará pela prevenção, estendendo-se a competência sobre a totalidade do imóvel. Por outro lado, as citações e intimações de pessoas residentes em comarcas contíguas ou situadas na mesma região metropolitana podem dispensar as precatórias e ser feitas por oficial de justiça (art. 230).

Já que se exige tantos requisitos formais indispensáveis ao exercício da jurisdição, tem-se que só quem preenche tais requisitos pode dizer o direito. Além disso, o juiz com tais predicamentos não pode deixar de atuar nem delegar seu poder a outrem. É o *princípio da indelegabilidade*, que veremos a seguir.

2.2.8. PRINCÍPIO DA INDELEGABILIDADE

Enunciado

É vedado ao juiz delegar atribuições.

Conteúdo

Como visto no princípio da investidura, verdadeiramente o poder de julgar pertence ao Estado. A lei prevê todo um procedimento de escolha da pessoa física que vai representar o Estado na sua atribuição julgadora. É o Estado-juiz.

Ada Pellegrini Grinover (1992, p. 118) alerta que a indelegabilidade não tem assento constitucional expresso, mas resulta de construção doutrinária a partir de princípio de aceitação geral. Em verdade, é princípio constitucional que a qualquer dos Poderes é vedado delegar atribuições. A Constituição fixa o conteúdo das atribuições do Poder Judiciário. Logo, não pode a lei, nem muito menos qualquer membro do Judiciário, alterar a distribuição feita naquele nível jurídico-positivo superior.

Assim, na verdade o juiz já é como que um delegado do Estado, qualificado pela investidura regular, que irá exercer em nome do Estado o poder de julgar o conflito jurisdicizado.

Disto resulta que o juiz não pode delegar o poder que recebeu e exerce. Como diz José Eduardo Carreira Alvim (1989, p. 88), se o Estado investiu o juiz no exercício de uma função pública, cometendo-lhe, segundo seu próprio critério de divisão do trabalho, a função jurisdicional a determinadas lides, não pode o juiz transferir a outro a competência para conhecer dos processos que lhe tocam.

A indelegabilidade, levada a extremos, tem sido um dos obstáculos para a simplificação e racionalização dos serviços forenses.

É evidente que as tarefas de decidir e presidir audiências são inerentes ao trabalho do juiz. Contudo, leis e praxes viciadas têm atribuído ao juiz, com exclusividade, atos triviais de andamento do processo.

Vale mencionar neste ponto a exata noção do princípio da indelegabilidade que norteou o trabalho da Comissão Nacional de Racionalização dos Serviços Judiciários. A tarefa iniciada por juízes do Rio Grande do Sul, Santa Catarina, Paraná e Mato Grosso do Sul visava a encontrar formas de simplificação dos procedimentos e dos atos judiciais. Veio a integração quase completa de todos os Estados da Nação num Congresso realizado em Campo Grande no ano de 1985. Assim, em colaboração com o Programa Nacional de Desburocratização do Governo Federal, foi editado um manual distribuído, com incentivo da Associação Brasileira de Magistrados, a todos os juízes e cartórios do Brasil (Gellati, 1986).

Com efeito, não fere o princípio da indelegabilidade deixar-se a cargo do escrivão a tarefa de registrar, autuar, distribuir, juntar petições, por exemplo, independentemente de prévio despacho judicial.

O princípio comporta exceções. A primeira está expressa no inc. I, letra *m*, do art. 101 da Constituição Federal: trata da delegação pelo Supremo Tribunal Federal de competência para a execução forçada. A outra é o caso das cartas de ordem. Quando, na ação rescisória, os fatos alegados dependem de prova, o relator delegará a competência ao juiz de direito da comarca onde deva ser produzida (art. 492) por via de carta de ordem (art. 201).

Fora dessas hipóteses, o juiz deve ele mesmo presidir o julgamento do processo e julgar. Esse julgamento, além de personalíssimo, porque indelegável, é obrigatório. Com efeito, como se verá no princípio que segue, a tarefa de julgar é *indeclinável*.

2.2.9. PRINCÍPIO DA INDECLINABILIDADE

Sinonímia

Princípio do *non liquet*.

Enunciado

O juiz não pode deixar de julgar.

Conteúdo

Autores há que englobam, no estudo do princípio da inafastabilidade, o princípio da indeclinabilidade. Aqui preferimos apartar o estudo. Inafastabilidade é a inviabilidade de criarem-se obstáculos ao cidadão de acesso ao Judiciário. Na indeclinabilidade é tematizada a conseqüente proibição ao juiz de declinar do seu dever-poder de julgar (*non liquet*).

A expressão *non liquet* significa possibilidade que não existe, ou seja, o poder de o juiz não julgar.

José Maria Rosa Tesheiner (1993, p. 12) diz com acerto que o juiz não pode deixar de julgar. Mesmo que nada tenha ficado provado, ainda que o juiz não saiba quem tem razão, ainda que não saiba qual das partes é a vítima e qual o algoz, ainda que ignore qual das partes o está enganando, o juiz tem o dever de julgar. "Não sabe e, entretanto, deve julgar, como se soubesse".

Deve-se a Aulo Gélio (127-175) a origem da expressão *non liquet*. O jovem pretor romano, apesar de muito estudar os deveres do juiz, quer em livros escritos em latim, quer em livros escritos em grego, deparou-se com um fato que o colocou em apuros. É que um homem honrado, de boa-fé notória, vida inatacável e sinceridade induvidosa reclamava quantia em dinheiro. Ocorre que o réu era homem comprovadamente falso. E, cercado de partidários, negava a existência do débito. Os juristas da época aconselhavam unânimes o jovem julgador que, sem prova, o réu deveria ser absolvido. Um filósofo de nome Favorino aconselhou julgamento favorável ao demandante por gozar de maior probidade. Parecendo-lhe grave condenar sem provas e não podendo decidir-se pela absolvição disse: *iuravi mihi non liquere, atque ita iudicatu illo solutus sum* (jurei que o assunto não estava claro, ficando, em conseqüência, livre daquele julgamento).

O sistema brasileiro não permite tal comportamento. Tanto o art. 4º da Lei de Introdução ao Código Civil como o art. 126 do Código Civil têm o mesmo direcionamento. O juiz não se exime de sentenciar ou despachar alegando lacuna ou obscuridade da lei. No julgamento da lide, cabe aplicar as normas legais; não as havendo, recorrerá à analogia, aos costumes e aos princípios gerais de direito.

Como diz Athos Gusmão Carneiro (1980b, p. 14), não assiste ao juiz ou órgão colegiado judicante o direito de duvidar: "ou aprecia o mérito, atingindo assim o processo sua finalidade precípua; ou extingue o processo sem julgamento de mérito, nos casos de invalidade do próprio processo ou de 'carência de ação' - mas de qualquer forma, *é obrigado a pronunciar-se*".

Por isso, a doutrina é uníssona em dizer que, além de poder, a jurisdição é um dever.

Convém ressaltar, contudo, que Ada Pellegrini Grinover (1986, p. 117) usa a expressão *non liquet* para as hipóteses de julgamentos improcedentes por deficiência de provas nos casos do art. 16 da Lei 7. 347/85 (Ação Civil Pública) e art. 18 da Lei 4. 717/65 (Ação Popular): "isto é, a autoridade da sentença tem efeitos *ultra partes*, quer em caso de procedência, quer de improcedência; salvo, porém, quando o juiz expressamente declare o *non liquet* por insuficiência de provas, hipóteses em que a sentença não produz a coisa julgada material, podendo a ação ser renovada, ainda que com idêntico fundamento, desde que fundada em provas novas". Dispositivo com o mesmo direcionamento foi repetido no inc. I do art. 103 do Código de Defesa do Consumidor (Lei 8. 078/90).

Como se verá dos princípios referentes ao impulso oficial e do ônus da prova, o sistema processual brasileiro põe à disposição do juiz a possibilidade de iniciativa plena na busca da verdade real quanto aos fatos trazidos no processo. Esta busca, contudo, tem um limite, ao cabo do qual o juiz deve extinguir o processo com julgamento de mérito, determinando um juízo de procedência, procedência parcial ou improcedência. Isto, claro, se não existirem óbices jurídicos que levem à extinção do processo sem apreciação do mérito, nos casos como aqueles dos incisos do art. 267 do CPC.

Nosso sistema não é completo, mas completável. Como diz Roberto Lyra Filho (1986, p. 115), o direito não é uma "coisa" fixa, parada, indefinida e eterna, mas um processo de libertação permanente. Logo, a completude não existe. O direito é lacunoso. A lei isoladamente considerada é incapaz de prever todos os acontecimentos com efeito jurídico. Por isso, dentro do próprio sistema existe mecanismo legal que permite, diante da ocorrência da lacuna, colmatá-la, utilizando-se para tanto de analogia, costumes e princípios gerais de direito (art. 4º da Lei de Introdução do Código Civil e art. 126 do CPC). (Portanova, 1993, p. 207)

Admitir-se o império do estático sobre o dinâmico é mais do que conservadorismo, é retrocesso. Resta então possível falar-se em lacuna social do direito. É a lacuna que nasce da evolução social que a lei não pode apanhar. A lei parte do pressuposto de que todos são iguais e normatiza para todos em geral. Mas o caso concreto lida com indivíduos diferentes. A colmatação da lacuna social do direito reconhece o vazio existente entre a lei e a realidade social trazida para dentro dos autos.

Para o preenchimento da lacuna, ensina Régis Fernandes de Oliveira (1978, p. 13), "o julgador valer-se-á, inclusive, de sua ideologia. Discutirá valores (as denominadas finalidades do sistema), buscando uma solução... pautada pelas condições antes históricas, econômicas, morais, etc, da época em que se vive".

Indeclinável que seja, a jurisdição mais afirma o poder criativo do juiz. Com efeito, não se deve esquecer, inexistirá em qualquer texto legal possibilidade de se enquadrar o caso, de modo a que o conflito se solucione pela aplicação de dispositivo de lei anteriormente criada. Não bastasse o fato de o legislador não poder prever todas as situações que vão surgindo, é de considerar-se, ainda, o costumeiro retardamento da atividade legislativa em relação ao desenvolvimento social. Ademais, cada caso concreto terá peculiaridades próprias absolutamente imprevisíveis ao Legislativo, que legisla para o geral e não para o concreto que aporta ao Judiciário.

Por isso, sem dúvida, o juiz cria. Para José Puig Brutau (1979, p. 237), é indispensável não confundir o que as coisas são com o que deveriam ser. Apesar das posições em contrário, os juízes criam. Isso pode não ser o mais conveniente, mas é o que efetivamente acontece. É importante afirmar esta realidade que se impõe e é preciso contar com ela, e fazer isto precisamente para dominá-la. Ou seja, reconhecer o poder criador do juiz não é confluir para o conformismo. Pelo contrário, "deve ser estímulo para de alguma forma reduzir a margem de arbítrio que se concede ao julgador".

Mas assim como o dever de dizer o direito se impõe ao juiz, com a mesma força se impõe às partes, independentemente da vontade delas, pelo *princípio da inevitabilidade* que se verá a seguir.

Ver também: impulso oficial, ônus da prova.

2.2.10. PRINCÍPIO DA INEVITABILIDADE

Enunciado

A jurisdição se impõe por poder próprio, independentemente da vontade das partes.

Conteúdo

O princípio da inevitabilidade existe como conseqüência da prevalência da natureza publicística do processo. Com efeito, afastadas as teorias privatistas, que viam o processo como acordo entre as partes, tem-se que seu caráter público impõe a atuação judicial independentemente da vontade das partes.

Ensina José Eduardo Carreira Alvim (1989, p. 188) que, quando se trata de determinar a natureza jurídica do processo, a doutrina se biparte em dois grandes grupos, a saber: privatistas e publicistas.

Os doutrinadores que identificam o processo como contrato, vêem a relação que interliga o autor e o réu no processo em tudo idêntica àquela que une as partes contratantes. No contrato existe um acordo de vontades, um titular do interesse subordinante e outro titular do interesse subordinado. No processo, as partes estariam ligadas pelo mesmo nexo que liga os sujeitos no contrato. O juiz seria um árbitro. Esta teoria tem hoje mero sabor histórico. Ninguém considera mais o proceso como sendo um contrato.

A jurisdição é reconhecida como função do Estado, e as partes estão sujeitas a ela. "Os deveres processuais não decorrem de qualquer manifestação de vontade expressa ou mesmo tácita das partes, mas da lei; independente da concordância das partes, o juiz profere decisão no processo".

Como se verá no *princípio do impulso oficial*, o juiz é tão ou mais interessado que as partes no andamento do processo e na busca da solução justa. Assim, o processo tem andamento, mesmo que as partes permaneçam inertes; provas podem ser produzidas independentemente do requerimento das partes.

É evidente que aos postulantes sempre resta viável um acordo, tanto quanto ao processo como no que diz com o direito material em discussão. Por conseqüência, o limite de atuação do princípio da inevitabilidade é a vontade das partes expressamente manifestada no processo.

No entanto, fora das hipóteses de desistência da ação e de transação sobre o direito em litígio, a sujeição das partes à decisão judicial é inevitável, mesmo que elas já tenham sido submetidas a outra espécie de jurisdição, como a criminal. É o *princípio da independência da jurisdição cível e criminal* que veremos a seguir.

Ver também: princípio do impulso oficial.

2.2.11. PRINCÍPIO DA INDEPENDÊNCIA DAS JURISDIÇÕES CIVIL E CRIMINAL

Sinonímia

Princípio da dualidade jurisdicional. Princípio da distinção da jurisdição cível e criminal.

Enunciado

A jurisdição cível é independente da criminial.

Conteúdo

Um mesmo fato pode ser objeto de julgamento tanto na esfera cível como na esfera criminal.

Imagine-se um acidente de trânsito onde há danos pessoais e materiais. Este acontecimento único será objeto de análise na jurisdição criminal com vistas à penalização do causador dos danos pessoais. Além disso, esses danos pessoais, juntamente com outros danos ocorridos nos veículos, podem ser objeto de processo civil com vistas a reparações de danos materiais, pessoais e morais.

É que a infração determina duas ordens de danos ou lesões: o dano público, causado à tranqüilidade social, com a perturbação da ordem e da segurança comum, e o dano privado ou particular, significativo da violência a um direito, caracterizando uma ofensa e um dano material e/ou moral (Roenick, 1976, p. 6). Ou seja, a par de sujeitar o agente à pena prevista em lei e de produzir efeitos penais secundários, a sentença criminal condenatória, transitada em julgado, opera efeitos extrapenais, notadamente na ordem cível, administrativa e política (Oliveira, 1992, p. 107).

Diante dessa possível duplicidade é que surge o princípio da independência entre a jurisdição cível e a jurisdição criminal. Vale referir, há quem proponha unificar o direito processual (Vidigal, 1982).

O princípio em análise não significa a negação da unicidade e indivisibilidade da jurisdição, enquanto poder oriundo da soberania. Por igual, não se está afastando a possibilidade de buscar-se critérios caracterizadores da jurisdição *in genere* (penal e civil).

Na exposição de motivos do Estatuto de 1939, o Ministro da Justiça justificava a separação entre a ação penal e ação civil *ex delicto* pelo ajustamento ao Código Civil. Ademais, a obrigação de reparar o dano resultante do crime não é uma conseqüência de caráter penal, embora se torne certa quando haja sentença condenatória no juízo criminal. A invocada conveniência prática da economia de juízo não compensa o desfavor que acarretaria ao interesse da repressão a interferência de questões de caráter patrimonial no curso do processo penal.

Um dos efeitos no processo civil é a incidência do art. 110 do CPC. Assim, se o conhecimento da lide civil depender necessariamente da verificação da existência de fato delituoso, pode o juiz mandar suspender o andamento do processo até que se pronuncie a justiça criminal. Trata-se de uma das hipóteses de suspensão do processo previstas no inc. IV do art. 265 do CPC.

A sentença penal e o processo civil

Em verdade, o princípio em questão deve ser relativizado, pois a independência não significa "renúncia absoluta a toda possibilidade de aproveitamento em um processo, de materiais produzidos em outro." (Fabrício, 1992, p. 37).

Veja-se, por exemplo, a orientação unânime da 3ª Câmara Cível do Tribunal de Justiça do Rio Grande do Sul na decisão que aparece na *RJTJRGS*, v. 97, p. 339. Entendeu-se que, pendendo no juízo criminal a questão sobre a autoria do ilícito havia *prejudicial absoluta*. Assim, não puderam os filhos e esposa da vítima ingressar com ação civil antes de solucionada a prejudicial de autoria.

Incidisse a pleno o princípio da independência da jurisdição cível da criminal, não haveria de se falar em tal prejudicialidade. Quanto mais não seja pelo fato de tratar-se - no fato concreto - do réu abastado, pronunciado e foragido para os Estados Unidos, de onde continuava gerindo suas empresas no Brasil. Por certo, a via reparatória civil não deve ser obstaculizada se o processo criminal atingir sua sentença final ou de pronúncia em caso de procedimento de júri.

Outra restrição à incidência absoluta do princípio diz com a hipótese de julgamento criminal com sentença condenatória. Transitada em julgado, a sentença condenatória é título executivo judicial para fins civis. Mas vale uma ressalva. No cível não se cogita mais sobre a exclusão da culpa do agente já condenado no juízo criminal. Mas resta viável, ainda - em sede de conhecimento cível - a eventual discussão sobre o grau da culpa.

Esta discussão não pode ser afastada, por exemplo, no apurar-se eventual concorrência de culpa. Tal hipótese ocorre, com freqüência, em casos de acidente de trânsito.

No que diz com a sentença absolutória, os termos do Código de Processo Penal e do Código Cível são taxativos em afirmar a influência de algumas sentenças absolutórias criminais no cível. Mas a lei deve ser interpretada *cum granum salis*.

O art. 65 do Código de Processo Penal diz que "faz coisa julgada no cível a sentença penal que reconhecer ter sido o ato praticado em estado de necessidade, em legítima defesa, em estrito cumprimento de dever legal ou no exercício regular de direito. Já o art. 66 do mesmo diploma diz que não poderá o juízo cível investigar o fato quando, no juízo criminal, o juiz tiver, *categoricamente*, reconhecido a inexistência material do fato.

Por sua vez, o art. 1.515 do Código Cível dispõe que a "responsabilidade civil é independente da criminal; não se poderá, porém, questionar mais sobre a existência do fato, ou quem seja o seu autor, quando estas questões se acharem decididas no crime".

Diferentemente do que diz o art. 1.525 do Código Civil, Adroaldo Furtado Fabrício (1992, p. 43) entende possível questionar no cível quem seja o autor, mesmo quando essa questão se achar decidida no crime. É que "o julgado penal - como, aliás, é do corrente ensinamento da teoria geral da sentença - está no *decisum*, e só nele é lícito buscar razão absolutória capaz de alguma conseqüência jurídica, a produzir-se no mesmo ou em outro processo, em idêntica ou diversa jurisdicização".

Nesse passo, a absolvição que "deita raízes" no resultado da investigação da autoria só tem uma hipótese legal de absolvição no art. 386 do CPC: é o inc. IV. Ou seja, não existe a hipótese legal para absolver-se "por estar provado que o réu não participou do fato". O inc. IV prevê absolvição para o caso de "não existir prova suficiente para a condenação". Logo, o jurista tem por certo que "a manifestação jurisdicional sobre a autoria do fato, *categórica* ou *não*, contida na sentença criminal absolutória, nenhuma eficácia projeta e nenhuma influência exerce sobre a jurisdição civil." (idem, p. 40).

Araken Assis, na obra *Eficácia Civil da Sentença Penal* (aliás indispensável para quem pretenda aprofundar-se no tema) põe em questão estas e quaisquer outras possibilidades da sentença absolutória criminal fazer coisa julgada no cível. Assim, a despeito dos termos da lei, resta afirmado o princípio da independência da jurisdição cível e criminal.

Segundo esse autor (1993, p. 106), o argumento definitivo que embasa a inarredável possibilidade da ação reparatória da vítima, seja qual for o fundamento da absolvição criminal, "são as garantias constitucionais do processo, que não permitem privar alguém - no caso, a vítima - de hipotético direito, sem submetê-la ao contraditório e sem assegurar-lhe recursos inerentes à ampla defesa (art. 5º, LV e LVI, da CF de 1988)".

Com efeito, o ofendido tem participação facultativa, reduzida e limitada no processo criminal, como da assistência do Ministério Público (art. 268 do Código de Processo Penal).

Nesse ponto, é de levar em conta os termos do art. 472 do CPC: "a sentença faz coisa julgada às partes entre as quais é dada, não beneficiando, nem prejudicando terceiros".

Vale lembrar, ainda, acordes com o jurista gaúcho, outros pronunciamentos de grande relevância e, indubitavelmente, dotados de repercussão *ad extra*, como o concessivo de perdão judicial, extintivo da punibilidade, arquivamento do inquérito ou das peças de informação (idem, p. 114).

Em resumo, a jurisdição civil é independente da jurisdição criminal. Contudo, as decisões criminais condenatórias fazem coisa julgada no cível, não podendo ser mais objeto de questionamento. Fora disso, os fatos que foram objeto de, por exemplo, decisões absolutórias do art. 386, de despachos de arquivamento de inquérito e de decisões que julgarem extinta a punibilidade, podem ser objeto também de investigação no juízo cível.

Tanto na jurisdição cível como na criminal, o juiz e o juízo gozam de garantias. Uma delas diz com a impossibilidade de mudança do juízo quando se trata de tema pertinente à incompetência relativa. É o princípio da *perpetuatio jurisdictionis* que se verá a seguir.

2.2.12. PRINCÍPIO DA *PERPETUATIO JURISDICTIONIS*

Sinonímia

Perpetuação da jurisdição, *perpetuatio fori.*

Enunciado

A competência relativa de um foro ou órgão, jurisdicional, uma vez estabelecida, não se altera, mesmo que se alterem os dados objetivos e subjetivos do processo.

Conteúdo

Perpetuatio jurisdictionis e competência

Ensina Arruda Alvim (1983, p. 13) que em sede de competência há três temas importantes. O primeiro é referente a critérios de determinação da competência. O segundo diz com a imutabilidade da competência. Por fim, devem ser consideradas as questões de modificação da competência. O princípio da *perpetuatio jurisdictionis* vai interessar ao segundo tema.

O entendimento do princípio da *perpetuatio jurisdictionis* importa a compreensão do *princípio da unidade da jurisdição*. A idéia de competência reporta-se à atribuição de um órgão do Judiciário, abstratamente considerado, dentro de um conjunto de órgãos que compõem o Poder Judiciário. O *princípio da unidade* significa que cada órgão fala por si, e, enquanto a um dado órgão está afeta, determinada causa é juridicamente inviável - salvo raríssimas e expressas exceções - a ingerência de outro órgão.

O *princípio da unidade do Judiciário* tem o efeito de confirmar que a jurisdição é una enquanto função do Estado, ou seja, trata-se de "exercício soberano e exclusivo, qualquer que seja o órgão jurisdicional a que a lei haja conferido competência, ainda que este se encontre em posição de rigorosa inferioridade na escala hierárquica em que se dividem os órgãos do Poder Judiciário" (Silva, Ovídio, 1991, p. 37).

A competência dos órgãos jurisdicionais divide-se em relativa e absoluta. O principal efeito prático da distinção entre uma e outra é que uma prorroga-se e a outra não.

Quer dizer, a competência absoluta, porque desata interesse público, não pode modificar-se, mesmo que haja conveniência das partes. De regra, são de caráter absoluto as competências funcionais e em razão da matéria. Intentada uma ação que viole regras que fixem a competência absoluta, o juiz deve, mesmo de ofício, remeter os autos ao juízo competente. Assim, por exemplo, um juiz do trabalho não pode julgar um processo próprio da justiça eleitoral.

Já a competência relativa é passível de modificação. São de caráter relativo as regras que fixam competência em razão do valor e do território onde a ação deve ser intentada. Assim, ajuizada ação em uma cidade, residindo o réu em outra, se o requerido não impugnar o foro, diz-se que a competência prorroga-se. Ou seja, o lugar onde foi distribuído o processo será competente, e a competência não se modificará. Incide o princípio da preclusão.

Cumpre salientar de pronto: o princípio da *perpetuatio jurisdictionis* incide somente sobre a competência relativa.

Assim, quando o art. 87 do nosso CPC diz que "são irrelevantes as modificações do estado de fato ou de direito ocorridas posteriormente" à intentação da ação, deve-se entender que são irrelevantes as modificações de fato e de direito pertinentes à competência relativa ocorridas após intentada a ação.

Aliás, o próprio complemento do art. 87 já anuncia a inicidência da imutabilidade da competência quando se trata de alterações legislativas que suprimem o órgão judiciário ou alterem a competência em razão da matéria ou da hierarquia.

Vamos dividir este apanhado. Primeiro, vamos explicar a extensão do princípio. Depois, vamos falar sobre sua inaplicabilidade.

Extensão

O princípio da *perpetuatio jurisdictionis* é o que embasa a prorrogabilidade da competência relativa, mas temos ainda outras aplicações.

Proposta a ação, a competência não se modifica mesmo que os critérios que serviram para determinar a competência se modifiquem no curso da ação. Por exemplo, se a ação foi intentada numa comarca levando-se em consideração o critério legal de competência pelo domicílio do réu, permanecerá competente aquele juízo, mesmo que o réu, após a intentação da ação mudar para domicílio diverso daquele originalmente competente (Alvim, 1976, p. 17).

A competência só tem absoluta e incontestável estabilidade após a citação, quando o réu não a excepciona. Há, porém, incidência do princípio da *perpetuatio jurisdictionis* quando, na data da intentação da ação, o réu residia no local onde ela foi intentada. Eventual mudança do domicílio do réu, mesmo antes da citação, não afetará a estabilidade da demanda. No caso, vai interessar, por incidência do princípio em estudo, o local onde o réu residia quando da distribuição da ação.

Como se vê, incide interesse de ordem pública que o processo termine onde começou. Fixada a competência, esta vai valer tanto para todo o transcurso do processo de conhecimento, como para o processo de execução e, inclusive, para as ações cautelares incidentais ao processo.

A *perpetuatio jurisdictionis* pode ser considerada extensão do princípio do juiz natural, na medida em que, fixada a competência, não podem, quaisquer das partes, escolher outro juízo para processar e julgar a lide em que se envolveram.

Arruda Alvim (1976, p. 36) diz que a finalidade historicamente reconhecida do princípio em estudo é, fixando a competência, imunizar sua estabilidade contra quaisquer modificações relativamente à lide e seus sujeitos (em especial o réu). Estende-se às questões respeitantes ao domicílio, residência, cidadania das partes, objeto da causa e valor da coisa. "O princípio da *perpetuatio iurisdictiois* é aplicável, inclusive, ao Direito Processual Civil internacional". Vale referir, ainda, a vantagem da estabilidade da demanda quanto à celeridade que disso decorre. Visa-se também a evitar a esperteza, o dano processual e a burla à lei. Não é difícil imaginar a dificuldade de chegar-se ao fim do processo em que uma das partes tivesse condições financeiras de constantemente trocar de domicílio.

Inaplicabilidade

O princípio comporta alguns casos de interpretação conflitante e exceções; a maior delas, como já referido, diz com a inaplicabilidade quando se trata de competência absoluta.

Nesse ponto, convém estar atento para o fato de a segunda parte do art. 87 do CPC ter dito menos do que devia. Com efeito, Edson Ribas Malachini (1987, p. 282) anota entendimento unânime da doutrina no sentido de ser a competência hierárquica uma espécie da competência funcional. Ao depois, sugere a seguinte leitura para a segunda parte do art. 87 do CPC: "são irrelevantes as modificações do estado de fato ou de direito ocorridas posteriormente, salvo quando suprimirem o órgão judiciário ou atribuírem competência absoluta a outro órgão".

Dessa maneira, resta possível a modificação da competência em casos como o de criação de Tribunal de Alçada, mudança de competência dos tribunais de segundo grau (Justiça e Alçada), e casos de incorporação ou extinção do Tribunal de Alçada. O mesmo ocorre quando há extinção de comarca a qual é incorporada por outra. Nesses casos, não há estabilidade da competência, mas, pelo contrário, impõe-se a redistribuição dos processos.

Também não incide o princípio quando se cria uma vara especializada e quando determinada matéria passa da justiça ordinária para a justiça especial ou vice-versa. Assim, por exemplo, com a criação de vara federal no interior do Estado, cessa a jurisdição do juízo cível estadual da mesma comarca para execuções fiscais propostas por entidades federais. Não tem sentido invocar-se, na espécie, a *perpetuatio jurisdictionis*, pois impede a prorrogação da jurisdição, o princípio do juiz natural (que tem previsão direta na Constituição, em oposição ao instituído meramente em leis de organização judiciária) que, no caso, é o único que subsiste à ocorrência da chamada incompetência superveniente, isto é, quando a causa tem de passar de um juízo para outro (Conflito de Competência 89.04.02619-9/RS. Rel. Dória Furquim. *Revista do Tribunal Federal 4ª Reg.* Porto Alegre, v. 1, n. 2, p. 39, abr./jun. 1990).

No Rio Grande do Sul, a Lei estadual 9. 177/90 elevou a competência dos pretores para causas até cinqüenta salários mínimos. Assim, esses juízes passaram a ser competentes para processar e julgar todas as causas que, à época do ajuizamento, não susperavam tal valor, mesmo que distribuídas antes da vigência da lei. Não se tem por violado o princípio da *perpetuatio jurisdictionis*. Entende-se corretamente que as "modificações do estado de fato e de direito a que se refere o art. 87 do CPC ... dizem com modificações da situação das partes, do objeto da lide ou do fundamento de direito da lide. Não com a alteração da legislação sobre a competência." (*Julgados TARGS*, v. 83, p. 144).

Para uma adequada aplicação do princípio da *perpetuatio jurisdictionis*, o jurista deve estar atento às finalidades do instituto. Como se viu, na base do princípio está o desenvolvimento ordenado do processo. Ora, a incidência do princípio não pode cegar o intérprete à instrumentalidade e à efetividade do processo.

Pode-se estar diante de transformações que não visam à fraude ou ao dano processual, mas, sim, de mudanças eventuais e até necessárias na vida das partes e que venham a favorecer uma melhor organização judiciária. Ademais, determinadas trocas de competência para uma das partes envolvida no processo nada representa; mas para outra, a manutenção da competência original pode acarretar dificuldade insuportável.

Por isso é indispensável se esteja atento às peculiaridades do caso concreto e ao princípio da igualdade que aqui - mais do que nunca - pode ser efetivamente igualizador das condições materiais das partes

Parece correto, pois, julgamento majoritário que entendeu não ferir o princípio da *perpetuatio jurisdictionis*, a decisão que, atendendo a requerimento da parte, determina a remessa dos autos e ação de usucapião para vara federal instalada no local da situação do imóvel, onde evidentemente terá melhores condições de ser processada. O julgamento atendeu às peculiaridades do caso concreto, pelo fato de tratar-se de autores de poucas posses, distantes centenas de quilômetros do local onde estava o imóvel usucapido e o foro até então competente e por não acarretar a mudança prejuízo para as demais partes. Não deve o juiz apegar-se a um formalismo rígido e divorciado da realidade, assim criando obstáculo ao processamento do feito que lhe é submetido a julgamento. Bem ao contrário, deve procurar conciliar as normas processuais com os interesses em questão, sempre objetivando a solução do litígio. Afinal, o objetivo do Poder Judiciário é compor os litígios e procurar alcançar a paz social. (TRF-4ª Região. Conflito de Competência 92.04.00535-1/RS. Rel. Vladimir Freitas. Decisão por maioria. *Rev. Trib. Reg. Fed. 4ª Reg.*, Porto Alegre, ano 3, n. 9, p. 138, jan./mar. 1992)

Aliás, o sistema jurídico processual é aberto para investigações de casos concretos, os quais permitem, pela via do princípio da recursividade, buscar-se a justiça caso não haja concordância com a primeira decisão. É o que se verá a seguir.

Ver também: princípio do juiz natural.

2.2.13. PRINCÍPIO DA RECURSIVIDADE

Enunciado

A parte que se sentir prejudicada tem o poder de pedir o reexame, visando a obter reforma ou modificação da decisão.

Conteúdo

Recursividade e duplo grau

Há quem veja o princípio do duplo grau de jurisdição como um dos princípios da jurisdição. Neste livro, contudo, atento ao ensinamento de Humberto Theodoro Júnior (1981, p. 184), estamos promovendo uma abordagem separada entre o princípio da recursividade e o princípio do duplo grau de jurisdição. É que o *princípio da recursividade* tem uma abrangência maior porque consagra toda sorte de inconformismos de decisões contrárias. Por isso, desimporta se a inconformidade dá-se em forma de recurso para o próprio juiz ou se vai ser decidida por outro órgão superior da organização judiciária. Essa preocupação é mais específica e pertine ao princípio do *duplo grau de jurisdição* que se subsume no princípio da recursividade.

A distinção acolhida infelizmente obriga a um distanciamento de temas semelhantes. Aqui é abordada a recursividade enquanto princípio inerente à jurisdição. Mais adiante (nos princípios ligados ao processo e ao procedimento), serão abordados os princípios pertinentes à matéria de recursos, tal como o princípio do duplo grau de jurisdição. Esta separação nos obriga a remeter o leitor, desde logo, às considerações feitas aos princípios ligados aos recursos. E vice-versa.

A distinção entre princípio da recursividade e princípio do duplo grau de jurisdição mais se justifica no sistema processual brasileiro. Nosso sistema admite hipóteses onde há recurso, mas não propriamente para um outro grau de jurisdição. É o que acontece com a figura recursal dos embargos infringentes perante o mesmo juízo, no caso de julgamento de embargos à execução fiscal de valor reduzido (Lei 6.839/80, art. 34). O mesmo se pode dizer quanto às decisões provenientes dos Juizados de Pequenas Causas. Os recursos são dirigidos ao Colégio Recursal de Juizado de Pequenas Causas, *que não é tribunal.* Por isso, inclusive, não cabe recurso especial (Agravo Regimental 214-4, da Segunda Seção do STJ, Rel. Min. Dias Trindade, 9.2.94, unânime).

A recente Lei 8.952, de 13.12.1994, dando nova redação ao art. 296 do CPC, criou mais uma hipótese de recurso para o mesmo grau de jurisdição. Agora, "indeferida a inicial" (sentença sem apreciação do mérito, portanto), "o autor poderá apelar, facultado ao juiz, no prazo de quarenta e oito horas, reformar sua decisão". Logo, a sentença poderá ser reformada sem participação do segundo grau de jurisdição. Somente no caso de não ser reformada a decisão, "os autos serão imediatamente encaminhados ao tribunal competente" (parágrafo único do art. 296).

O princípio da recursividade visa a satisfazer uma necessidade humana: ninguém se conforma com um juízo único e desfavorável. Esse inconformismo é fruto do conhecimento que se tem da imperfeição humana. Além disso, a confirmação da sentença, por outro tribunal, dá-lhe mais prestígio porque ela passa pelo crivo de juízes de mais antiga investidura (Leite, 1981, p. 287).

Por princípio, a jurisdição sempre permite acesso a julgamento substitutivo daquele do qual a parte não se conforma. Trata-se, tanto quanto a ação, de um poder de provocar o reexame de um ato decisório.

Já houve quem objetasse à recorribilidade das decisões em outras épocas. Ainda hoje se encontra quem proponha a supressão de todos os recursos, instaurando-se o juízo colegiado, com instância única (Fernandes, 1981, p. 179). Eis algumas das razões daqueles que entendem desnecessários os recursos: confirmada a decisão, o recurso seria inútil; reformada a decisão, fica em dúvida a decisão certa, já que o segundo grau também é passível de erro.

Predominam as orientações doutrinárias que justificam o direito ao recurso. Moacyr Amaral Santos (1985, p. 84) alinha como vantagens da recursividade a possibilidade de reforma de decisões viciadas provenientes de erro ou má-fé, aprimoramento moral e cultural dos órgãos jurisdicionais e efeito psicológico nas partes.

O princípio da recursividade com maior ou menor extensão tem origem em tempos imemoriáveis e alcança, hoje, a quase totalidade das legislações contemporâneas.

Contudo, não pode haver engano. A jurisdição obedece, ainda, ao *princípio da unidade do Judiciário*. Como diz Ovídio Baptista (1991, p. 37): "É a circunstância de ser o seu exercício soberano e exclusivo, qualquer que seja o órgão jurisdicional a que a lei haja conferido competência, ainda que este se encontre em posição de rigorosa inferioridade na escala hierárquica em que se dividem os órgãos do Poder Judiciário".

Amplitude

A admissibilidade dos recursos obedecem a pressupostos classificados como adiante descrevemos.

Chamam-se *pressupostos intrínsecos* aqueles que dizem respeito à decisão recorrida em si mesma considerada. Para aferir-se a existência deles, toma-se o ato judicial impugnado no momento e do modo como foi prolatado. Assim, o *cabimento* é a exata correlação entre o ato recorrível e o tipo de recurso previsto para o caso. Convém, contudo, não esquecer, o princípio da fungibilidade recursal faz a indispensável moderação ao rigor deste pressuposto. O pressuposto da *legitimidade para recorrer* está previsto no art. 499 do CPC. Podem recorrer as partes do processo, o Ministério Público e o terceiro prejudicado pela decisão. Por fim, não há *interesse em recorrer* se a parte obtiver a vantagem sem a interposição do recurso.

São *pressupostos extrínsecos* aqueles que dizem com fatores externos e geralmente posteriores à decisão judicial recorrida. A *tempestividade*, por exemplo, diz com os prazos peremptórios previstos em lei. O requisito da *regularidade formal* impõe que o recorrente observe a forma de que o recurso deve se revestir. No cível, diferente do crime, não basta recorrer, há necessidade de fundamentar. Ao depois, é pressuposto *a inexistência de fato impeditivo ou extintivo do poder de recorrer*. Com efeito, se houver algum ato que demonstre aquiescência à decisão, o recurso não poderá ser conhecido. O último requisito é o *preparo*, ou seja, o pagamento, no prazo, das custas do recurso (Nery Jr. , 1988 p. 159).

No sistema brasileiro vigora o princípio da ampla recorribilidade. Ou seja, é bastante ampla a permissibilidade de recursos.

Não se pode, contudo, ter uma idéia ingenuamente neutra quanto à extensão demasiada que se dá à recursividade como princípio.

Parece certo relembrar-se que a recursividade tem um componente democrático e de incidência do princípio informativo político, porquanto viabiliza um sistema de controle interno dos atos jurisdicionais. No entanto, não se pode esquecer as origens ideológicas das apelações.

Como é sabido, nosso sistema processual abre amplos caminhos para a parte apresentar sua inconformidade em todos os graus de jurisdição. Assim, além dos recursos previstos no CPC, a lei também abre caminho por via de ações, como o mandado de segurança e o *habeas corpus*, para apresentação de inconformidades. Outrossim, os Regimentos Internos dos Tribunais Superiores (prevendo Agravos Regimentais) e os Códigos de Organizações Judiciárias (prevendo Correições Parciais) também contêm viabilidades procedimentais que contemplam recursos em sentido amplo. De há muito, os profissionais da advocacia, em defesa dos interesses de seus constituintes, vêm utilizando certos meios, não catalogados como recurso, com fim de obter reforma ou modificação de atos decisórios. São os sucedâneos dos recursos referidos por Marcos Afonso Borges (1979).

Ora, o grande número de oportunidades de recursos no sistema brasileiro, ainda que possível para todas as partes, na prática só é acessível àqueles litigantes que têm condições financeiras para suportar custas e advogados especializados em recursos. Por derradeiro - e talvez o mais grave - é que o final dessa linha recursiva vai desaguar nos tribunais superiores federais, que têm seus julgadores escolhidos pelo Presidente da República.

Assim, é preferível dizer que a base motivacional do princípio da recursividade nem sempre é o erro do juiz recorrido. Logo, eventual reforma da decisão não significa correção de erro, mas - muito freqüentemente - de posição confluente entre o que pensam os julgadores dos órgãos recursais e o interesse da parte recorrente. Assim, concebem-se os pronunciamentos dos órgãos recursais como "sendo uma forma de aprimoramento da decisão recorrida." (Bomfim, 1989, p. 204).

Como se vê, a jurisdição está aberta a discutir amplamente os interesses dos cidadãos. Basta que seja acionada, basta que as razões sejam trazidas para dentro dos autos. Para tanto, o sistema processual põe à disposição das pessoas o poder de ação e de defesa - que têm a recursividade como uma de suas manifestações - e que obedecem, como se verá a seguir, a alguns princípios.

Ver também: princípio do duplo grau de jurisdição.

TERCEIRA PARTE

Ação e defesa

O direito de acesso à justiça é, fundamentalmente, direito de acesso à ordem jurídica justa.

KAZUO WATANABE

Acesso à justiça e sociedade moderna

3.1. CONSIDERAÇÕES INICIAIS

Aqui, mais do que nunca, é necessária a compreensão do leitor no sentido de reconhecer que os princípios não têm cada qual sentido absolutamente autônomo e limites absolutamente rígidos. Muitas vezes os significados se interpenetram formando uma zona gris onde não é fácil dizer onde termina um princípio e começa outro. Pode ser, inclusive, que um seja conseqüência de outro.

Com esta compreensão, é possível que, informados pelo *princípio de acesso à justiça*, os princípios ligados com a ação e a defesa são os seguintes:

Demanda,
Autonomia de ação,
Dispositivo,
Ampla defesa,
Defesa global,
Eventualidade,
Estabilidade objetiva da demanda,
Estabilidade subjetiva da demanda.

No campo do direito e do processo civil, quando se fala que uma pessoa pode *dispor* de determinado direito, quer significar que a parte tem liberdade de, por sua única e exclusiva vontade, usar de tal direito ou não. Pois bem, como se verá, o *acesso à justiça* é um princípio bem geral, pré-processual e até supraconstitucional que, em última análise, informa todos os outros princípios ligados à ação e à defesa. Trata-se de um poder quase absoluto no processo civil, mercê da natureza do direito material a que se visa atuar.

Ao ligar-se a disponibilidade ao direito de ação, vale lembrar que, quando o Estado retirou do indivíduo o direito de resolver seus próprios conflitos (pela autodefesa ou justiça privada), o Estado lhe deu a disponibilidade (positiva) *de usar* e (ou negativa) de *não usar* o Poder Judiciário.

Do ponto de vista positivo, querendo a parte resolver o litígio, terá à disposição o Poder Judiciário. Se o interessado acionar o Poder Judiciário o fará sob a proteção do *princípio da demanda.* Como se vê, o direito de ação é, assim, o princípio ativo da disponibilidade. O princípio da demanda significa que a parte *dispõe,* ou seja, tem a liberdade de agir como e quando quiser. Querendo agir, ninguém e nada há que impeça o cidadão de movimentar o Poder Judiciário. Mais do que isso: por pior que seja o prejuízo do cidadão, só ele pode agir, ninguém por ele. Nem o Estado, pois por princípio a jurisdição é inerte. O *princípio da inércia da jurisdição* é o mesmo princípio da demanda visto pelo lado passivo.

Além de ter a liberdade de movimentar e de não movimentar o Poder Judiciário, o cidadão, optando por movimentá-lo, também tem a liberdade de impor alguns limites na atuação do julgador que vai dirigir o processo. Estes limites são:

a) em relação aos *fatos* que comporão a demanda - *princípio dispositivo;*

b) quanto ao *pedido* da prestação jurisdicional pretendida - *princípio da adstrição do juiz ao pedido da parte.*

Quando o processo era mais privatista, a parte também dispunha da liberdade de limitar a atuação do juiz quanto à prova. O princípio dispositivo tinha tanto a faceta postulatória como a faceta probatória. Hoje o cunho publicista do processo fez do juiz um sujeito tão ou mais interessado do que a parte na busca da prova. Hoje os litigantes continuam com pleno direito de alegar fatos e propor provas. Isso constitui parte do *princípio da ampla defesa,* o qual contempla esta liberdade e trata de forma geral de sua extensão quanto às alegações, às provas, enfim às garantias de um devido processo legal. Quanto à prova, vige o princípio inquisitorial consagrado no artigo 130 do CPC. E a parte não dispõe mais sozinha da condução e produção dos elementos probatórios.

À liberdade das partes de dispor dos fatos sobre os quais vão recair as investigações processuais chamamos *princípio dispositivo.* O autor na inicial e o réu na contestação podem livremente narrar os fatos que lhes interessarem para o deslinde da lide. Autor e réu têm, ainda, a liberdade de não narrar na inicial ou na contestação fatos que não lhes interessam que venham ao debate processual. Os fatos narrados vão formar e compor o litígio judicializado.

A liberdade de narrar (ou não narrar) fatos acarreta responsabilidade para as partes: somente os fatos narrados pelo autor na inicial e pelo réu na contestação farão parte da lide e serão objeto da investigação processual.

Contudo, o princípio dispositivo não pode ter carga interpretativa demasiadamente restritiva. Não há que esquecer, por exemplo, os termos do art. 462 do CPC: "Se, depois da propositura da ação, algum fato constitutivo, modificativo ou extintivo do direito influir no julgamento da lide, caberá ao juiz tomá-lo em consideração, de ofício ou a requerimento da parte, no momento de proferir a sentença".

Além da liberdade de narrar ou não narrar fatos, as partes têm a liberdade de limitar a atividade do juiz aos termos daquilo que foi pedido. O autor na petição que inicia a ação e o réu no pedido que instaura a reconvenção fazem pedidos de providências judiciais e o juiz tem que decidir nos estritos termos do pedido. É o *princípio da adstrição do juiz ao pedido da parte*. As partes têm a liberdade de pedir o que quiserem. O juiz, superadas as questões preliminares, enfrentando o mérito, tem o poder de julgar procedentes, improcedentes ou parcialmente procedentes tais pedidos. Mas o juiz não pode julgar menos do que pedido *(citra petita)*, além do que foi pedido *(ultra petita)* ou fora daquilo que compreenda o pedido *(extra petita)*. As partes, por sua vez, exercendo a liberdade de limitar a atuação do juiz a determinados pedidos, também não podem exigir que o juiz decida a não ser o que foi pedido. Por igual, as partes mantêm responsabilidade quando usam da liberdade de pedir o que quiserem. Os pedidos que forem julgados total ou parcialmente improcedentes acarretam o dever, da parte que os formulou, de suportar proporcionalmente o pagamento da sucumbência em favor da outra parte.

3.2. PRINCÍPIO DO ACESSO À JUSTIÇA

Sinonímia

Princípio do acesso ao Judiciário. Princípio do acesso à ordem jurídica justa.

Enunciado

A todos é garantido o pleno acesso à justiça.

Conteúdo

Como salienta Horácio Wanderlei Rodrigues (1994, p. 28), a vagueza da expressão *acesso à justiça* permite fundamentalmente dois sentidos. "O primeiro, atribuindo ao significante justiça o mesmo sentido e conteúdo que o de Poder Judiciário, torna sinônimas as expressões *acesso à justiça* e *acesso ao Judiciário*; o segundo, partindo de uma visão axiológica da expressão *justiça*, compreende o acesso a ela como o acesso a uma determinada ordem de valores e direitos fundamentais para o ser humano".

A formulação do princípio optou pela segunda significação. Justifica-se tanto por ser mais abrangente, como pelo fato de o acesso à justiça, enquanto princípio, inserir-se no movimento para a efetividade dos direitos sociais.

Trata-se de filosofia libertária, aberta socialmente e realista, que busca, imperativa e ingentemente, métodos idôneos de fazer atuar os direitos sociais e uma justiça mais humana, simples e acessível. Enfim, é um movimento para efetividade da igualdade material almejada por todos e consagrada pelo Estado Social.

Analisando comparativamente o movimento de acesso à justiça, Cappelletti constatou três ondas (*waves*) que invadem em número crescente os Estados contemporâneos.

A primeira onda data da representação legal do pobre: a pobreza como obstáculo ao acesso ao Judiciário. Não se trata só da pobreza econômica, mas também de seus efeitos culturais, sociais e jurídicos, que levam ao desconhecimento de seus direitos e à descrença neles.

Procuram-se soluções antes do processo (assistência jurídica) e durante a causa (patrocínio gratuito para ação e defesa e atendimento das despesas processuais).

A segunda onda diz com a proteção aos interesses difusos.

Fruto de fenômenos de massa, o problema social reside não só nas hipóteses de consumo, fraude publicitária, adulteração de alimentos, poluição, como também em relação a minorias raciais e outras minorias (idosos e jovens).

Alerta-se para a insuficiência da mera aprovação de leis processuais ou materiais sobre o tema, sem a necessária mudança da mentalidade do jurista. Nesse ponto há de se estar atento aos efeitos de princípios consagrados, tais como divisão entre direito público e direito privado, legitimação ativa e extensão da coisa julgada.

A terceira onda diz respeito ao risco da burocratização do Poder Judiciário. Nesse particular, aparecem duas propostas. A primeira fala de uma atuação mais humana do julgador para acolher os consumidores pobres que agora acorrem ao Judiciário, bem como para protegê-los sem denegar justiça. Depois, fala na simplificação do procedimento e dos atos judiciais e do próprio direito substancial.

Também no acesso à justiça, há causas e conclusões que a todo instante aparecem nesta obra: a superação do modelo liberal tradicional de sociedade do tipo *laissez faire*, exagerado, e o descompasso com a legislação e com a mentalidade do jurista para atendimento político-jurídico de demandas de quem antes não tinha acesso ao Poder Judiciário. As novas demandas obrigam uma metamorfose na abordagem individualista (tradicional) do direito para um enfrentamento coletivizado. Além disso - que parece o mais importante - muda a ótica de observação. Agora não mais prevalece o ponto de vista do produtor do direito (legislador/lei/, juiz/Judiciário). Prevalece a ótica do consumidor do direito e da justiça. Dá-se ênfase ao consumidor, e não ao produtor do direito. (Cappelletti, 1985, p. 16).

Erige-se o acesso à justiça como princípio informativo da ação e da defesa, na perspectiva de se colocar o Poder Judiciário como local onde todos os cidadãos podem fazer valer seus direitos individuais e sociais. "Seria incompreensível que o Estado estabelecesse o direito e não estabelecesse concomitantemente uma atividade específica, tendente a garantir a sua eficácia nos casos de violação" (Rocha, 1991, p. 52). Nesse sentido é "imprescindível encarar o processo, que é instrumento estatal, como algo de que o Estado se serve para a consecução dos objetivos políticos que se situam por detrás da própria lei" (Dinamarco, 1987, p. 235).

Enfim, como diz Kazuo Watanabe (1988, p. 128): "a problemática do acesso à Justiça não pode ser estudada nos acanhados limites do acesso aos órgãos judiciais já existentes. Não se trata apenas de possibilitar o acesso à Justiça enquanto instituição estatal, e sim de viabilizar o *acesso à ordem jurídica justa*".

3.2.1. PRINCÍPIO DA DEMANDA

Sinonímia

Princípio da ação. Princípio da disponibilidade. Princípio do pedido. Princípio da liberdade do direito de ação. Princípio da iniciativa da parte. Princípio monopolístico do cidadão de movimentar o Poder Judiciário. Princípio da promoção do processo, *nemo iudex sine actore*.

Enunciado

É do cidadão, e não do juiz, a iniciativa de movimentar ou não movimentar o Poder Judiciário.

Conteúdo

Antes de iniciar a abordagem sobre o princípio da demanda, é indispensável que o leitor tenha presente as distinções entre princípios de conteúdos próximos apresentadas nas considerações iniciais a este capítulo.

Feitas as distinções, cumpre discorrer um pouco sobre o princípio da demanda.

Quando o Estado retirou do particular o direito de fazer justiça privada, e com as próprias mãos, deu-lhe, em troca, o direito-poder de movimentar um dos órgãos do Estado para resolver seus conflitos. Fora dessa época de barbárie, pode-se dizer que o princípio da demanda sempre existiu no processo civil. Já não se pode dizer o mesmo no processo penal, que em sua história registra um sistema chamado de *cognitio*. O pretor romano podia iniciar um processo penal contra qualquer pessoa. Bastava que tivesse notícia do cometimento de um delito.

Como ensina Athos Gusmão Carneiro (1993, p. 7), o princípio impõe-se no direito brasileiro com raríssimas exceções e assim também nos demais países ocidentais não-socialistas. O ex-Ministro do Superior Tribunal de Justiça esclarece que, mesmo nos países socialistas (antigamente de orientação marxista) "igualmente vigorava o princípio da necessidade da demanda, ajuizada pela parte interessada como, freqüentemente, pelo agente do Ministério Público ou por substituto processual, admitidas algumas exceções em matéria de execução". No Brasil, o princípio está previsto no art. 2º e também no art. 262 do CPC. Por sua vez, o art. 282 do mesmo diploma, indicando o conteúdo da petição inicial, também é referência legislativa pertinente.

A adoção do princípio do pedido pela parte afasta o princípio inquisitivo na iniciativa do processo, no qual o mesmo órgão que julga instaura a causa. Hoje, no Brasil, tanto o processo cível como o processo penal, com poucas exceções, adotam o princípio de iniciativa da parte. Evidentemente, quando se fala em iniciativa na movimentação do Judiciário, está-se falando na iniciativa qualificada pela representação de um técnico: advogado (no cível) e Ministério Público (na maioria das ações penais). Ademais, esta iniciativa, no cível, vale tanto para a ação quanto para a reconvenção (art. 315 do CPC). Estão impedidos de agir pelo princípio da demanda, tanto os juízes de primeiro grau como os de segundo grau de jurisdição.

Assim, de regra, não há processo civil sem demanda. A Constituição, de um lado, assegura a todos o direito de petição aos Poderes Públicos (letra *a*, inc. XXXIV, do art. 5º). Por outro lado, nenhum juiz poderá prestar a tutela jurisdicional senão quando a parte ou o interessado a requerer, nos casos e nas formas legais (art. 2º do CPC).

Como visto, o princípio da inércia da jurisdição e o da demanda têm conteúdos similares, só mudando o prisma da análise. A inércia é analisada pelo lado passivo: é a jurisdição que aguarda passivamente a iniciativa da parte pela demanda. Já a demanda é vista pelo lado ativo: é a parte que movimenta a jurisdição que, por princípio, é inerte. Ovídio Baptista da Silva (1991, p. 49) desdobra o princípio da demanda em dupla faceta: movimentador da jurisdição e limitador da ação do juiz nos limites daquilo pelo qual foi movimentado o Poder Judiciário. Reconhecemos que o princípio da adstrição do juiz ao pedido da parte é, sem dúvida, uma consequência do princípio da demanda, mas preferimos separá-los e alinhá-los em capítulos próprios.

A disponibilidade informa o princípio da demanda também de forma negativa. A parte, mesmo sentido-se prejudicada, pode deixar a questão como está. Esta face negativa do princípio é importante porque, sem perder a disponibilidade, a parte é livre de permanecer no estado em que está. Ninguém, por pior que seja o prejuízo do titular do direito de acionar, pode obrigar a parte a provocar o Poder Judiciário para resolver o litígio. Ninguém pode ser obrigado a exercer ou deixar de exercer o que lhe caiba. A compulsoriedade de exercício de uma faculdade legal ou de um direito subjetivo contradiz o próprio conceito de direito. No Brasil não há, como na Constituição decretada pela Assembléia Federal da Confederação Suíça, uma regra dizendo que "Nenhuma pessoa pode ser forçada a fazer valer contra sua vontade, ou antes do que queira, o direito, real ou provável, que tenha" (art. 41). Aqui, o efeito negativo do princípio da disponibilidade advém tanto da inexistência de legislação em contrário, como do inc. II do art. 5º da Constituição, que diz: "Ninguém pode ser obrigado a fazer ou deixar de fazer alguma coisa senão em virtude de lei".

Dessa forma, de regra, o cidadão tem plena liberdade de usar ou não usar seus direitos. Vale ressaltar, ainda, que a parte tem a liberdade de limitar subjetivamente sua ação. Vale dizer, no processo civil não vigora o *princípio da indivisibilidade da ação*, como acontece no processo penal. Em sede criminal, pedir punição de uns e não de todos os ofensores não é solicitar justiça, mas exercer vingança. Por isso, o art. 48 do Código de Processo Penal prevê que a "queixa contra qualquer dos autores do crime obrigará ao processo de todos, e ao Ministério Público velará pela sua indivisibilidade". A indivisibilidade não vigora na ação civil. Porém, o interesse público cada vez mais prevalente no processo civil permite meditar sobre eventual abuso no direito de litigar. O eventual espírito de vindita do autor, que escolhe uns responsáveis e deixa outros de lado, influenciará no julgamento pela via do comportamento da parte como meio de prova.

Em situações cada vez mais freqüentes (em face da publicização do processo), apesar de os direitos estarem sob domínio e na esfera do interesse do particular, prevalece o interesse da sociedade sobre o direito do indivíduo, diz-se então, direitos indisponíveis. O cidadão, apesar de possuir o domínio sobre o direito, não pode livremente dispor, usá-lo ou não usá-lo. De regra, são públicos os direitos de interesse e utilidade geral, social ou universal. Por igual, direitos que se referem às bases econômica, política ou organizacional da vida em sua finalidade social são indisponíveis. Em verdade, não existe uma norma, um rol ou uma situação clara e isenta de confusão do que venham a ser direitos disponíveis ou indisponíveis, do que seja e quando seja de interesse público ou privado. A indisponibilidade não discrimina. A indisponibilidade e o interesse público prevalente sobre determinado direito vão surgir da interpretação do caso concreto conjugada com a valorização dada pelo legislador. Tanto pode ser indisponível o direito privado como o direito público. (Machado, 1989, p. 52)

Quando prevalece o interesse público sobre determinados direitos, estes são indisponíveis. Vejamos algumas situações. Em geral, só as partes têm a disponibilidade de entrar ou não entrar com ação. Há, contudo, caso de exceção ao princípio da promoção pela parte que - aparentemente - tem pouca relação com direitos indisponíveis. Os herdeiros, em tese, deveriam ter liberdade de não entrar com o processo de inventário. Aparentemente, são prevalentes os direitos dos herdeiros sobre o interesse do Estado. Contudo, a abertura do inventário pode ser de ofício pelo juiz nas hipóteses do art. 989 do CPC.

Por outro lado, há direitos induvidosamente indisponíveis para as partes (tais como direito à vida, à integridade pessoal, à liberdade, ao nome, à imagem, à honra) dos quais ao juiz cível não é dada a liberdade de iniciativa. Aliás, apesar de tratar-se de direitos indiscutivelmente indisponíveis, mesmo no momento da sentença o juiz deve ater-se aos limites do pedido (art. 460 do CPC) (Moreira, 1986, p. 8).

Ou seja, o princípio da iniciativa da parte comporta exceções. O art. 989 do CPC autoriza o juiz a instaurar de ofício inventário se os outros legitimados não o fizerem em 30 dias após aberta a sucessão. O art. 1.113 autoriza, nas hipóteses que menciona, o juiz, de ofício, a alienar em leilão bens depositados judicialmente. Pelo art. 1.129, o juiz pode determinar de ofício que o detentor do testamento o exiba. Poderá de ofício o juiz, ainda, determinar a arrecadação de bens, quer em herança jacente (art. 1.142), como de bens de ausentes (art. 1.160). Ainda mais, poderá decretar a falência de ofício nas hipóteses do art. 162 da Lei de Quebras (Decreto-Lei 7.661/45). Por igual, e a qualquer tempo, o juiz, cível ou criminal, pode dar ordem de *habeas corpus*, sem necessitar de provocação de qualquer interessado (§ 2º do art. 654 do Código de Processo Penal). Também o Código Eleitoral e o Estatuto da Criança e do Adolescente trazem diversas disposições que autorizam atividades que excepcionam o princípio da inércia da jurisdição.

Há, por exemplo, violação ao princípio da demanda quando, em processo de separação, o juiz sentencia, sem qualquer requerimento das partes, no sentido da decretação do divórcio. Ademais, vale registrar algumas tentativas de, por via cautelar, proibir pessoas de exercerem seu direito de ação.

A passagem de direitos tradicionalmente considerados disponíveis para indisponíveis não se faz sem resistência. É que o princípio monopolístico do cidadão de movimentar o Poder Judiciário guarda inescondível resquícios do domínio liberal individualista que o processo sofreu por séculos. A resistência ideológica muitas vezes se faz contra doutrina prevalente e até mesmo previsão constitucional. É o que acontece com os direitos e deveres referentes à propriedade privada (no direito material) e aos poderes investigatórios do juiz no direito processual civil. Em sede processual, a mentalidade liberal-individualista tem dificuldade de entender algumas situações. O cidadão tem plena e inarredável liberdade de dispor de seus direitos materiais no momento de exercitar seu direito de tutela jurídica (*princípio da demanda*) e dos fatos que comporão o litígio (*princípio dispositivo*); contudo, o cidadão não dispõe do monopólio do funcionamento e do curso do processo. Uma vez movimentado o Poder Judiciário cível, o curso e o andamento do processo são indisponíveis para as partes. Movimentada a jurisdição pela ação, o processo se desenvolve por regras próprias que se submetem ao *princípio do debate*.

Nestes tempos de preocupação publicística e social do direito em geral e do processo em particular, o princípio da ação está a desafiar o processualista moderno. Não se pode esquecer que o pobre, por exemplo, desconhece seus direitos. Quando os intui, muitas vezes têm dificuldade de expressá-los. Assim, conseguir ter acesso ao Judiciário cível já é, para o pobre, uma grande conquista. Contudo, infelizmente, acabam representados por advogados pouco preparados ou ainda em preparação. Assim, seja por defeito de forma ou por desconhecimento do fundo, muitas vezes o verdadeiro direito do pobre só vai aparecer ao longo do processo. E é claro, não raro estará fora do pedido inicial. Nesses casos, o jurista está desafiado a informalizar de tal modo o processo e amenizar o princípio a ponto de, iniciada a demanda, seja viabilizado chegar-se com sucesso ao atendimento do real bem da vida pretendido pelas partes, independente dos limites do pedido.

Também aqui não cabe uma interpretação dogmática e desapegada da dimensão valorativa do direito. Sempre haverá, por exemplo, possibilidade de acolher-se e incentivar acordo entre as partes para adaptação e ampliação dos limites da ação. Inviável o acordo, não se há de perder de vista que o processo se legitima através do princípio do contraditório. Logo, atendida a bilateralidade da audiência, está aberto o campo para - desprezados formalismos inúteis - a busca da efetividade do processo.

Enfim, o cidadão tem plena liberdade e autonomia para movimentar o Poder Judiciário como, quando e na medida que ele quiser. Nada ou ninguém pode evitar o uso desse direito. No exercício do princípio da demanda, a parte pode apresentar seu direito de forma total ou parcial e da maneira que melhor lhe aprouver. Pode, também, renunciar e/ou desistir desse direito antes ou depois de intentada a ação. Atentando-se para o comentário que segue sobre o *princípio da autonomia da ação*, ver-se-á que se trata de um direito potestativo que o cidadão tem, não contra a outra parte, mas contra o Estado.

Ver também: princípio da inércia da jurisdição, princípio da adstrição do juiz ao pedido da parte, princípio dispositivo.

3.2.2. PRINCÍPIO DA AUTONOMIA DE AÇÃO

Sinonímia

Princípio da incondicionalidade. Princípio da ausência de limites no uso do direito de ação.

Enunciado

O direito de provocar o Poder Judiciário não está submetido a qualquer condição.

Conteúdo

O princípio da demanda tem a sua dimensão eminentemente prática através do princípio da autonomia da ação. Isso significa que o direito que o cidadão tem de demandar a atuação do Poder Judiciário, ou seja, o direito de ação, para ser exercido, não está submetido a limites.

A ação, aqui entendida como direito de movimentar o Poder Judiciário, é autônoma em relação ao direito material pretendido por aquele que intenta a ação.

Não cabe neste ponto uma retrospectiva histórica sobre o conceito de ação. Vale salientar, contudo, que se chegou a pensar que a ação e o direito subjetivo coincidiam. A ação seria imanente ao direito material pretendido pela parte. Essa teoria hoje está totalmente superada, a despeito de guardar resquícios no art. 75 do nosso Código Civil quando diz que a todo o direito corresponde uma ação que o assegura. Essa autonomia do direito de ação em relação ao direito material invocado deve-se à polêmica envolvendo Windscheid e Muther. Do debate, resultou para a ciência processual a certeza que a ação é um direito que a parte invoca em face do Estado totalmente independente do direito material em debate no curso do processo. Contudo, se essa polêmica já faz parte da história, outra ainda continua viva.

Assentado que a ação é autônoma, os processualistas discutem se o direito de ação é um direito concreto (por guardar relação com o direito material) ou é um direito abstrato (podendo então ser exercido até contra o direito). Ressalte-se, ainda, uma terceira posição legislativamente prevalente no Brasil por influência do jurista italiano Tulio Liebman: a ação é abstrata quanto ao resultado e concreta quanto ao nascimento. Logo, é um direito submetido a condições, tais como legitimidade de parte, interesse de agir e possibilidade jurídica do pedido. Não cumpridas as condições, o autor será carente de ação e processo extinto sem apreciação do mérito (art. 267, inc. VI, do CPC).

A consagração legislativa não esgotou o debate. Araken de Assis (1977) sintetiza a crítica. As condições nunca condicionam o direito de agir, pois sem elas a parte pode chegar ao Supremo Tribunal Federal. Não faz sentido chamar-se o autor de carente de ação quando na verdade ele não tem direito material para amparar-lhe o pedido. A teoria favorece discussões acadêmicas. Por outro lado, Galeno Lacerda (1985) e Adroaldo Furtado Fabrício (1989), por razões diferentes, consideram as condições da ação matéria de mérito.

O princípio da autonomia da ação incide, inclusive, quando exercida em sede de reconvenção. Sabe-se que, num processo, o réu, além de defender-se, pode exercer o seu direito de demanda contra o autor, utilizando a via reconvencional. Aliás, quando se trata de reconvenção, incide, ainda, um outro princípio, qual seja, *o princípio da autonomia da reconvenção.* Como ensina Calmon de Passos (s. d. , p. 326), é correto falar-se em unidade da relação processual, com diversidade ou autonomia de ações. Há autonomia das pretensões de direito material deduzidas em juízo. Esta autonomia é derivada da possibilidade de constituir, cada qual delas, objeto de uma ação autônoma. Assim, havendo extinção do feito principal, seja qual for a causa, nada obsta ao prosseguimento da reconvenção (art. 317 do CPC). Claro, a recíproca também é verdadeira. Havendo ação e reconvenção, a extinção desta não obsta o prosseguimento daquela.

O tempo não é fato que limite a autonomia da demanda. A parte poderá movimentar o Poder Judiciário mesmo em caso de prescrição e decadência. É que a declaração judicial de tal ocorrência já pressupõe o efetivo exercício do direito de demanda.

Como se vê, trata-se de um direito público subjetivo, anterior ao próprio processo. Enfim, verdadeira garantia individual de liberdade dos cidadãos.

O processo precisou deste distanciamento do direito material para se firmar como ciência autônoma. E isso produziu conseqüências danosas, que buscamos evitar em nossos dias.

A primeira dessas conseqüências, diz Ovídio Baptista da Silva (1994, p. 186), é o desprezo com que os processualistas tratam os temas ligados à classificação de ações (de direito material) e sentenças (de procedência). Entendem que isso é tema de direito material. A outra conseqüência diz respeito ao modo como a jurisdição acabou sendo concebida pelos processualistas. A partir de um pressuposto ideológico, decorrente das doutrinas liberais de inspiração francesa, surgiu a necessidade de limitar a função jurisdicional à tarefa exclusivamente declaratória do direito.

Não se pode confundir: a ação é abstratamente inicial, mas o processo é concretamente finalístico. Com efeito, não se pode confundir o abstrativismo que informa o direito do cidadão de *movimentar* o Poder Judiciário com seu conteúdo e a absoluta necessidade de que a atividade dentro do processo se dirija para uma solução tão concreta quanto justa.

O rumo da efetividade social do processo obedece à necessária relação entre os planos de direito material e direito processual. Claro, não é a volta à teoria imanentista. Contudo, a leitura do art. 75 do Código Civil ("a todo direito corresponde uma ação que o assegura") e do inc. XXXV do art. 5º da Constituição Federal ("a lei não excluirá da apreciação do Poder Judiciário lesão ou ameaça a direito") deve ter *sonoridade moderna.* Esses textos legais devem ser lidos como se neles estivesse escrito que a toda *afirmação de direito* (e não um direito efetivamente existente) corresponde uma ação que a assegura. Assim, "a perspectiva de direito material possibilita o ajuste da ação processual às peculiaridades da pretensão de direito material" (Marinoni, 1993, p. 130).

O Judiciário é um poder aberto aos cidadãos e que se põe a serviço da sociedade na busca de justiça social com a só afirmação de um direito. Não é por outra razão que o art. 3° do CPC diz que "para propor ou contestar ação" (basta) "ter interesse e legitimidade". Logo, não é necessário, para propor ou contestar ação, que se tenha desde logo a absoluta certeza do direito. Basta que se tenha interesse de buscá-lo e se o afirme ao juiz.

Completa-se este poder do cidadão com a igual liberdade de alegar os fatos e fazer os pedidos que entender pertinentes ao justo atendimento de seu interesse. Isso, contudo, já compõe o *princípio dispositivo* que veremos a seguir.

3.2.3. PRINCÍPIO DISPOSITIVO

Sinonímia

Princípio da congruência. Princípio dispositivo em sentido material.

Enunciado

As partes têm plena liberdade de limitar a atuação do juiz aos fatos e aos pedidos que elas entendem necessários para compor a lide.

Conteúdo

Para melhor entendimento do conteúdo que aqui é dado ao princípio dispositivo, é indispensável que se remeta o leitor às considerações iniciais do capítulo onde se apresentam distinções entre princípios de conteúdos similares.

Vale, contudo, rápida e parcial recapitulação.

Viu-se, no princípio do acesso à justiça e da demanda, que, na enorme maioria dos casos, o cidadão tem liberdade de movimentar o Judiciário cível. Ninguém pode ser obrigado a agir, ninguém pode ser impedido de agir. Mais: as partes têm liberdade também de limitar a atuação investigativa do juiz (e do processo) aos fatos que elas trazem para os autos e quanto aos pedidos (provimento jurisdicional) que elas entendem suficientes para a solução do conflito. Esta liberdade de alegar fatos e apresentar pedidos chama-se o *princípio dispositivo*. O *princípio da ampla defesa* contempla esta liberdade e trata de forma geral de sua extensão quanto às alegações, às provas, enfim às garantias de um devido processo legal. O princípio dispositivo engloba também a liberdade das partes quanto à formulação dos pedidos. Mas, visto do ponto de vista do juiz, o princípio que vai informar a decisão chama-se *princípio da adstrição do juiz ao pedido da parte*.

Dependendo do sistema processual, o poder de vinculação que compõe o princípio dispositivo pode ser maior. Assim, à parte era confiada a formação, não só do manancial fático que compõe o processo, mas também das provas. Daí o brocardo: *judex secundum allegata et probata partium judicare debet*. Haverá, assim, vigência plena de um sentido liberal-individualista, em que as partes são donas do processo.

Nesse período, o juiz era um mero espectador do movimento das partes dentro do procedimento, não podendo tomar conhecimento de provas que não foram requeridas pelas partes. O juiz devia permanecer impassível, mesmo diante da maior injustiça. Para as Ordenações Filipinas: "todo julgador dê a sentença definitiva segundo o que achar alegado e provado de uma parte e da outra, ainda que lhe a consciência dite outra coisa e êle saiba ser a verdade em contrário do que no feito fôr provado." (III, LXVI, proêmio).

A publicização do processo retirou do princípio dispositivo a liberdade das partes de limitar a atuação do juiz em relação à prova. Caberá ao juiz de ofício ou a requerimento da parte, determinar as provas necessárias à instrução do processo (CPC, art. 130). Permaneceu, contudo, a disponibilidade em relação aos fatos: *judex secundum allegata partium judicare debet*.

Hoje, tanto nas postulações para o primeiro como naquelas para o segundo grau de jurisdição e assim também nos recursos especiais e extraordinários, o vigor do princípio dispositivo reside na liberdade das partes em limitar os fatos e os pedidos. A parte dispõe do objeto do processo e da causa de pedir que comporão o processo. O juiz decidirá a lide nos limites em que foi proposta, sendo-lhe defeso conhecer de questões não suscitadas, a cujo respeito a lei exige a iniciativa da parte (art. 128 do CPC).

Já quanto à prova - como se verá em lugar próprio - vigora o princípio da livre investigação pelo juiz. Em verdade, a ideologia liberal incrustada ainda em muitas mentalidades, principalmente jurídicas, talvez de forma inconsciente, resiste à restrição do princípio dispositivo somente aos fatos articulados pelas partes. Contudo, a restrição, além do apoio doutrinário a ser visto mais adiante, tem plena aplicação na nossa legislação processual desde o Código de 1939 (art. 117) e no atual (CPC, art. 130).

Com este sentido deve-se entender a exposição de motivos (nº 18), quando diz que o Código consagra o princípio do dispositivo, mas reforça a autoridade do Poder Judiciário.

Justifica-se a liberdade das partes em limitar a investigação fática que comporá o processo. Claro, ninguém melhor do que as partes (pelo menos antes de iniciado o processo) para a escolha de fatos que comporão a lide processual. Com a liberdade de alegar fatos que quiserem e de silenciarem sobre fatos que não pretenderem ver investigados, as partes dispõem do objeto litigioso do processo e fixam o *thema decidendum*. Assim, o dispositivo diz com a causa de pedir e com isso determina o âmbito do juízo. Enfim, quanto aos fatos, o princípio dispositivo faz valer o ditado "o que não está nos autos não está no mundo".

Costuma-se fundamentar o princípio dispositivo na necessidade de manter o juiz estranho ao processo. Ou seja, seria uma salvaguarda da imparcialidade do juiz.

Nos termos da lei, o juiz decidirá a lide nos limites em que foi proposta (art. 128 do CPC). A lide, como entidade sociológica já fora da jurisdição, vem parcialmente ao processo, não com toda essa sua extensão. É neste limite, nesta parte em que foi trazida ao juiz, que este deve exercer sua atividade processual (Barbi, 1975, p. 524).

O princípio dispositivo, dando liberdade às partes de limitar a atuação do juiz aos fatos alegados, é o perfeito meio-termo entre o *juiz ditador* do processo inquisitivo e o *juiz espectador* de outrora, inclinando-se pelo *juiz diretor do processo* (Vieira, 1976, p. 175).

É mais fácil entender o âmbito do princípio dispositivo referindo a limitação do juiz. Assim, o juiz fica adstrito aos fatos, ao conflito, à lide. Não poderá:

1. Conhecer de controvérsia (questão) que só pelas partes pode ser suscitada.

2. Buscar fatos não alegados pelas partes.

3. Determinar quais as questões que vai julgar.

4. Admitir, considerar ou ter por base outros fatos a não ser os alegados pelas partes.

Antonio Janir Dall'Agnol Jr., falando sobre o princípio dispositivo no pensamento de Mauro Cappelletti, anota com clareza os dois momentos que compõem a liberdade do cidadão no direito de ação.

Num primeiro momento - antes de movimentar o Poder Judiciário - incide o princípio do acesso à justiça, também chamado de disponibilidade (*Dispositionsmaxime* ou *Verfügungsgrundsatz*, como conceitua a doutrina tedesca). Ou seja, há plena liberdade dos indivíduos de intentar ou não intentar ação, de narrar ou não narrar fatos e de pedir ou não pedir.

Contudo, movimentado o Poder Judiciário, começa um segundo momento em que o cidadão se submete e se conforma às exigências próprias de um instrumento estatal posto à sua disposição. Optando pelo processo, a parte tem direitos e deveres normatizados por um princípio diferente daquele da liberdade plena que tinha antes. O cidadão, agora chamado de parte, se submete ao princípio do debate *(Verhandlungsmaxime,* em língua alemã; ou *trattazione* em italiano). (Dall'Agnol, 1989)

Quando se submete ao princípio do debate, a parte não perde a liberdade de agir, mas age nos limites a que está submetida pelo processo. Movimentado o processo, o princípio do debate impõe deveres às partes (agir com boa-fé, dar andamento ao processo, por exemplo) que, de certa forma, lhe tolhem a liberdade plena. O juiz, por sua vez, pode produzir prova, mesmo contra a vontade das partes . O princípio do debate é ligado ao processo, por isso dele falaremos em momento próprio.

Quanto ao princípio dispositivo, cumpre concluir referindo o desafio que ele impõe ao processualista moderno.

Tratando-se de um resquício da ideologia liberal-individualista, o princípio dispositivo resiste. Resiste pela falsa sedução do discurso liberal. A resistência se faz através da hipertrofia e do sentido equívoco que se dá ao princípio. Mas também, como mostra Barbosa Moreira (1985, p. 147), através de certos setores (inclusive da mais autorizada doutrina), que vê com reserva, quando não com aberta desconfiança, a atuação espontânea do juiz na pesquisa da verdade. Costuma-se usar o argumento *ad terrorem* quanto ao temor da parcialidade judicial, "como se não existissem outros meios, bastante eficazes, de conjurar o risco".

É indispensável que se entenda: com a publicização, o processo não tem donos. A busca da verdade é uma tarefa tanto das partes como do Estado. E não há como negar: o princípio dispositivo é um obstáculo à busca da verdade real. Hoje o Poder Judiciário sofre o descrédito na opinião pública. Pode-se justificar o baixo conceito do órgão julgador por problemas formais (morosidade), mas não se pode esquecer que ainda domina em muitos juízes (e juristas) a idéia de processo como "coisa das partes" (Jardim, 1986, p. 169).

Por isso, o processualista moderno está constantemente desafiado a pensar o princípio dispositivo, abrandando o seu rigor formal, uma vez que "o processo deixou de ser considerado como instrumento de interesse preponderante das partes e passou a ser visto principalmente como meio de ação do Estado, para atuar as leis que editou." (Barbi, 1986, p. 530).

Enquanto isso, a plena disponibilidade que informa o princípio dispositivo lança seus efeitos libertários também para a defesa, que - como se verá a seguir - deve ser ampla.

Ver também: princípio de acesso à justiça, princípio da estabilidade da demanda, princípio do debate, princípio da livre investigação da prova.

3.2.4. PRINCÍPIO DA AMPLA DEFESA

Sinonímia

Princípio da defesa plena.

Enunciado

O cidadão tem plena liberdade de, em defesa de seus interesses, alegar fatos e propor provas.

Conteúdo

A defesa não é uma generosidade, mas um interesse público. Para além de uma garantia constitucional de qualquer país, o direito de defender-se é essencial a todo e qualquer Estado que se pretenda minimamente democrático. A defesa plena é garantida pela nossa Constituição Federal (inciso LV do art. 5º).

O princípio da ampla defesa é uma conseqüência do contraditório, mas tem características próprias. Além do direito de tomar conhecimento de todos os termos do processo (princípio do contraditório), a parte também tem o direito de alegar e provar o que alega e - tal como o direito de ação - tem o direito de não se defender. Optando pela defesa, o faz com plena liberdade. Ninguém pode obrigar o cidadão a responder às alegações da outra parte, mas também nada e ninguém pode impedi-lo de se defender. Ademais, nada pode limitar o teor das alegações defensivas.

Como ensina Eduardo Couture, citado por Justino Magno Araújo, (1982, p. 55), a plena defesa não se limita à contestação. Ampla como "desviar de um golpe" (origem do nome), a defesa é um "modo de luta" que compreende:

a) um conjunto de atos tendentes a proteger um direito, seja mediante a exposição das pretensões inerentes ao mesmo, seja mediante a atitude de repelir as pretensões do adversário;

b) função dos advogados no patrocínio de seus clientes;

c) exceções dilatórias, peremptórias ou mistas, contra a demanda principal.

Faz parte da ampla defesa, por exemplo, o privilégio que tem o réu de só responder nos autos após conhecer as razões do autor, inclusive quando se trata de apresentação de memoriais.

A ampla defesa no processo civil caminha para aproximar-se da defesa penal. Podemos dizer, com Antonio Acir Breda (1980, p. 190), que ampla defesa contém duplo significado: a autodefesa e a defesa técnica. A autodefesa representa o direito subjetivo disponível que tem o acusado de *autodefender-se*, inclusive comparecendo a todos os atos do processo. Já a defesa técnica é injunção legal indeclinável, um pressuposto inarredável ao válido desenvolvimento da relação processual.

A defesa também é chamada de exceção. Como exceção, a defesa tem sentido equívoco. Ora são chamadas de *formais* ou *processuais* quando a defesa é dirigida em relação ao processo, e *substanciais* (ou *materiais*) quando se referem ao mérito. Serão *exceções dilatórias* quando neutralizam temporariamente a ação ou *peremptórias* quando a neutralizam definitivamente. A linguagem da nossa lei processual civil não contempla tais distinções. No CPC, a palavra exceção é reservada para significar a defesa que a parte pode fazer contra a competência (exceção de incompetência) e a parcialidade do juiz (exceção de suspeição ou impedimento).

Cretella Jr. (1992, p. 534) entende que o "princípio nada tem com o processo civil, onde há réus sem direito à defesa, antes da condenação". É certo que a defesa é tema tratado mais agudamente pelo processo penal. Contudo, a Constituição Federal de 1988 inovou em profundidade, pois "fez com que o princípio alcançasse expressamente o processo civil e administrativo, pois na carta revogada havia previsão expressa da garantia do contraditório somente para o processo penal." (Nery Jr., 1992, p. 120).

Agora, a Constituição não distingue área de atuação. Assim, aos litigantes, em processo judicial, seja ele cível, criminal ou administrativo, e aos acusados em geral, são assegurados o contraditório e ampla defesa, com meios e recursos a ela inerentes (art. 5º, LV, da CF).

Em razão do exposto, se nos afigura inconstitucional o § 3º do Decreto-Lei 911/69 limitando ao réu, na contestação de ações de busca e apreensão de bem alienado fiduciariamente, somente alegação de pagamento. Em verdade, a ampla defesa no cível ainda tem sido considerada como ônus, e não dever, como acontece no processo penal. Tanto assim que nosso CPC diz que o réu poderá oferecer, no prazo de 15 dias, em petição escrita, contestação, exceção e reconvenção. Não temos no cível, como temos no processo criminal, a obrigatoriedade de nomear defensor dativo quando o réu não comparecer (CPP, art. 396, parágrafo único).

É inconfundível a disponibilidade do direito material (interesse privado) com a disponibilidade do direito processual (regida por interesse público). Por isso, o interesse público que informa também o processo civil tem feito o princípio da defesa cada vez mais abrangente.

Não há como negar o desconforto de trabalhar-se com processo onde não há defesa efetiva e plena. O acesso ao Judiciário e a bons advogados é tanto difícil para o autor como para o réu. Assim, extrapolando o só interesse da parte, a defesa vai interessar ao próprio interesse da comunidade.

Humberto Theodoro Júnior (1991, p. 14), citando Fritz Baur, mostra como o princípio do devido processo legal engloba, além da *proteção judiciária* (direito ao processo), o direito à *completa proteção jurídica*, ou seja, a uma adequada proteção processual de quem precisa ser ouvido em juízo. Um Estado Democrático de Direito exige que o contraditório se revele *pleno* e *efetivo*, e não apenas nominal ou formal. Para tanto, não deve haver barreiras e entraves injustificáveis ao trabalho da parte em prol da demonstração de seu possível direito. "Todos os meios necessários têm de ser empregados para que não se manifeste posição privilegiada em prol de um dos litigantes e em detrimento do outro ... Somente quando as forças do processo, de busca e revelação da verdade, são efetivamente distribuídas com irrestrita igualdade, é que se pode falar em processo caracterizado pelo contraditório e ampla defesa".

Assim, o princípio da ampla defesa, para atender perfeitamente aos termos constitucionais, mais do que nunca, deve ser cuidadosamente informado pelo princípio da efetividade social do processo. Exige-se interpretação a mais abrangente possível. Não basta o só direito de defender-se; é indispensável, para que a defesa seja plena, que a parte tenha a liberdade de oferecer alegações e meios de uma defesa efetiva. Só assim ter-se-á certa paridade de partes no processo.

Já se podem notar algumas manifestações preocupadas com a efetividade na proteção do princípio. Por exemplo, não convém que se retire dos autos eventual contestação e outras respostas processuais fora de prazo, pois (ainda que eventualmente não se considerem os fundamentos de fatos ali apresentados) são relevantes os fundamentos e a as razões de direito não cobertas pela revelia. Além disso, a insatisfatória atuação do procurador da parte pode viabilizar a admissão, conhecimento e consideração de prova documental desatempada (Ap. Cível 585013006, 3ª Câmara Cível do Tribunal de Justiça do Rio Grande do Sul).

Já referimos alhures o fortalecimento dos objetivos da concreta efetividade do processo e da ampla defesa na atitude do juiz gaúcho Paulo Felipe Becker. O digno magistrado costuma nomear curador ao réu revel, mesmo quando citado regular e pessoalmente. Sustenta aquele magistrado que o inc. LV do art. 5º da Constituição Federal lhe dá amparo. A partir de disposição análoga, contida nos parágrafos 15 e 16 do art. 153 da Constituição de 1969, sempre se deduziu que as normas jurídicas de hierarquia inferior deveriam dispor no sentido de que, se um acusado criminalmente não providenciasse sua defesa, o próprio Estado devesse suprir a omissão (Portanova, 1992, p. 118).

Enfim, algumas instituições próprias de processos tradicionalmente publicizados, como o penal e o do trabalho, podem ser pensadas para o cível (como, por exemplo, a intimação da sentença pessoalmente às partes).

Como ensina Justino Magno Araújo (1982, p. 70), a defesa é direito humano básico, visando a resguardar a individualidade, para que não sucumba ante o poder particular ou do Estado. Com esta carga de humanidade, a defesa não precisa se limitar a razões meramente legais. Pelo contrário: também aqui incide a visão pelo menos tridimensional do direito. Assim, razões de fato e também axiológicas podem ser alegadas. Não há como esquecer, vivemos um sistema capitalista cuja tendência é, excedendo-se na proteção do indivíduo, violentar o interesse social. Nesse passo, no princípio da ampla defesa está aberta a possibilidade de cogitações valorativas que, pelo menos no caso concreto, amenizem injustiças sociais.

Em verdade, de certa forma o princípio da concentração, que veremos a seguir, limita a liberdade de defender-se, pois determina que as razões de defesa sejam apresentadas na contestação.

Ver também: princípio do contraditório, princípio da eventualidade, princípio da consubstanciação.

3.2.5. PRINCÍPIO DA DEFESA GLOBAL

Sinonímia

Princípio da concentração (em matéria de contestação).

Enunciado

Compete ao réu alegar na contestação toda a matéria de defesa.

Conteúdo

A doutrina e a jurisprudência costumam englobar efeitos no princípio da eventualidade que aqui vão compartilhados com o princípio da defesa global ou concentração. Estamos preferindo apartar conteúdos sem negar a proximidade e até a complementariedade entre os dois princípios.

Assim, por um lado, temos a concentração como obrigatoriedade do réu de alegar, na contestação, toda a matéria de defesa. A eventualidade, como se verá, é mais ampla, pois trata da faculdade de qualquer das partes de alegar fatos alternativos e, inclusive, contraditórios entre si. Como se vê, a concentração diz mais proximamente com a parte-ré do processo, enquanto a eventualidade aplica-se também ao autor.

O princípio da concentração está previsto no art. 300 do CPC: "compete ao réu alegar, na contestação, toda a matéria de defesa, expondo as razões de fato e de direito, com que impugna o pedido do autor...".

Aqui, como no comentário ao *princípio da eventualidade*, convém remeter o leitor ao artigo de Everardo de Souza (1975).

A defesa global obriga o réu a produzir todas as suas razões de uma só vez, simultânea e cumulativamente, na contestação (e não sucessivamente em peças posteriores).

O objetivo do princípio é a delimitação da lide processual. Concentradas, as alegações colaboram com a disciplina e a ordenação dos fatos a serem investigados. Tanto quanto a eventualidade, a concentração das razões de defesa na contestação, visa a um processo mais seguro, mais leal e o equilíbrio de interesses entre as partes. Busca evitar malabarismos e manobras dilatórias das partes. Funda-se no princípio lógico e no da economia processual. Regulando a atividade das partes, projeta a dialética do processo e assegura a igualdade. Enfim, proporciona celeridade e atende às finalidades do processo, que é marcha à frente sem volta atrás.

Evita-se, com a concentração, que iniciada, por exemplo, a instrução probatória, as partes - e aqui especificamente o réu - ainda traga fatos e razões a serem contraditados pela outra parte.

O sistema, então, oferece ao réu a possibilidade de alegar todas suas razões, mas exige que tais razões venham de um só jato: na contestação. Depois disso o direito preclui.

Dessa maneira, pela defesa global, cabe ao réu manifestar-se precisamente sobre os fatos narrados na petição inicial. As conseqüências para o caso de infringência ao princípio são graves. Presumem-se verdadeiros os fatos não impugnados (CPC, art. 302).

No texto de Everardo de Sousa encontram-se procedentes críticas de autores italianos para a hipótese de rígida aplicação do princípio da eventualidade e da preclusão.

Corre-se o risco de sacrificar a justiça por amor à rapidez e à concentração. Com efeito, a exigência despreza as hipóteses, muito freqüentes, de causas bastante complexas nas quais possa ser necessária uma troca ulterior de alegações. A par dissso, é uma solução simplista que supõe erradamente que a parte ou seu patrono sempre podem ter formado um juízo definitivo sobre a causa, sobre a importância e a influência das várias questões, sobre a necessidade de tais ou quais meios de provas. Com efeito, a experiência mostra que muitas vezes a fisionomia da lide vai mudando progressivamente aos próprios olhos da parte, de acordo com as contestações do adversário ou com as necessidades supervenientes.

Por isso, o próprio Código já prevê algumas exceções.

O ônus da impugnação especificada dos fatos não se aplica ao advogado dativo, ao curador especial e ao orgão do Ministério Público (parágrafo único do art. 302).

Ademais, não incide a presunção de verdade para os fatos nas hipóteses do incs. do art. 302, ou seja,

I - se não for admissível, a seu respeito, a confissão;

II - se a petição inicial não estiver acompanhada do instrumento público que a lei considerar da substância do ato;

III - se estiverem em contradição com a defesa, considerada em seu conjunto.

Além disso, o art. 303 autoriza que, depois da contestação, sejam deduzidas novas alegações quando:

I - relativas a direito superveniente;

II - competir ao juiz conhecer delas de ofício;

III - por expressa autorização legal devem ser formuladas em qualquer tempo e juízo (por exemplo, prescrição).

No rumo dessas orientações legais, podem-se notar hipóteses de superamento na rigidez do princípio da concentração. É o caso, por exemplo, de falta de alegação de exceção de pagamento por deficiência grave de advogado (Ap. Cível 585013006. Tribunal de Justiça do Rio Grande do Sul).

Ademais, a presunção de verdade diz somente com questões de fato e nunca com questões de direito.

De qualquer forma, não devem os réus fiar-se em eventuais abrandamentos interpretativos. Melhor que aleguem logo em contestação toda a matéria de defesa. O sistema permite que tais alegações sejam até contraditórias entre si, como se verá a seguir com o *princípio da eventualidade*.

Ver também: princípio da eventualidade.

3.2.6. PRINCÍPIO DA EVENTUALIDADE

Sinonímia

Princípio da concentração. Princípio da acumulação eventual. Princípio do ataque e defesa global.

Enunciado

As partes têm obrigação de produzir, de uma só vez, todas as alegações e requerimentos nas fases processuais correspondentes, ainda que as razões sejam excludentes e incompatíveis umas das outras.

Conteúdo

Everardo de Sousa (1975, pp. 101-111) produziu texto sobre o princípio da eventualidade com tal completude que se torna difícil dizer mais do que disse o jurista goiano. Por isso, não há como deixar de remeter o leitor àquele texto, do qual o presente é singela resenha.

Como visto no princípio da concentração, o réu é obrigado a produzir todas as suas razões de uma só vez, simultânea e cumulativamente na contestação (e não sucessivamente nas peças que seguem no procedimento). O princípio da eventualidade, contudo, é mais abrangente. Com efeito, este princípio, também chamado da cumulação eventual, abrange não só as alegações de defesa, como também as de ataque, os requerimentos e as produções das provas. Ademais, a eventualidade incide tanto no processo de conhecimento como na execução e pertine não só às partes, mas também aos juízes de todos os graus.

Como se vê, a eventualidade como que complementa a obrigatoriedade de concentração, facultando que tais razões não guardem, necessariamente, relação umas com a outras. As razões devem vir de forma global, ainda que sejam excludentes e incompatíveis uma das outras.

O princípio incide tanto nas alegações como nos meios e no requerimento de provas. Quanto às articulações desimporta que sejam de forma ou de fundo, preliminares ou de mérito, de ataque ou de defesa, de ação ou de reação. A par disso, a eventualidade não se esgota na inicial e na contestação, mas se repete correspondentemente a cada fase processual.

O princípio viabiliza, deste modo, que a parte se previna legitimamente para a eventualidade de que, mais tarde, na hipótese de não serem acolhidas pelo julgador algumas das razões, passe o juiz a considerar, examinar e valer-se de outras. Enfim, algumas razões que a princípio podem parecer sem importância, ao final poderão ser úteis.

A idéia básica do princípio da eventualidade é concentrar nas manifestações das partes todas as alegações próprias para a fase processual em que elas se dão. Desimporta que tais alegações sejam incompatíveis entre si. O interesse maior não é a compatibilidade dos argumentos, mas a garantia de conhecimento de todas as alegações, tanto pela outra parte como pelo juiz.

O exemplo de defesa trazido por Couture, referido por Everardo, é significativo: em primeiro lugar, não me deste dinheiro algum; em segundo lugar, já o devolvi há um ano; em terceiro lugar, tu me asseguraste que era um presente; e por último, a dívida está prescrita.

O objetivo do princípio é a concentração, delimitação e disciplina ordenada das alegações e das provas. Visa a um processo mais seguro, mais leal e ao equilíbrio de interesses entre as partes. Busca evitar malabarismos e manobras dilatórias das partes. Funda-se no princípio lógico e no da economia processual. Regulando a atividade das partes, projeta a dialeticidade do processo e assegura a igualdade. Enfim, proporciona celeridade e atende à finalidade do processo que é marcha à frente sem volta atrás.

Como decidido pela Primeira Câmara Cível do Tribunal de Alçada do Rio Grande do Sul, "às partes incumbe, dispensável seria dizê-lo, na observação do princípio da lealdade processual, para não dizer da ética processual, apresentar e pôr com clareza e precisão os fatos - todos os fatos - e fundamentos jurídicos - todos os fundamentos jurídicos - na inicial e na contestação, com os quais pretendem contar para provar o que buscam no processo. O autor, se direito ou pretensão de direito material. O réu, o que invoca para constituir esse direito ou essa pretensão de direito material." (Apelação Cível 190049940).

A existência de um sistema dividido em estágios, fases e compartimentos estanques enseja a necessidade de preclusões e obriga a existência do princípio da eventualidade. Como se sabe, nosso sistema obedece a cinco fases: postulatória, saneadora, instrutória, sentencial e recursal. Assim, não se quer que, iniciada a fase da instrução probatória, as partes ainda postulem. A preclusão é a pena para quem desrespeita o princípio da eventualidade. Aliás, a relação entre eventualidade e preclusão é tão íntima que Theodoro Jr. (1981, p. 187) as apresenta como sinônimos. Porém, o instituto da preclusão é mais abrangente que a eventualidade. A tendência é o alargamento da preclusão que vai abarcar tanto o princípio da concentração como o da consubstanciação do pedido.

O sistema oposto ao nosso é o da liberdade processual, em que as alegações e as provas são produzidas à medida das necessidades das partes até antes da sentença. Com pequenas diferenças, o processo civil na França, Alemanha e Itália tem a eventualidade reduzida. São sistemas ainda vinculados ao individualismo liberal no qual as partes são "donas do processo".

Acolhendo a eventualidade, nosso processo civil preserva-se fiel às tradições do direito comum medieval: o de uma ordem legal necessária das atividades processuais, como uma sucessão de estágios ou fases diversas, nitidamente separadas entre si. O princípio da eventualidade obriga as partes a propor ao mesmo tempo todos os meios de ataque ou de defesa, ainda que contraditórios entre si.

Não se encontra expressa no código a possibilidade de as partes trazerem razões contraditórias e/ou incompatíveis. No nosso CPC a expressão legal do princípio está nos arts. 282 e 283, que obrigam o autor a articular fatos, fundamentos jurídicos e requerer provas já na petição inicial. É lícito formular mais de um pedido em ordem sucessiva (art. 289). Quanto ao réu, encontram-se nos arts. 300 e 301 que determinam a obrigatoriedade de todas as matérias de defesa, inclusive as formais. Por fim, o art. 517 só viabiliza apreciação de novas questões de fato na hipótese de não terem sido propostas no primeiro grau por motivo de força maior.

Como já foi dito, muitas vezes a fisionomia da lide vai mudando progressivamente e até surgem necessidades supervenientes. Não obstante, como se verá a seguir, o processo busca, talvez cedo demais, a estabilidade objetiva e subjetiva da lide.

Ver também: princípio da substanciação, princípio da concentração.

3.2.7. PRINCÍPIO DA ESTABILIDADE OBJETIVA DA DEMANDA

Sinonímia

Princípio da imutabilidade da *causa pretendi*. Princípio da substanciação.

Enunciado

O autor não poderá trocar de causa de pedir nem de pedido após a citação.

Conteúdo

Como visto, o cidadão tem plena liberdade de entrar com a ação cível ou não. Nada o impede de movimentar o Poder Judiciário, nada o impele à ação se preferir permanecer inerte. É o princípio do acesso à justiça. O comando ativo da disponibilidade é dado pelo princípio da demanda. Há de considerar-se, ainda, os fatos a serem investigados no processo. O princípio dispositivo faculta ao autor alinhar os fatos e os pedidos livremente. A ampla defesa viabiliza ao réu alegar o que entender necessário. Quanto aos fatos e pedidos articulados pelas partes, o juiz está adstrito.

Optando, porém, pelo processo, as partes submetem-se a um instrumento administrado pelo Estado-juiz, cujo interesse prevalente é o público. Assim, a prevalência não é do princípio dispositivo, mas outro, o do debate.

O princípio da consubstanciação é um desses limites que o interesse público que rege o processo impõe às partes. A liberdade das partes quanto aos fatos e aos pedidos constantes do processo sofre as limitações impostas em lei pelo Estado.

Como se vê, tanto a consubstanciação como a adstrição do juiz ao pedido da parte se referem aos termos da ação, mas um é conseqüência do outro. A consubstanciação impede que as partes alterem a causa de pedir e o pedido. Já a adstrição constrange o juiz aos limites que a imutabilidade impõe ao processo.

Como mostra José Ignácio Botelho de Mesquita (1982, p. 48), na determinação da *causa petendi* defrontaram-se duas doutrinas. Sem que houvesse critérios rígidos nas fronteiras de uma e outra teoria, juristas alemães dividiam-se entre a da individualização e a da substanciação. Pela teoria da *individualização*, a causa de pedir seria constituída pela relação jurídica afirmada pelo autor, de tal sorte que a mudança nos fatos constitutivos operada no curso do processo não implicaria alteração da demanda. Já pela teoria da *substanciação*, a causa de pedir seria constituída pelo fato ou complexo de fatos, aptos a suportar, a dar causa à pretensão do autor, de tal sorte que qualquer alteração desses fatos no curso da demanda importaria mudança da ação. A efetiva convergência entre uma e outra teoria era na determinação do conteúdo da causa de pedir nas ações reais fundadas em direitos absolutos. Quanto às ações pessoais, ambas concordam que são importantes para a identificação do pedido os fatos necessários à determinação do direito feito valer.

Entendemos o princípio da substanciação como estabilidade objetiva da lide que opera seus efeitos tanto para o autor como para o réu.

As alegações devem ser completas, claras, expressas e bem determinadas. Não se admite, por exemplo, pedido tácito nem interpretação extensiva (art. 293 do CPC). Na elaboração da inicial e da defesa, vale todo o cuidado na concepção, delimitação e ajuste do conteúdo dos fatos e pedidos. Cumpre expor as causas próximas e as causas remotas, os fatos originários e os conseqüenciais.

Quanto ao autor, atualmente o direito processual brasileiro permite que se inclua na consubstanciação tanto a causa de pedir como o próprio pedido. As condições legais impostas para mudança de um e outro são regidas pelo mesmo sistema. Esse mesmo sistema mostra como a disponibilidade da parte vai sofrendo diminuição à medida que avança o processo.

Até 1993, intentada a ação, só por ação distinta o autor poderia formular o pedido que houvesse omitido. Hoje o art. 294 tem nova redação. O autor poderá aditar o pedido antes da citação. Mas não só o pedido. O autor também pode modificar a causa de pedir durante esse tempo. Assim, somente depois de "feita a citação é defeso ao autor modificar o pedido ou a causa de pedir" (art. 264). Assim, até que se completem todas as citações, a liberdade do autor vige a pleno.

Quanto ao réu, o princípio geral do acesso à justiça (também chamado disponibilidade) informa a ampla defesa. Na contestação, o réu pode alegar o que entender conveniente para defender-se. Depois disso, os termos da lide se estabilizam.

Em verdade, depois da citação as partes mantêm plena disponibilidade, mas devem estar de acordo. Assim, vê-se na seqüência do art. 264 que o autor poderá modificar o pedido e a causa de pedir com o consentimento do réu.

Esta liberdade vai até o saneamento do processo. Depois desse ato, incide interesse público na estabilidade objetiva e material da demanda. Logo, *em nenhuma hipótese* serão permitidas alterações.

Theotonio Negrão (1994, p. 230) traz algumas anotações que clareiam o sentido do princípio. Neste passo, simples mudança de fato na sustentação dos fundamentos da ação não significa alteração do pedido. Assim, o autor pode corrigir, após a citação, equívocos ou erros materiais, bem como esclarecer dúvidas da inicial. O que não pode é corrigir *equívoco capital* da causa de pedir, como descrever um título na execução e, após os embargos, oferecer substituição por outro. Enfim, há de distinguir o fato constitutivo do direito, que é a hipótese de fato prevista na lei como necessária e suficiente para gerá-lo, com os argumentos de fato com que o autor procura demonstrar a ocorrência da *fattispecie dilegge*.

Vale referir: também o juiz, verificando que a petição inicial não preenche os requisitos exigidos nos arts. 282 e 283, poderá determinar que o autor emende ou complete (art. 284). Ademais, o princípio da substanciação incide mesmo que o réu seja revel (CPC, art. 321).

Parece importante um alerta de caráter prático. Em caso de modificação do pedido ou da causa de pedir antes da citação, é absolutamente indispensável que o aditamento da inicial faça parte da contra-fé entregue ao réu quando do ato citatório.

A preocupação do princípio da substanciação em evitar a *mutatio libelli* não é sem razão. Vale lembrar que a causa de pedir e o pedido vão interessar não só na adequada formação do processo em geral e do contraditório em especial. Visa, ainda, a segurar a instrução probatória e evitar surpresas sentenciais. Por fim, toca na tormentosa questão da coisa julgada. Apesar de tamanha importância, o terreno é escorregadio.

A causa de pedir ainda aguarda um conceito e uma definição plenamente satisfatória que abarque todas as nuanças que a vida em sua mutabilidade cotidiana nos oferece em cada caso concreto.

As indagações a respeito de identidade de causa para identificação da coisa julgada caem num tal grau de imprecisão que Couture (1951, p. 326) considera *casus belli:* "No es tan precisa . . . la idea de identidad de causa. Ya el concepto de causa es, por si mismo, dificultoso en todos los órdenes del derecho". Diante de tal imprecisão, a jurisprudência tem acolhido reiteradamente a idéia doutrinária de que a causa de pedir "es la razón de la pretensión, o sea, el fundamento inmediato del derecho deducido en juicio".

Causa de pedir não é só o fato, nem só o fundamento jurídico, nem tampouco o artigo de lei ou o fato referido no tipo legal (fato espécie), mas a relação entre uns e outros. O conteúdo da causa de pedir é o direito que se quer fazer valer, mais a indicação dos fatos constitutivos do direito, ou seja, um complexo de fatos constitutivos do direito afirmado pelo autor. Como anota Theotonio Negrão (idem, p. 256), trazendo decisão do Supremo Tribunal Federal, *causa petendi* é o fato ou o conjunto de fatos suscetível de produzir, por si, o efeito jurídico pretendido pelo autor.

Botelho de Mesquita (1982, p. 49) diz que a causa de pedir se compõe dos seguintes elementos:

a) o direito afirmado pelo autor e a relação jurídica de que o direito se origina;

b) os fatos constitutivos daquele direito e dessa relação jurídica;

c) o fato (normalmente do réu) que torna necessária a via judicial e, por isso, faz surgir o interesse de agir, ou interesse processual.

Não se pode diminuir a importância do princípio da substanciação. Contudo, a efetividade do processo pode auxiliar o intérprete a amenizar os rigores legais. Por isso, o princípio da substanciação sofre alguns abrandamentos na lei processual brasileira.

Apesar dos termos candentes do parágrafo único do art. 264 impedindo alteração do pedido ou da causa de pedir após o saneamento do processo, não se há de desconsiderar os termos do art. 462. Esse artigo está inserido na seção do Código que trata dos requisitos e diz que, "se, depois da propositura da ação" (e mesmo depois do saneamento, dizemos) "algum fato constitutivo, modificativo ou extintivo do direito influir no julgamento da lide, caberá ao juiz tomá-lo em consideração, de ofício ou a requerimento da parte, no momento de proferir a sentença".

O réu, além de se favorecer dos termos do art. 462, também vê abrandada a estabilidade da demanda pelo art. 303. Assim, depois da contestação só é lícito ao réu deduzir novas razões quando:

I - relativas a direito superveniente;

II - competir ao juiz conhecer delas de ofício;

III - por expressa autorização legal, puderem ser formuladas em qualquer tempo e juízo, como a prescrição.

Enfim, a imutabilidade objetiva da demanda preocupa-se com aspectos radicais do processo. Contudo, convém manter-se atenção para não cair em dogmatismos e formalismos inúteis e vazios. A finalidade do princípio em questão é preservar o contraditório e a ampla defesa. O intérprete deve manter espírito aberto para colher da realidade hipóteses em que, sem afrontar a finalidade da substanciação, oportunizem - atendidos os termos de outros princípios processuais - abertura do processo para investigações absolutamente pertinentes que, via de regra só surgem no curso da investigação.

Aliás, os mesmos cuidados deve-se ter com o *princípio da estabilidade subjetiva da demanda*, que se verá a seguir.

Ver também: princípio da adstrição do juiz ao pedido da parte.

3.2.8. PRINCÍPIO DA ESTABILIDADE SUBJETIVA DA DEMANDA

Sinonímia

Princípio da *perpetuatio legitimationis*. Princípio da estabilidade subjetiva da relação processual. Princípio da estabilidade da instância. Princípio da estabilização do processo.

Enunciado

A citação estabiliza a relação processual entre os sujeitos que a formam, os quais não poderão ser substituídos a não ser em casos expressamente previstos em lei.

Conteúdo

O princípio da estabilidade subjetiva da demanda visa a evitar a troca constante de sujeitos processuais. Impera desde a citação até a sentença. As finalidades de segurança na relação e celeridade prevalecem sobre eventuais mudanças de titularidade da coisa ou do direito material que está em discussão no processo.

Outro efeito importante da estabilidade subjetiva da demanda diz com o *princípio da singularidade*, o qual relaciona-se com a coisa julgada. Não é o momento para enfrentar-se o tormentoso tema dos limites objetivos e subjetivos da coisa julgada. No entanto, vale dizer com o art. 472 do CPC: por princípio "a sentença faz coisa julgada às partes entre as quais é dada, não beneficiando nem prejudicando terceiros". Não se há de esquecer, contudo, os efeitos *erga omnes* e *ultra partes* previstos nas ações coletivas do art. 103 do Código de Defesa do Consumidor.

O princípio se impõe até por uma razão lógica. É que, estando em litígio quem seja o titular de determinado bem ou direito, a alienação, por exemplo, deste bem ou direito, não pode operar imediata mudança entre as pessoas que discutem tal bem ou direito em juízo. Afinal, está-se diante de bem litigioso, ou seja, bem da vida pleiteado pelo autor a cuja fruição resiste o réu. Logo, ainda está indeterminado o titular desse direito e "não se pode falar na efetiva existência de direito para um ou outro dos contendores, mas sim em pretensão deduzida em juízo." (Fornaciari, 1981, p. 58).

O processo busca preservar o quanto possível sua independência em relação ao direito material. Tanto assim que no direito romano e medieval era vedada qualquer modificação no plano do direito material enquanto pendente ação. Tal indisponibilidade era uma afronta ao interesse econômico do cidadão. Por isso, passou-se a admitir a venda da coisa litigiosa, mas sem alterar a estabilidade subjetiva da relação processual.

Ao romper com a tradição e estabelecer o princípio da estabilidade dos sujeitos processuais da relação, o Brasil alinhou-se entre os países com uma das mais modernas legislações a respeito. Nas legislações anteriores, alienada a coisa litigiosa, ao adquirente era facultado ingressar ou não no litígio. É o que se vê do art. 409 do Regulamento 737, de 1850, do art. 550 do CPC de Minas Gerais e do art. 750 do CPC de 1939.

Hoje, a regra é a perpetuação subjetiva. Assim, feita a citação, mantêm-se as mesmas partes salvo as substituições permitidas por lei (art. 294). Logo, a substituição é a exceção, tanto que permitida somente nos casos expressos em lei (arts. 41 e 264).

Convém ressaltar que estamos usando a palavra "substituição" apesar de equívoca, por se tratar de opção do Código. Por certo o mais correto seria o uso da palavra "sucessão", reservando a "substituição processual" para designar o fenômeno de alguém atuar em juízo em defesa de direito alheio, mas em nome próprio. Essa "legitimação extraordinária" tem como exemplo o caso do gestor de negócios que age em defesa dos direitos do gerido (Código Civil, art. 1.331).

Ao depois, referindo-se às *partes*, o Código disse menos do que poderia. É que, além das partes, atuando individualmente ou litisconsorciadas, é possível a substituição de todos os sujeitos processuais, tais como oponente (art. 57) e assistentes simples ou litisconsorciais.

Além das hipóteses da alienação da coisa ou do direito litigioso e da morte de uma das partes, previstas no capítulo próprio, o Código prevê outros casos de substituição. A nomeação à autoria (art. 62), o chamamento ao processo (art. 77), a substituição ativa para a execução (art. 567), a representação executiva concorrente (art. 568) e a habilitação incidente (art. 1.055) são hipóteses legais que excepcionam o princípio da estabilidade da demanda.

As duas hipóteses que excepcionam o princípio da estabilidade da demanda e merecem mais detalhamento, dizem com a morte de uma das partes e com a venda do bem em litígio.

Não se tratando de ação personalíssima, a morte de qualquer das partes oportuniza a substituição pelo espólio ou pelos seus sucessores (art. 43). Enquanto não ingressarem no processo o inventariante representando o espólio ou cada um dos sucessores, em caso de findo ou não aberto inventário, o processo ficará suspenso (art. 265, inc. I). Tratando-se de hipótese de ação personalíssima (separação, divórcio, etc), o processo se extingue sem apreciação do mérito (inc. IX do art. 267). Equipara-se, para o efeito da substituição, a extinção da pessoa jurídica e a fusão de empresas públicas.

A segunda hipótese mais ocorrente que viabiliza excepcionar o princípio da *perpetuatio legitimationis* é a eventual alienação da coisa ou do direito litigioso, a título particular, por ato entre vivos (art. 42). Contudo, a substituição da parte neste caso não é absoluta. É condicionada.

Antes de adentrar na segunda condição para operar-se a substituição, é importante ressaltar o que o texto de lei tem de afirmativo.

A parte, apesar do litígio sobre o bem, mantém a disponibilidade sobre ele. Não há proibição de aliená-lo voluntariamente, ou seja, *a título particular*, na expressão do art. 42. A alienação, no entanto, não pode, de forma alguma, trazer prejuízo para qualquer das partes da demanda. "Devemos considerar, ainda, o tipo de negócio realizado entre o alienante e o adquirente (o que está no processo e o que está fora); é, no fundo, um negócio submetido à *condição resolutiva*." (Alvim, 1975, p. 318). Assim, a mudança num dos pólos da relação jurídica *material* pela alienação do bem não altera por si só a mudança dos pólos originalmente constituídos na relação jurídica *processual*.

138 RUI PORTANOVA

A par dissso, é de atentar-se para a expressão *objeto litigioso*. Somente a alienação feita posteriormente à citação válida submete o adquirente às dificuldades processuais de substituição. Considerando-se que somente a citação válida torna litigiosa a coisa (art. 219), tem-se que, antes da citação ou diante de nulidade do ato citatório, a substituição se dará livremente.

A primeiríssima condição para pensar-se na viabilidade da substituição da parte com a alienação do objeto mediato do processo pertine ao interesse do adquirente do bem. Quem adquire não está *ipso facto* obrigado a entrar no processo. Pouco importa, no caso, qual seja a vontade do alienante. O adquirente pode agir livremente: não entrar no processo, mesmo que o alienante quisesse que ele entrasse ou entrar no processo, ainda que esta não fosse a vontade do alienante.

Se o adquirente quiser participar do processo, a qualidade de tal participação - se como parte ou como assistente - vai depender do interesse da outra parte do processo que se manteve alheia à relação jurídica material.

O adquirente poderá substituir o alienante, caso consinta a parte contrária (§ 1º, art. 42). A concordância pode ser tácita, por exemplo com o silêncio da parte quando intimada a se manifestar. Nessa hipótese, o adquirente passa a agir como parte, excluindo-se o alienante da lide sem qualquer incidência de sucumbência.

Na hipótese de a outra parte não concordar com a substituição, sucessão não haverá. O adquirente poderá, no entanto, intervir no processo, assistindo o alienante (§ 2º do art. 42). Considerando que a futura sentença vai influir na relação jurídica entre o assistente (adquirente) e o adversário do assistido, tem-se que se trata de assistência litisconsorcial (art. 54 do CPC).

Clito Fornaciari Júnior (1981, p. 59) entende que a parte contrária não necessita motivar sua recusa: "ainda que inexista qualquer motivo plausível para se opor à sucessão, ela é de ser preservada, pois a lei concedeu esta faculdade ao litigante".

Esta orientação, *data venia*, não parece conformar-se com uma visão tridimensional que deve orientar tanto a formação como o exercício do direito da parte. Com efeito, o direito de negativa da parte contrária deverá vir baseado na lei, mas também à vista dos fatos próprios da demanda e de valoração adequada à sua negativa. A efetividade social do processo não se compraz com vontades desmedidas, autoritárias ou inconseqüentes. A decisão do juiz sobre se o alienante participará como assistente ou como parte deverá ser motivada por dever constitucional. Ora, motivar a decisão só na lei é uma solução legal, mas não é jurídica. Só será uma decisão jurídica se, além da lei, o juiz decidir com base na norma, nos fatos e nos valores debatidos entre as partes.

Enfim, a aplicação do princípio da estabilidade da demanda deve dar-se *cum granum salis*. Trata-se de um princípio com alguns resquícios individuais e formalistas. Usada sem crítica, a *perpetuatio legitimationis* poderá contemplar egoísmos injustificados e, assim, afastar o processo de um caminho de probidade que, como se verá, é base ética do devido processo legal que informa todos os princípios ligados ao processo e ao procedimento.

Ver também: princípio da autonomia da ação, princípio da estabilidade material da demanda.

QUARTA PARTE

Processo e procedimento

A mudança de mentalidade em relação ao processo é uma necessidade, para que ele possa efetivamente aproximar-se dos legítimos objetivos que justificam a sua própria existência

ADA PELLEGRINI GRINOVER

Teoria Geral do Processo

4.1. CONSIDERAÇÕES INICIAIS

Superadas as dificuldades de se afirmar como ciência autônoma, o processo mitiga suas preocupações formalísticas e assume caráter eminentemente instrumental em busca da efetividade do direito substantivo.

Nesse passo, mais do que a técnica, é a ética que passa a ser o móvel condutor dos procedimentos judiciais. Há evidente repúdio ao dogmatismo positivista que torna o processo local democrático invejável: "misto de atividade criadora e aplicadora ao mesmo tempo." (Passos, 1988, p. 95). Em verdade, a mitigação do formal não é característica só do processo civil. As ciências em geral voltam-se para a substância e o concreto de suas investigações.

Com isso, o espectro investigativo no interior processual amplia-se extraordinariamente, adaptando-se às exigências interdisciplinares: "Política, Economia e Direito são indissociáveis, interagindo entre si, determinando uma realidade única: a da convivência humana política organizada" (Passos, 1988, p. 87).

O processo é duplamente crítico. Primeiro, põe em crise a ânsia de sistematizar a todo custo, que "pode às vezes induzir os juristas, sem exclusão dos maiores, a utilizar, na representação da realidade, técnicas que confinam perigosamente com a fotomontagem... Corre-se o risco de manipular dados." (Moreira, 1985, p. 211). Segundo, reconhece a falta de neutralidade e busca fazer aparecer o invisível: "Cabe investigar as condições reais de nossa sociedade, inspirada em ideais democráticos, e o grau de compatibilidade entre os intrumentos utilizados pela jurisdição, de inspiração pré-capitalista, e as novas tendências da democracia social." (Silva, 1988, p. 104).

Os princípios referentes ao processo e ao procedimento são informados pelo *devido processo legal* e aparecem ligados e subdivididos assim:

Atos processuais,
Nulidades,
Provas,
Decisão e
Recursos

Como se verá, todos buscam o justo no caso concreto. Os procedimentos encadeados por atos processuais guardam absoluta atenção à finalidade pública do processo e tornam o juiz tanto ou mais interessado no célere andamento do feito e na busca da verdade. Nesse ponto, os princípios sobre nulidades tornam-se verdadeiros princípios de aproveitamento de atos que abram caminho para a investigação probatória plena. Com isso, o juiz tem liberdade de buscar o justo e sentenciar com autonomia. O cidadão, por fim, fica sempre garantido com a possibilidade de recorrer.

4.2. PRINCÍPIO DO DEVIDO PROCESSO LEGAL

Sinonímia

Princípio do processo justo. Princípio da inviolabilidade da defesa em juízo.

Enunciado

O processo deve obedecer às normas previamente estipuladas em lei.

Conteúdo

O devido processo legal é uma garantia do cidadão. Garantia constitucionalmente prevista que assegura tanto o exercício do direito de acesso ao Poder Judiciário como o desenvolvimento processual de acordo com normas previamente estabelecidas.

Assim, pelo princípio do devido processo legal, a Constituição garante a todos os cidadãos que a solução de seus conflitos obedecerá aos mecanismos jurídicos de acesso e desenvolvimento do processo, conforme previamente estabelecido em leis.

Mas cuidado: numa visão restrita o devido processo legal confunde-se com o princípio da legalidade.

Por isso, o significado do princípio em comentário não é estático.

O conceito, (não a expressão), tem sua origem em 1215, na Carta Magna inglesa do rei João, denominado "Sem Terra". A Carta não foi ditada em inglês, pois o latim era o idioma oficial e dos meios cultos e intelectuais. Assim, na expressão *per legem terrae* que aparecia no artigo 39 está a primeira idéia do que hoje veio a se chamar devido processo legal. A idéia, com a expressão em língua inglesa, que se tornou consagrada, *due process of law*, apareceu pela primeira vez numa emenda à Constituição americana. Na primavera de 1789, Madison introduziu no Primeiro Congresso uma emenda, que depois se converteu na Quinta Emenda: *no person shall be ... deprived of life, liberty or property, without due process of law* (nenhuma pessoa será privada de sua vida, liberdade ou propriedade sem o devido processo legal).

Dessa forma, originado no direito anglo-saxão, aperfeiçoado no constitucionalismo americano, hoje o devido processo legal é um instituto universal. Com previsão em todas as constituições democráticas do mundo, trata-se de um dos fatores de grande sustentação do regime político dos Estados Unidos da América, cuja incidência se faz sobre toda a jurisdição. Na Argentina, a consagração no texto constitucional proporcionou o estabelecimento de ampla corrente jurisprudencial na Corte Suprema com grande vantagem à democracia daquele país (Theodoro Jr., 1991, p. 11).

Não se pode esquecer, é da descoberta da "correlação binomial entre processo-liberdade, processo-democracia, processo-segurança, que se encontra a origem do devido processo legal." (Vasconcelos, p. 1991).

No Brasil, mesmo antes da Constituição de 1988, a doutrina já entendia consagrado o princípio do devido processo legal. A interpretação provinha não só do fato de o princípio estar consagrado no artigo 8º e 10 da Declaração Universal dos Direitos do Homem, de 1948, como pela sistematização dos demais princípios que são enfeixados no devido processo legal.

Hoje, está expresso: "ninguém será privado da liberdade ou de seus bens sem o devido processo legal" (art. 5º, LIV). Diversos outros dispositivos constitucionais completam o sentido do princípio em comentário. São exemplos que aparecem no mesmo art. 5º o direito de petição aos Poderes Públicos (XXXIV), a não-exclusão da apreciação do Poder Judiciário de lesão ou ameaça (XXXV), o juiz natural (XXXVII), o contraditório e a ampla defesa (LV).

O princípio é tão amplo e tão significativo que legitima a jurisdição e se confunde com o próprio Estado de Direito. Assim, aplica-se tanto na jurisdição civil e na penal como nos procedimentos administrativos. Ademais, engloba a reivindicação de direitos (inclusive de declarar a inconstitucionalidade de lei), a eficaz defesa e a produção de provas. No devido processo legal estão enfeixadas garantias representadas principalmente pelos princípios do contraditório, ampla defesa, duplo grau, publicidade, juiz natural, assistência judiciária gratuita.

Mas atenção: a tortura com objetivo de confissão já fez parte do devido processo legal. Por isso, o princípio não é estático. Como diz Galeno Lacerda (1983, p. 10), não se pode pensar *due process of law* só como preservação do rito, "como um valor absoluto e abstrato, para justificar as devastações concretas que a injustiça de um decreto de nulidade, de uma falsa preclusão, da frieza de uma presunção processual desumana, causam à parte inerme. Não é isto fazer justiça. Não é para isto que existe o processo".

Due process of law não pode ser aprisionado dentro dos traiçoeiros lindes de uma mera fórmula. O princípio é produto da história, da razão, do fluxo das decisões passadas e da inabalável confiança na força da fé democrática que professamos. *Due process of law* não é um instrumento mecânico. Não é um padrão. É um processo. É um dedicado processo de adaptação que inevitavelmente envolve o exercício do julgamento por aqueles a quem a Constituição confiou o desdobramento deste processo (Dória, 1986, p. 33).

O princípio nasceu com a preocupação de garantir ao cidadão um processo ordenado. Hoje o objetivo é maior. Adaptado à instrumentalidade, o processo legal é devido quando se preocupa com a adequação substantiva do direito em debate, com a dignidade das partes, com preocupações não só individualistas e particulares, mas coletivas e difusas, com, enfim, a efetiva igualização das partes no debate judicial.

Na doutrina da Professora Ada Pellegrini Grinover (1990, p. 48) podemos encontrar perfeitamente clara esta *notável transformação* do devido processo para o social, para o direito substantivo, para a realidade, enfim.

A professora paulista (1995, p. 75) ressalta que no campo da garantia do devido processo legal é possível detectar uma notável transformação decorrente da transposição do enfoque, do individual para o social. Assim, compreende-se modernamente que o procedimento deve ser conduzido sob o pálio do contraditório, mas também há de ser aderente à realidade social e consentâneo com a relação de direito material controvertida. "Com efeito, se de um lado as posições de vantagens das partes no processo podem ser vistas como direitos públicos subjetivos, segundo a ótica do tipo individualista que privilegia o interesse pessoal sobre o social, do outro lado podem ser vistas como garantias, e não apenas das partes mas também do justo processo segundo ótica de tipo publicista que dá relevância ao interesse geral na justiça das decisões". (1986, p. 21).

Dessa forma, resta perfeitamente possível o desenvolvimento de um processo vinculado a uma visão integral e, pelo menos, tridimensional do direito, para, enfim, alcançar não só seu escopo jurídico, mas também seu escopo social, político, ético e econômico.

Com estas características, o princípio do devido processo justifica-se como verdadeiro princípio informativo de todos os princípios ligados ao processo e ao procedimento.

4.2.1. ATOS PROCESSUAIS

4.2.1.1. Considerações iniciais

O processo é, por conceituação, marcha à frente no rumo de sua extinção. Logo, o processo é uma seqüência cumulativa de atos. Esses atos processuais são praticados, cada um a sua vez, pelas partes e seus procuradores, pelo juiz e os serventuários da justiça e pelos demais sujeitos processuais que intervêm no procedimento (promotores e peritos, por exemplo).

O processo tem evidente *caráter progressivo,* marcado por passagem de posições jurídicas processuais por via de atos processuais. "Ato processual é, portanto, toda conduta do sujeito do processo que tenha por efeito a criação, modificação ou extinção de situações jurídicas processuais" (Grinover, 1992, p. 281).

O curso procedimental vai se completando paulatinamente com a prática, pelos sujeitos, de atos processuais com aspectos diversos. Assim, os atos podem ser simples, compostos e complexos. Esta é a classificacão de Carnelutti referida por Moniz de Aragão.

Para a existência de atos processuais *simples* (singulares ou unitários) nada se exige além da ação do agente. São exemplos de atos processuais simples a petição inicial e a sentença. Diferentemente, o ato *complexo* é um feixe formado pela soma de diversos atos simples que conservam sua própria singularidade, seus próprios efeitos. A audiência é o exemplo de ato complexo. O ato *composto* também é a soma de atos, mas difere do ato complexo quanto aos efeitos: para produzir efeito jurídico como um todo é necessária a multiplicidade de ações, como no caso da arrematação.

Esta classificação é importante para entender-se os efeitos de eventual nulidade. Anulada uma sentença (ato simples), outra há de ser proferida por inteiro. Nulo um dos atos simples que compõem o ato composto, a nulidade alcança todo ato. Ou seja, anulada a arrematação, recomeça-se do edital, que é seu ponto inicial. "Nos atos complexos, porém, a anulação pode-se dar no todo ou em parte. Pode ser anulada toda a audiência, ou apenas para que seja tomado o depoimento e testemunha que não fora ouvida" (Aragão, 1974, p. 308).

Como já referido, a caminhada processual é feita passo a passo, ou melhor, ato a ato, que obedecem aos seguintes princípios:

Debate,
Impulso oficial,
Boa-fé,
Contraditório,
Representação por advogado,

Publicidade,
Celeridade,
Preclusão,
Indisponibilidade procedimental e
Preferibilidade do rito ordinário.

A busca da jurisdição onera o cidadão com a perda de certas disponibilidades. O processo não é um local de plena disponibilidade de quem opta por seus caminhos. Aqui o interesse particular cede passo ao interesse público, e o princípio dispositivo cede lugar ao princípio do debate. O juiz é tão ou mais interessado do que a parte na justa solução do litígio. Por isso, o processo se desenvolve por impulso oficial.

O sistema dos atos processuais almeja a celeridade na solução do conflito (tanto que resiste em voltar para trás, considerando a preclusão dos atos praticados ou não). O ponto forte, porém, é a garantia de um processo justo e de contraditório pleno e efetivo. Para tanto é indispensável a bilateralidade dos atos, a representação das partes por advogado, a plena publicidade dos atos processuais e a exigência que as partes se comportem com boa-fé processual.

Para conjugação dos objetivos de celeridade com pleno e efetivo contraditório, o processo costuma impor ritos especiais para as pretensões mais ocorrentes. Fora dessas hipóteses, há a preferibilidade do rito ordinário.

4.2.1.2. *Princípio do debate*

Sinonímia

Princípio da oficiosidade. Princípio dispositivo em sentido formal. Princípio da autoridade do juiz.

Enunciado

Instaurada a jurisdição, o processo se desenvolve por regras próprias estabelecidas pelo Estado, a que as partes se submetem.

Conteúdo

Para uma exata compreensão do sentido que aqui é dado ao princípio do debate, é recomendável uma leitura prévia dos princípios da estabilidade, da demanda, dispositivo e adstrição do juiz ao pedido da parte.

Antonio Janir Dall'Agnol Jr., falando sobre o princípio dispositivo no pensamento de Mauro Cappelletti, anota com clareza os dois momentos que compõem a liberdade do cidadão no direito de ação.

Num primeiro momento - antes de movimentar o Poder Judiciário - incide o *princípio da disponibilidade (Dispositionsmaxime ou Verfügungsgrundsatz,* como conceitua a doutrina tedesca). Ou seja, há plena liberdade dos indivíduos de intentar ou não intentar ação, de narrar ou não narrar fatos e de pedir ou não pedir.

Contudo, movimentado o Poder Judiciário, começa um segundo momento. As partes continuam livres para o exercício dos direitos substanciais deduzidos em juízo (*objeto do processo)*. Todavia, não são completamente livres para dispor a seu gosto do processo: devem conformar-se às exigências próprias de um instrumento estatal posto a sua disposição. Optando pelo processo, as partes submetem-se a direitos, deveres e princípios diferentes daqueles informados pela liberdade plena que tinham antes. O cidadão, enquanto parte, não dispõe do monopólio de como funciona o curso do processo. Uma vez movimentado o Poder Judiciário cível, o curso e o andamento do processo são indisponíveis para as partes - *princípio do debate (Verhandlungssmaxime,* em língua alemã, ou *trattazione* em italiano) (Dall'Agnol, 1989). Quando se submete ao princípio do debate, a parte não perde a liberdade de agir, mas age livremente nos limites a que está submetida pelo processo. Movimentado o processo, o princípio do debate impõe deveres às partes (cumprir diligências e agir com boa-fé, por exemplo) que, de certa forma, lhe tolhem a liberdade plena. Além dissso, o juiz pode agir de ofício (exemplo: investigar pressupostos do processo e condições da ação) e, até mesmo contra a vontade das partes (exemplo: determinar provas). O princípio do debate começa onde termina a disponibilidade da parte.

Nem sempre foi assim: as partes já dispuseram de plena liberdade quanto ao curso do processo. Vivia-se o auge de uma liberalismo individualista que deixou suas marcas. Micheli e Taruffo (1979, p. 157) referem que o papel do juiz é bem diferente, dependendo do sistema. "Nos países ocidentais confere-se ao juiz poderes razoavelmente amplos, direcionados à integração da insuficiente atividade probatória das partes; já contrariamente, nos sistemas de *common law* ao juiz é indiferente tal inatividade, em princípio como terceiro imparcial, mesmo quando tenha poderes eficazes concernentes à produção de certas provas em relação às quais as partes não tomaram iniciativa".

A exposição de motivos do Código de Processo Civil de 1939 dá uma idéia de como o processo era mais uma *congérie* de regras, de formalidade e de minúcias, rituais e técnicas a que não se imprimia sistema. Pior, essas normas não se direcionavam a tornar eficaz o processo como instrumento de efetivação do direito. Claro, para uma mentalidade liberal-individualista é custoso entender que o cidadão tem plena e inarredável liberdade de dispor de seus direitos materiais no momento de exercitar seu direito de tutela jurídica, mas tem restringida ao máximo a disposição formal diante do interesse público na justa composição da lide. Afrânio Silva Jardim (1986, p. 169) diz que os abusos das partes, neste tipo individualista de processo, acarretaram o descrédito pela atividade jurisdicional. Por isso, concorda com a distinção do princípio dispositivo nos sentidos material e formal. E mostra como fica intocado o princípio dispositivo material, corolário da liberdade individual. "Assim, as partes podem dispor do objeto litigioso do processo, seja através de renúncia ao direito, reconhecimento do pedido, transação ou outro negócio jurídico".

A transição do liberalismo individualista para o Estado social de direito tem como ponto forte o substancial incremento da participação dos órgãos públicos na vida da sociedade. As mudanças sociais, projetadas no plano processual, traduzem-se no fenômeno da publicização. O processo - seu andamento, sua investigação e a qualidade da solução jurisdicional - é de interesse público. O juiz, sendo o gerente do interesse público em um processo sério e justo, tem sua atividade ampliada.

As partes continuam com liberdade de atuação dentro do processo. Não obstante, esta liberdade é mitigada e compartilhada com o juiz, que também é interessado.

Um dos fatores mais relevantes desta forma de encarar o processo no nosso sistema diz com o *princípio da oficiosidade* (matérias que o juiz pode conhecer de ofício). A sistemática do nosso Código de 1973 afeiçoa-se aos ditames desta moderna concepção do processo civil. Ao juiz continua vedado pôr em movimento a máquina judiciária, mas, uma vez instaurado, desenvolve-se o feito por impulso oficial (art. 262). "A direção formal do processo é, sem dúvida, função precípua do órgão judicial, a que a lei impõe, de modo significativo, o dever de 'velar pela rápida solução do litígio'" (art. 125, II) (Moreira, 1985, p. 146).

O princípio da oficiosidade se impõe ao juiz em todas as fases do processo. Na primeira fase postulatória, já antes do recebimento da inicial, o juiz deve intervir determinando eventuais esclarecimentos e complementações da petição (art. 284, CPC). Saneando, por exemplo, o juiz, *ex officio* determina reunião de ações conexas (art. 105), suspende o processo até que se pronuncie o juízo penal (art. 110, *caput*), declara sua incompetência absoluta e decide sobre provas mesmo não requeridas pelas partes. Ainda mais, indefere diligências inúteis ou protelatórias (art. 130, CPC). Por fim, julgando, o faz com independência: extinguindo o processo sem exame do mérito e conhece diretamente do pedido proferindo sentença conforme o estado do processo (arts. 329 e 330).

Em verdade, esta sujeição do cidadão às regras do processo não é novidade alguma na vida de cada um. Mesmo nas relações que mantemos, nos lugares que freqüentamos, por maior que seja nossa liberdade, sempre estamos sujeitos a normas que limitam nosso livre arbítrio. Em verdade, a limitação de nossa liberdade, a indisponibilidade em relação a alguns direitos, começa antes do direito processual. É evidente a existência de direitos que pertencem aos indivíduos, mas são indisponíveis. Há uma gama tão variada deles e são de natureza tão diversa que vão desde a pertinência com nossa vida, do nosso corpo, da nossa família, até das nossas relações. Apesar de ser tudo "nosso", não temos a liberdade de dispor deles livremente. O que ocorre no processo não é diferente. Não tem qualquer razão de nossa relação com o processo ser diferente.

Antonio Janir Dall'Agnol Júnior (1989, p. 101) resume o pensamento de Mauro Cappelletti a respeito: "o processo serve à parte enquanto é instrumento para a tutela jurisdicional; mas, por sua vez, o processo, como qualquer 'instrumento', ainda que não-jurídico, tem suas próprias exigências. Por isso, os sujeitos que dele se valem devem adaptar-se a seu mecanismo interno e a esse conformar a própria atividade".

Dentro do processo há verdadeira "divisão do trabalho" - a expressão é de José Carlos Barbosa Moreira (1986). Nesta divisão de atribuições, o processo distribui liberdade e limitações, direitos e deveres entre as partes e o juiz. Sendo o dever primordial do juiz a busca da verdade, as partes têm mitigada sua liberdade e perdem a plena disponibilidade sobre o andamento do processo, pois "não pode o Estado assumir a responsabilidade de decidir injustamente em face de manobras maliciosas ou de inércia das partes." (Jardim, 1986, p. 169).

A divisão do trabalho processual reserva para as partes parcela de liberdade que se expressa, por exemplo, na possibilidade de desistência da ação (art. 267, VIII) e transação (art. 269, III), além da ampla liberdade de fiscalização dos atos do juiz, dos serventuários e da outra parte.

Enfim, como salienta Galeno Lacerda (1985, p. 5), todo processo traz um ônus para as partes, pois transcende a mera preocupação individualista de poupar trabalho a juízes e partes, de frear gastos excessivos e de respeitar prazos. "Não visa à comodidade dos agentes da atividade processual, mas à ânsia de perfeição da justiça humana - reconhecer e proclamar o direito, com o menor gravame possível".

O princípio em comento, sendo fruto da constante publicização do processo, não retira a liberdade da parte, mas a onera com deveres. Por outro lado, o debate faz do juiz um interessado igual, e não mero fiscal, espectador ou observador distante. Na direção do processo, independentemente da vontade das partes, o juiz tem o dever de velar pela breve e justa solução do litígio, combater a malícia e a chicana, mitigar as desigualdades entre as partes e buscar a verdade real. Enfim, o processo deve conduzir-se sob a égide do *princípio do impulso oficial* que se verá a seguir.

Ver também: princípio da liberdade da prova, princípio da disponibilidade, princípio da demanda, princípio do dispositivo.

4.2.1.3. Princípio do impulso oficial

Sinonímia

Princípio do impulso processual. Princípio dos poderes direcionais do juiz. Princípio da oficialidade. Princípio da impulsão.

Enunciado

O juiz deve impulsionar o processo até sua extinção, independentemente da vontade das partes.

Conteúdo

Quando o cidadão entra com a ação, está buscando um terceiro para dirigir e solucionar o conflito. O Estado, por um de seus poderes, é este terceiro. Mais modernamente, o Estado-juiz se fez pleno de interesses na regular, rápida e efetiva solução do litígio. Não é demasia dizer-se que, movimentada a jurisdição, o processo pertence tanto às partes quanto ao juiz.

Com a publicização do processo não é mais possível manter o juiz como mero espectador da batalha judicial. Afirmada a autonomia do direito processual e sua finalidade preponderantemente sociopolítica, a função jurisdicional evidencia-se como um poder-dever do Estado, em torno do qual se reúnem os interesses dos particulares e os do próprio Estado. Dentro desses princípios, elaboraram-se os códigos processuais civis da Alemanha, da Itália, da Áustria, bem como os nossos, a partir de 1939 (Grinover, 1992, p. 60).

O Estado é o primeiro interessado na realização da ordem jurídica (Mesquita, 1975, p. 92). Logo, o juiz é o primeiro interessado no andamento e na justa solução do processo.

Pelo princípio do impulso oficial, o Estado demonstra que tem interesse em resolver os conflitos. E quer participar na solução, não como mero espectador, mas como efetivamente interessado. Intentada a ação, o juiz não está à mercê das partes. Interessado, o juiz age no processo com o mesmo ímpeto na busca da solução do conflito entre os litigantes.

Induvidosamente, o princípio em estudo consagra, com carga máxima, o predomínio do interesse público sobre o interesse particular. Uma coisa é a relação de direito material e substancial, informada pelo direito individual e privado das pessoas (físicas ou jurídicas) envolvidas. Outra coisa é a relação de direito processual, informada pela publicidade que envolve e obriga a todos os sujeitos do processo.

Considerando que a ação é um direito subjetivo constitucional, tem-se, pelo outro lado, que *é um dever* do juiz receber a petição, proceder a seu andamento e, por fim, dar-lhe resposta. É indispensável que se diga, o impulso oficial hoje é da *essência* da tutela jurisdicional.

O processo civil começa por iniciativa da parte, mas se desenvolve por impulso oficial, como diz o art. 262 do CPC. Além desse artigo, outros existem mais ligados ao impulso oficial em relação à prova, como pode ser visto adiante no princípio inquisitivo. Tais normatizações valem para todas as espécies de processo e para todos os graus de jurisdição.

Evidentemente, não está excluído ou diminuído o interesse formal e material das partes na busca dos escopos e da efetividade do processo. O princípio, porém, que vige hoje quanto ao impulso no andamento dos procedimentos, não é o "princípio do impulso das partes" que vigia antes do CPC de 1939, mas o princípio do impulso oficial.

As partes continuam com dever de impulsionar o andamento do processo, mas essa obrigação tem um co-devedor solidário, vigilante e poderoso. Tanto assim que, se as partes não movimentarem o processo, o juiz provocará o andamento a ponto de extingui-lo, com ou sem mérito. Pelo impulso oficial, há evidente abrandamento do princípio da disponibilidade das partes em relação ao processo. Por isso, se algum motivo trouxer às partes dificuldade de promover o andamento do feito, melhor que requeiram dilação de prazos, (se forem dilatórios - art. 181) ou que requeiram a suspensão do processo (art. 265, II). Contudo, mesmo a suspensão do processo, seja ele de conhecimento, execução ou cautelar, não pode durar indefinidamente. A muitos autores interessa que os nomes dos réus permaneçam registrados na distribuição do fórum, funcionando como verdadeira forma disfarçada de execução pessoal. No entanto, qualquer suspensão do processo só durará no máximo um ano (art. 265, § 5°). E por este prazo também deve zelar o juiz (Portanova, 1983).

Podemos dividir o dever de impulso oficial do juiz em três espécies:

a) dever de impulso quanto ao andamento do procedimento;
b) dever de impulso quanto à prova (princípio inquisitório);
c) dever de impulso igualizador.

No que diz com o procedimento, o princípio do impulso oficial vai influir na celeridade e na regularidade dos atos. Com efeito, é interesse do Estado-juiz que o processo corra dentro de um procedimento lógico e prático. Interessa, ainda, que se preservem todos os direitos processuais das partes. Nesse passo, o juiz indeferirá as diligências inúteis ou meramente protelatórias que forem requeridas (art. 130, segunda parte). Ademais, poderá averbar qualquer das partes como litigante de má-fé, independentemente de qualquer requerimento. Fora a hipótese de estar aguardando prazo, verdadeiramente, não existe caso de processo pendente de atividade das partes. O juiz, através do impulso oficial, sempre terá o dever de provocar obrigações positivas das partes para que cumpram diligências, sob pena de extinção do processo sem apreciação do mérito. Se o autor abandonar a causa, antes da citação do réu ou com a conivência deste, o processo poderá ser extinto sem apreciação do mérito (art. 267, III). Se for o réu quem abandonar o processo, este prosseguirá a sua revelia.

O princípio do impulso oficial tem evidente caráter administrativo. Liga-se, tanto quanto o princípio da oficialidade do direito administrativo ao dever do Estado de resposta ao direito de petição. Entretanto, é de ser recusada qualquer vinculação ao poder de polícia. Como alerta José de Moura Rocha (1977, p. 38), a expressão "poder de polícia", como utilizada no artigo 445, é imprópria, perigosa e polêmica. "A noção de polícia ou de poder de polícia, desde que implique limitação dos direitos individuais, deve ser eliminada do mundo jurídico, mesmo sendo o processo publicizado".

Quanto à prova, o princípio do impulso oficial rege-se pela inquisitoriedade cujo conteúdo ver-se-á em capítulo próprio. Cabe, no entanto, referir rapidamente: enquanto houver possibilidades de busca da verdade real, permanece o interesse investigativo judicial.

Ou seja, caberá ao juiz, de ofício ou a requerimento da parte, determinar a produção das provas necessárias à instrução do processo (art. 130, CPC). Nesse sentido, o juiz poderá, em qualquer momento, interrogar as partes (art. 342) ou as testemunhas referidas (art. 418), ordenar a exibição de livros e documentos (art. 381), inspecionar pessoas ou coisas (art. 440). Além disso, o juiz pode oferecer quesitos e pedir esclarecimentos aos peritos. O efeito do impulso oficial em relação à prova diz muito com a preclusão. É que se o juiz pode o mais (atuar de ofício), também pode o menos (atuar provocado). Logo, é de se mitigar o efeito preclusivo em relação ao momento de produção da prova. Ainda que tenha passado o prazo, sempre haverá possibilidade de se requerer que o juiz aja de ofício no sentido de produzir a prova. Vale lembrar, eventual despacho que venha a indeferir esse pedido deverá ser fundamentado, como qualquer outro. Nesta fundamentação, por certo não poderão vir só razões de forma (perda de prazo), mas de fundo. Quer dizer, o juiz deverá dizer porque não agirá de ofício.

O princípio do impulso oficial igualizador obriga a que o juiz seja atento e interessado no atendimento dos escopos e da efetividade do processo. Assim, o juiz não pode tolerar que as desigualdades materiais entre as partes faça do processo um local de opressão do mais forte sobre o mais fraco. O aumento da oralidade e da conciliação, tal como determinada pela nova redação do art. 331 do CPC, em muito poderá auxiliar o juiz na tarefa de diminuir as desigualdades entre as partes. No vis-a-vis com as partes, o juiz acaba conhecendo detalhes pessoais que aguçam o seu sentimento de igualização. É ilusão imaginar-se que todos os advogados tenham a mesma capacidade de defender seus clientes. O interesse público que rege também o processo civil está a exigir do juiz cível a mesma atenção do juiz criminal. Isso significa não só a promoção da prova independentemente do requerimento das partes, mas também cuidado com a qualidade da defesa dos interesses da parte.

Definitivamente, o princípio do impulso oficial e a igualização inerente ao princípio da igualdade obrigam o juiz a promover a paridade das condições entre as partes. Assim, evita-se o excesso e o abuso do poder econômico sobre o cidadão, principalmente dos menos favorecidos na relação jurídica material e processual.

Enfim, as fases processuais são como que engrenadas umas nas outras. Por isso, sem anular a atividade das partes, o juiz pode dar andamento ao processo, independentemente de qualquer requerimento. O princípio do impulso oficial viabiliza que o juiz seja atento à celeridade do processo e à justa composição da lide e, como se verá a seguir, à fé que portam as partes no curso procedimental.

Ver também: princípio da celeridade, princípio da disponibilidade, princípio da inércia da jurisdição.

4.2.1.4. Princípio da boa-fé

Sinonímia

Princípio da probidade. Princípio da lealdade processual.

Enunciado

Todos os sujeitos do processo devem manter uma conduta ética adequada, de acordo com os deveres de verdade, moralidade e probidade em todas as fases do procedimento.

Conteúdo

Todo o comportamento das pessoas em sociedade deve nortear-se pela boa-fé. Logo, com o processo, não poderia ser diferente.

O processo não é uma arena de duelo, mas um local onde os sujeitos buscam a verdade com respeito e cooperação.

Como diz Alcalá-Zamora, citado por Justino Magno Araújo (1983, p. 101), "el proceso debe servir para discutir lo discutible, pero no para negar la evidencia, ni para rendir por cansancio al adversario que tenga razón; ha de representar un camino breve y seguro para obtener una sentencia justa y no un vericuete interminable y peligroso para consumar un atropello".

Estamos diante de um princípio de índole indiscutivelmente ética, que, sob o olhar atento do interesse público, é um prolongamento da ética que deve nortear a vida em relação.

Alcides de Mendonça Lima é autor de artigo de doutrina que deve ser consultado para o aprofundamento do tema, posto que aqui vai apenas resumido. Escrevendo sobre *O Princípio da Probidade no Código de Processo Civil Brasileiro*, mostra como o direito processual visa, precipuamente, a restabelecer o direito material, quando violado. Logo, os meios de que se serve para atingir aquele objetivo não podem se utilizar de situações improbas, maculando o próprio resultado pretendido.

Não se trata de exigir ingenuamente que as partes ofereçam argumentos para que a outra parte triunfe. Trata-se de evitar que a vitória venha através de malícia, fraudes, espertezas, dolo, improbidade, embuste, artifícios, mentiras ou desonestidades.

A repressão à malícia é efeito da diminuição dos efeitos do princípio dispositivo e do aumento do interesse público e cooperativo que informa o processo civil. É por isso que as legislações vêm crescentemente dispondo sobre a repressão do comportamento malicioso. As primeiras previsões legais a respeito têm origem nos diplomas processuais austríaco e alemão. Eram leis platônicas, verdadeiros sinos sem badalos, posto que sem previsão de sanção ao improbo. Chega-se às previsões amplíssimas do CPC brasileiro, onde se podem constatar até certos exageros na busca da probidade.

Com efeito, nosso Código de Processo Civil, certo de que a má-fé tem várias e imprevisíveis modalidades para manifestar-se, dispõe tanto de forma geral como em situações particulares, buscando obstar improbidades de todos os sujeitos que atuam no processo. Para reprimir a má-fé, o código elaborou um sistema minucioso de sanções que abrange todas as violações de caráter moral, atingindo todos que atuem no processo e durante todas as fases do procedimento, por ação ou omissão, no processo contencioso ou de jurisdição voluntária.

Considerando que a probidade tem em vista proteger a busca da verdade, atinge não só as partes, mas também advogados, juízes, agentes do Ministério Público e serventuários. A boa-fé, em resumo, deve nortear o comportamento de todos, inclusive de participantes eventuais, como aqueles que fazem lances em hasta pública.

Em seu artigo, Alcides de Mendonça Lima apresenta a completa repercussão legislativa sancionatória para cada um dos agentes do processo que aqui vão resumidas com pequenos acréscimos.

O juiz não pode ser cúmplice inocente das espertezas das partes. Na repressão à improbidade reside um dos atributos de sua imparcialidade. Por isso, cobra-se uma atitude atenta do presidente do processo em relação ao comportamento dos demais sujeitos. Contudo, também ao juiz é cobrado um proceder probo, claro e sem subterfúgios. O dispositivo processual que dá garantia do adequado procedimento judicial é o art. 131. Por um lado, o juiz deve decidir com as provas que se encontram no processo e, por outro, é obrigado a motivar sua decisão. Além disso, crescem os estudos que responsabilizam o juiz pelos danos causados por seus atos (Silva Filho, 1991). Para tanto, as partes devem estar atentas, por exemplo, à obrigação do juiz de registrar em ata todos os acontecimentos da audiência. Por fim, é de destacar-se que os dispositivos alinham hipóteses de afastamento do juiz por impedimento ou suspeição (arts.134 e 135).

Os auxiliares da justiça também devem proceder com probidade. Ainda que possam não influir no resultado final do litígio, são encarregados do bom andamento do procedimento. Por isso, o CPC preocupa-se tanto com as suas imparcialidades, nas mesmas hipóteses previstas para os juízes.

Não se há de descuidar da boa-fé que deve nortear também a atuação do Ministério Público por qualquer de seus agentes. Assim, além das causas de suspeição e impedimento, iguais às previstas para os juízes (art. 138, I), tem-se a responsabilização em caso de fraude ou dolo (art. 85).

Quanto à repressão à malícia processual no que diz com as partes, litisconsorciadas ou não, terceiros intervenientes e seus procuradores, o sistema processual busca evitar a má-fé de forma ampla. Por isso, além de previsões específicas em cada fase processual, capítulo específico prevê de forma geral sobre os deveres das partes e de seus procuradores e a conseqüente responsabilização por dano processual.

Compete às partes e aos seus procuradores, nos termos do art. 14 do CPC, expor os fatos em juízo conforme a verdade (inc. I), proceder com lealdade e boa-fé (inc. II), não formular pretensões nem alegar defesa ciente de que são destituídas de fundamento (inc. III) e não produzir provas, nem praticar atos inúteis ou desnecessários à declaração ou defesa do direito (inc. IV).

A afronta a qualquer desses deveres autoriza o juiz a averbar a parte como litigante de má-fé (art. 17), devendo o infrator pagar perdas e danos (art. 16), indenização de prejuízo mais honorários e despesas (art. 18).

A Lei 8.906, de 4.7.94 (Estatuto da Advocacia), dispõe em seu artigo 32 que o advogado é responsável pelos atos que, no exercício profissional, praticar com dolo ou culpa. E o parágrafo único do mesmo artigo diz que, em caso de lide temerária, o advogado será solidariamente responsável com seu cliente, desde que coligado com este para lesar a parte contrária, o que será apurado em ação própria.

Costuma-se distinguir o *princípio da probidade* (ou *boa-fé*) do *princípio da verdade*. O primeiro é genérico e diz respeito à justiça. Já o dever de veracidade é mais específico e diz com a exigência de que as partes declarem as circunstâncias fáticas de modo completo e determinado: "no deben producirse afirmaciones cuya mendacidad conoce la parte."(Guillén, 1979, p. 15).

Apesar de ser uma espécie do princípio da probidade, o dever de verdade não é menos importante. Não há má-fé maior do que demandar com mentiras. O abuso na demanda, radicando na fase postulatória, espalha seus efeitos e contamina todo o processo. Desimporta se quem abusa do poder de demandar tem razão ou não, pois mesmo quem tem razão deve agir corretamente.

Quem se interessar no aprofundamento do tema encontrará no estudo de Alcides Mendonça Lima (1979, p. 15-42) uma série completa de artigos de lei que, de uma forma ou outra, buscam coibir a atuação do *improbus litigatur*. Para os limites aqui propostos, vale referir que a lei busca evitar a má-fé nas diversas espécies de processo (conhecimento, execução e cautelar) e em todas as fases procedimentais (postulação, instrução, sentencial, recursal ordinária e extraordinária). Os dispositivos restritivos da malícia processual podem ser encontrados, assim, tanto no procedimento comum como nos especiais.

Contudo, convém distinguir a má-fé processual da má-fé material. Aqui estamos a tratar de comportamento malicioso dentro do processo. Ainda que a natureza do instituto seja pré-processual, a conseqüência processual se resume à consideração do comportamento processual como meio de prova. Resulta disso que a malícia processual não leva, necessariamente, à derrota do malicioso.

Ao depois, alerta o professor gaúcho (1979, p. 28) para a importância de separar a malícia exercida pela parte e pelo seu procurador. Se teoricamente é das partes, não se pode deixar de reconhecer que, na prática ou na dinâmica forense, o dever de lealdade é mais dos procuradores do que das partes, sobretudo, quando o cliente não apresente condições sociais, profissionais e culturais suficientes para engendrar os fatos recriminados na lei.

Até o advento da Lei 8.952/94, alguma jurisprudência entendia inaplicável a litigância de má-fé sem o requerimento da parte contrária. Agora, a nova redação do art. 18 do CPC é taxativa: "o juiz, de ofício ou a requerimento, condenará o litigante de má-fé a indenizar à parte contrária os prejuízos que esta sofreu, mais os honorários advocatícios e as despesas que efetuou".

Como não havia disposição legal orientando o valor da indenização, este era fixado pelo magistrado com certa autonomia. Embora essa autonomia persista, referida lei deu nova redação ao parágrafo segundo do art. 18. Assim, "o valor da indenização será desde logo fixado pelo juiz, em quantia não superior a vinte por cento sobre o valor da causa, ou liquidado por arbitramento".

Apesar das disposições gerais e particulares dos sistema brasileiro de repressão à malícia processual, o princípio tem tal abrangência que, mesmo sem lei, ele estaria presente no processo. Assim, os sujeitos processuais, e principalmente o juiz, devem manter-se atentos às ocorrências que violem a boa-fé processual. O caso concreto poderá revelar sempre novas condutas a serem reprimidas em nome da busca da verdade. A malícia tem tantas novas formas de aparecer que seria difícil ao legislador prever todas. Por isso, vale acrescentar, a má-fé se prova por indícios e circunstâncias.

No entanto, se tal é a abrangência e a amplitude, maior deve ser o cuidado do julgador na apenação. Não se vá confundir malícia com comportamento altivo e intransigente na defesa de direitos que a parte honestamente entende ter. Como lembra Victor Fairén Guillén (1979, p. 151), não se há de esquecer que não há *uma* verdade histórica para as partes. Cada uma delas tem *sua* verdade segundo sua *forma mentis* sob a influência de suas visões e de seus próprios interesses e paixões. "Todo lo que racionalmente se puede y se debe pedir a las partes es que hagan saber sin ambajes lo que quieren y lo que piensan y 'por qué' piensan y quieren de un u otro".

Cândido Dinamarco (1987, p. 410) admite que as partes "possam contar com sua própria habilidade e um grau tolerável de malícia estratégica no processo". Lembra o jurista paulista que a repulsa à litigância de má-fé abrangia, na redação original do nosso CPC, o caso de "deduzir pretensão ou defesa cuja falta de fundamento não possa razoavelmente desconhecer". Sancionar o exercício da ação e da defesa acabava por violentar o *princípio do contraditório* - objeto de nosso estudo a seguir.

Ver também: princípio da disponibilidade, princípio do debate.

4.2.1.5. *Princípio do contraditório*

Sinonímia

Princípio da bilateralidade da audiência, *audiatur et altera pars*. Princípio da bilateralidade da ação.

Enunciado

É a ciência bilateral dos atos e termos processuais e possibilidade de contrariá-los com alegações e provas.

Conteúdo

O princípio do contraditório é elemento essencial ao processo. Mais do que isto, pode-se dizer que é inerente ao próprio entendimento do que seja processo democrático, pois está implícita a participação do indivíduo na preparação do ato de poder. A importância do contraditório irradia-se para todos os termos do processo. Tanto assim que conceitos como ação, parte e devido processo legal, são integrados pela bilateralidade. Em verdade, só não incluímos o contraditório como princípio informativo, por considerá-lo uma das facetas da igualdade.

No Brasil tornou-se clássica a conceituação de Joaquim Canuto Mendes de Almeida (1937, p. 109), de constituir o contraditório expressão da ciência bilateral dos atos e termos do processo, com a possibilidade de contrariá-los. Contudo, na atualidade, o conteúdo do princípio é tão rico, tão vasto, tão cheio de importância, que dificilmente uma síntese poderia projetar toda a sua extensão.

O contraditório assenta-se em fundamentos lógico e político. A bilateralidade da ação (e da pretensão) que gera a bilateralidade do processo (e a contradição recíproca) é o fundamento lógico. O sentido de que ninguém pode ser julgado sem ser ouvido é o fundamento político. Sustentado sobre esses dois pilares, o princípio dinamiza a dialética processual e vai tocar, como momento argumentativo, todos os atos que preparam o espírito do juiz.

Assim, não basta intimar a parte para manifestar-se, ouvi-la e permitir a produção de alegações e provas. Mais do que isto, o contraditório tem que ser *pleno* e *efetivo,* e não apenas nominal e formal. Mais do que acolher as razões das partes, o contraditório preocupa-se com o fato de estas influírem efetivamente no convencimento do juiz e até de criar dúvida em seu convencimento. Mais do que prestar informações às partes, o contraditório é informado pelo princípio do respeito da dignidade da pessoa (Theodoro Jr., 1991, p. 14). O processo civil cada vez mais se aproxima do processo penal na medida em que se preocupa também com a qualidade da defesa da parte.

Até o advento da Constituição Federal de 1988, contraditório não tinha um dispositivo específico para o processo civil. Isso não impediu nem sua aplicação nem seu desenvolvimento. Os termos do artigo 8º da Declaração dos Direitos do Homem e o princípio da igualdade davam embasamento suficiente. Hoje o texto constitucional é suficientemente abrangente para os largos limites da bilateralidade. Assim, "aos litigantes, em processo judicial ou administrativo, e aos acusados em geral são assegurados o contraditório e ampla defesa, com os meios e recursos a ela inerentes" (CF, inciso LV, art. 5º).

Afora isso, o Código de Processo Civil, como se verá, tem diversos dispositivos que permitem afastar toda sorte de surpresas e segredos que de forma alguma se compatibilizam com um processo democrático. Concede-se, contudo, a existência de provimentos liminares. As justificativas para tais exceções centram-se em razões de urgência e interesse público. Mesmo assim, o contraditório não fica afastado de todo, em face da posterior comunicação da decisão liminar. Ademais, o demandado, se tiver conhecimento do processo antes da decisão do juiz, poderá desenvolver atividade processual plena mesmo antes de efetivada a medida liminar.

A doutrina e a jurisprudência vêm fazendo aplicação cada vez mais ampliativa do contraditório. Veja-se as considerações do jurista gaúcho Carlos Alberto Álvaro de Oliveira (1994, p. 12). Por princípio, as partes não podem ser surpreendidas por decisão que se apóie numa visão jurídica que não tinham percebido ou tinham considerado sem maior significado. Nesse sentido, mesmo o conhecimento de ofício, pelo juiz, deve ser precedido de prévio conhecimento da parte. Além disso, a parte deve tomar conhecimento de eventual novo rumo que o juízo irá tomar. Aqui dá-se a necessidade do contraditório para a liberdade de escolha do direito pelo juiz consubstanciada no *iura novit curia*.

A forma como hoje se encara a revelia tem indisfarsáveis efeitos do princípio do contraditório. Não se tem mais a idéia de *rebeldia* que empresta o nome ao instituto. Pelo contrário, leva-se em consideração o caso concreto. Tratando-se de réu revel citado por edital ou com hora certa, a lei obriga a nomeação de curador especial. Nesses casos entende-se obrigatória a apresentação de contestação. Ademais, o curador não pode concordar com o pedido do autor.

É sempre oportuna a distinção entre revelia (falta de contestação) e efeitos da revelia (presunção de verdade dos fatos alegados na inicial). Quanto aos efeitos, vale lembrar que a presunção diz somente com fatos (e não com direito) e não há como falar em presunção quando se trata de direitos indisponíveis. A par disso, a presunção é *juris tantum*, logo o juiz, apreciando as provas dos autos, poderá mitigar a aplicação do art. 319 do CPC, julgando a causa com seu livre convencimento. Enfim, a revelia não inibe o poder de livre iniciativa probatória do juiz.

Ainda em relação à revelia, vale salientar o entendimento do juiz Paulo Becker. O digno magistrado costuma nomear curador ao réu revel, mesmo quando citado regular e pessoalmente. Sustenta aquele magistrado que o inc. LV do art. 5º da Constituição Federal lhe dá amparo. É que de disposição análoga contida nos parágrafos 15 e 16 do art. 153 da Constituição de 1969 sempre se deduziu que as normas jurídicas de hierarquia inferior deveriam dispor que, se acusado criminalmente não providenciasse sua defesa, o próprio Estado, por nomeação judicial, devesse suprir a omissão, através de defensor dativo (Portanova, 1992, p. 118).

Em relação à prova, o contraditório centra-se na necessidade de amplo debate e maior proximidade do juiz com a parte. Com isso, propugna-se mais pela oralidade do que pelo julgamento antecipado da lide, principalmente quando este implica indeferimento de prova. A parte tem direito de participar na formação e na produção de todos os meios de prova. Assim como não se faz prova sem juiz, não se faz prova sem a parte. Enfim, José Carlos Barbosa Moreira (1984, p. 237) sugere, para um contraditório pleno e efetivo, possibilidade de contato pessoal entre o juiz e os advogados das partes e, em casos especiais (principalmente pertinentes ao direito de família), a entrevista isolada do juiz com a testemunha.

A bilateralidade da audiência pode influenciar o direito material como o direito processual. Exemplo de influência do contraditório no direito material tem-se quando o afiançado não participou do processo que, ao seu final, considerou nula cláusula de contrato que responsabilizava fiador em custas judiciais e honorários advocatícios. Todo processo vai ser tocado pelo contraditório, inclusive o executivo. Desimporta que na execução não se discuta mérito. Como visto, o contraditório tem sentido mais amplo do que a só apresentação de defesa. Também no processo de execução o devedor tem o direito de receber as informações necessárias e de apresentar razões de fundo (como a exceção de pré-executividade) e de forma (como impugnação ao valor da avaliação), que são frutos do seu direito ao contraditório.

Pode-se dizer que o princípio contraditório começa antes da citação e não termina depois da sentença. Se já na elaboração da inicial a idéia de bilateralidade tem seus reflexos, por igual a sentença, com a necessidade de motivação, é informada pelo princípio. Com efeito, ao julgar, o juiz reflete a importância que deu ao direito da parte de influir em seu convencimento e esclarecer os fatos da causa.

Apesar de tanta proteção legal e tamanha abrangência, aqui e ali o princípio do contraditório tem sido afrouxado, principalmente em ações possessórias. Nesta quadra da história, são bem conhecidas no Brasil ocupações por trabalhadores sem terra. Como se sabe, o problema é muito mais político e social do que jurídico. Contudo, os proprietários têm logrado liminares em ações possessórias. Fossem atendidos preceitos jurídicos, cumpriria atentar para a precariedade das identificações dos réus com vistas ao adequado contraditório. Outrossim, para deferir-se a liminar é indispensável prova do preenchimento do requisito constitucional da função social da propriedade. Enfim, sem perquirições sociais, econômicas e políticas, afastam-se requisitos jurídicos expressos; procedendo-se a citações fictas de réus presentes em lugares certos e sabidos. Parece confirmado, assim, o preconceito geral contra o réu nas ações possessórias de que fala Ricardo Antonio Arcoverde Credie (1981, p. 62).

Na concepção tradicional, o contraditório é visto estaticamente, em correspondência com a igualdade formal das partes. Contudo, do ponto de vista crítico, menos individualista e mais dinâmico, o princípio do contraditório postula a necessidade de ser a eqüidistância do juiz adequadamente temperada. O plano da concreta aplicabilidade da garantia do contraditório tem íntima relação com o princípio da igualdade, em sua dimensão dinâmica (princípio igualizador). Assim, o contraditório opera com vistas à eliminação (ou pelo menos diminuição) das desigualdades, jurídicas ou de fato, entre os sujeitos do processo.

"A *plenitude* e a *efetividade* do contraditório", diz Ada Pellegrini Grinover (1990, p. 11), "indicam a necessidade de se utilizarem todos os meios necessários para evitar que a disparidade de posições no processo possa incidir sobre seu êxito, condicionando-o a uma distribuição desigual de forças". Depois, citando Calamandrei, a emérita professora mostra como os princípios da igualdade e do contraditório "podem colocar a parte socialmente mais fraca em condições de paridade inicial frente à mais forte, e impedir que a igualdade de direitos se transforme em desigualdade de fato por causa da inferioridade de cultura ou de meios econômicos".

Um dado essencial para a plena efetividade do contraditório é a obrigatória e efetiva participação do advogado. Isto é tema a ser visto a seguir.

Ver também: princípio da ampla defesa.

4.2.1.6. Princípio da representação por advogado

Sinonímia

Princípio da indispensabilidade por advogado. Princípio da necessidade de advogado

Enunciado

A parte deverá ser representada em juízo por advogado.

Conteúdo

Dá-se a representação processual quando uma pessoa (capaz ou incapaz, física ou jurídica) necessita agir em juízo. Esta forma de representação é originária da exclusiva atribuição dos advogados de falarem em nome das partes aos juízes. Por isso, a representação processual é esta relação entre a pessoa que necessita agir em juízo e o advogado que fala por ela.

A atividade da advocacia é de origem remotíssima e cada vez se afirma mais. A valorização da advocacia não tem se feito sem dissabores. Napoleão imaginava os advogados como artesãos de crime e de traição. Por isso, em um de seus acessos de arbítrio, suprimiu a existência da

Ordem dos Advogados. Mas a restabeleceu mais tarde, pois constatou que a condenação à morte do duque d'Enghien, sem assistência de qualquer advogado, havia destruído sua moralidade perante a Europa.

A despeito do induvidoso reconhecimento a tão nobre atividade, foi nossa Constituição de 1988 que deu dignidade maior à classe. O Estatuto da Ordem dos Advogados do Brasil (Lei 4.215/63) já previa, mas agora é a Carta Magna que coloca o advogado como indispensável à administração da justiça, sendo inviolável por seus atos e manifestações no exercício da profissão, nos limites da lei (art. 133, CF). Com isso, os advogados estão no mesmo pé de igualdade com juízes e o Ministério Público como instituições essenciais à Justiça.

É requisito para sua atuação processual esteja o advogado regularmente inscrito na Ordem dos Advogados do Brasil e que a procuração outorgada pela parte acompanhe a primeira peça que for apresentada em juízo.

A Terceira Câmara do Tribunal de Alçada, analisando processo em que houve contestação firmada por bacharel não inscrito na OAB, traçou algumas regras interpretativas para decidir se a nulidade era absoluta ou relativa. O acórdão lembra o ideal de justiça que deve presidir a aplicação da lei a cada caso concreto. Ademais, a norma é comprometida mais com interesses da corporação do que com a prestação jurisdicional com justiça. Assim, são as circunstâncias especiais de cada caso que deverão nortear o julgador na aplicação do art. 13 do CPC. Enfim, "não se pode em princípio admitir interpretação extremamente rígida do princípio que tutela a profissão de advogado, e fazer com que tal preceito se volte contra o interesse fundamental das partes." (Ap. Civ. 186048500. Rel. Élvio Schuch Pinto).

A partir disso, na hipótese de constatar-se a falta de instrumento procuratório ou atuação de procurador não inscrito na OAB é indispensável que o juiz busque formas de eliminar o defeito procedendo à intimação pessoal da parte se isso for necessário para saná-lo.

Tomadas todas as providências, persistindo a ausência de advogado ou a falta do instrumento de procuração, a solução é diferente, dependendo de tratar-se de defeito da parte-autora ou da ré. Se faltar advogado ou procuração para a parte-autora, o juiz julgará extinto o processo sem apreciação do mérito. Tratando-se de falta da parte-ré, ter-se-á esta por revel.

Diversas razões justificam a necessidade da representação processual. A especialização da atividade advocatícia deve-se à complexidade da relação jurídica processual, à técnica sutil da sua constituição e desenvolvimento. Interessa também que no conflito jurídico as partes sejam defendidas com correção e precisão. Enfim, a finalidade publicista do processo de composição da lide com justiça recomenda e exige que as partes, para postular em juízo, se façam representar por técnicos em direitos (Santos, 1984, p. 370).

A atuação do advogado se faz com o exercício de direitos, mas também com obediência a deveres (art. 39, CPC). Descumpridos os deveres, o advogado se sujeita a penalidades e à própria responsabilização civil por eventual imperícia no exercício do mandato.

No sistema processual brasileiro têm se admitido algumas hipóteses excepcionais de participação da própria parte desacompanhada de advogado.

Tanto o réu em processo de despejo por falta de pagamento, como o devedor em processo de execução por quantia certa, podem pedir a conta do débito e pagá-lo sem necessidade da participação técnica. Por igual, o réu em ação de consignação em pagamento pode, sozinho, na audiência de oblação, aceitar a oferta e receber o valor.

Também há hipótese de iniciativa de ação sem acompanhamento técnico como no *habeas corpus*, no pedido de assistência judiciária gratuita e nos alimentos. Nesta última hipótese, contudo, não havendo conciliação, o processo seguirá com acompanhamento de advogado. Além disso, é lícito à parte postular em causa própria, quando tiver habilitação legal. Mesmo sem advogado, a lei admite que a parte haja em causa própria nas hipóteses de se tratar de local com falta de advogado ou havendo recusa ou impedimento dos que houver.

O advento e implantação dos Juizados de Pequenas Causas provocou polêmica por causa de disposição legal facultando (e não obrigando) o comparecimento das partes assistidas por advogado (art. 9, Lei 7.244). A controvérsia reacendeu com o advento do Estatuto da Advocacia e da Ordem dos Advogados do Brasil - OAB que, em seu artigo primeiro, anunciou como atividade privativa da advocacia "a postulação a qualquer órgão do Poder Judiciário e aos juizados especiais".

A Associação dos Magistrados Brasileiros (AMB) intentou Ação Direta de Inconstitucionalidade junto ao Supremo Tribunal Federal propugnando pela inconstitucionalidade deste e de outros dispositivos do Estatuto da Advocacia. Nos dias 5 e 6 de outubro de 1994, o STF deferiu diversas liminares. Entre elas, entendeu que na expressão "juizados especiais", do art. 1°, I, da Lei 8.906/94, não estão abrangidos os Juizados de Pequenas Causas, a Justiça do Trabalho e a Justiça de Paz, referindo-se apenas as juizados do art. 98, inc.I, da Constituição Federal.

Sem pretender contribuir para a polêmica, parece indispensável que não se perca de vista uma atuação ótima e ideal do Poder Judiciário. Neste rumo, ver-se-á que uma pequena causa para uns pode ser uma grande causa para outros. Não é difícil entender que - num país de tantas desigualdades sociais - discussões envolvendo valores monetariamente baixos podem representar muito para partes pobres. Deve-se pensar soluções melhores do que as neoliberais, que propõem Estado-mínimo também na prestação jurisdicional. Uma delas seria o atendimento da Constituição Federal e a criação de Defensoria Pública.

Enfim, a presença de advogados representando as partes no processo é essencial. Só o advogado tem o *jus postulandi* e deve exercer este *munus* público com independência. Trata-se de um colaborador parcial da justiça cuja atividade, revestida de imunidades, contribui decisivamente para um processo verdadeiramente dialético. A presença obrigatória do advogado, mais do que interesse da parte, vai tocar o próprio interesse público no incentivo do princípio igualdade das partes, do atendimento do contraditório e da ampla defesa.

O interesse público está a exigir cada vez mais, não só a participação do advogado, mas uma *efetiva* e *parcializada* participação.

Para além da atividade nos pretórios, a história recente da democracia brasileira deve muito aos advogados. Verdadeiramente, a advocacia é uma garantia contra o autoritarismo. Tal é a importância da profissão que a participação dos advogados no quinto dos Tribunais ajuda na legitimidade do Poder Judiciário. O advogado sem dúvida é um fiscal permanente de todos os Poderes do Estado. No que concerne ao Poder Judiciário, o advogado tem como aliado nessa fiscalização o *princípio da publicidade* que se verá a seguir.

Ver também: ampla defesa e contraditório.

4.2.1.7. Princípio da publicidade

Enunciado

Os atos processuais são públicos.

Conteúdo

Faz parte da essência de um processo sua publicidade. Em verdade, a abertura para o conhecimento público dos atos não é uma qualidade só do processo, mas de todo e qualquer sistema de direito que não se embase na força, na exceção e no autoritarismo. A democracia não se compraz com o secreto, com o que não é notório.

A análise da publicidade deve dar-se numa perspectiva ampla. A investigação deve ser da publicidade *do* processo e não só *no* processo.

A doutrina costuma referir vantagens da publicidade, dentre as quais a mais referida é a fiscalização pelo público, que por um lado pode evitar abusos, maledicências e suspeitas, mas também tem a função educativa, pela divulgação de idéias, incentivo ao interesse pela justiça e a elevação da confiança das pessoas no Poder Judiciário. Assim, à vista dos amplos poderes que detém o juiz, a publicidade é uma contrapartida, que dá segurança e garantia contra a falibilidade humana e as arbitrariedades dos julgadores.

Com tal amplitude não é difícil encontrar o princípio nas legislações da França, Alemanha, Japão, Estados Unidos e antiga União das Repúblicas Socialistas Soviéticas. Por igual, o art. 10 da Declaração Universal dos Direitos do Homem e o art. 6º da Convenção de Salvaguardas do Direito do Homem e da Liberdade Fundamental também consagram o princípio.

No Brasil, por regra, o processo é público. A lei só poderá restringir a publicidade dos atos processuais quando a defesa da intimidade ou o interesse social o exigirem (CF, art. 5º, inc. LX). Todos os julgamentos dos órgãos do Poder Judiciário serão públicos, e fundamentadas todas as decisões, sob pena de nulidade (CF, art. 83, inc. IX). A regra constitucional repete-se no Código de Processo Civil (arts.155 e 144) e no Código de Processo Penal (art. 792) e Consolidação das Leis do Trabalho (art. 770).

Em verdade, é interesse da própria justiça que seus trabalhos sejam públicos. A publicidade é um anteparo a qualquer investida contra a autoridade moral dos julgamentos. O ato praticado em público inspira mais confiança do que o praticado às escondidas. A publicidade dos atos processuais, portanto, interessa igualmente ao Poder Judiciário e aos cidadãos em geral. A publicidade garante mais confiança e respeito, além de viabilizar a fiscalização sobre as atividades dos juízes.

Dessa maneira, para além da investigação do acesso às audiências e aos autos, tem, ainda, a discussão sobre a produção da prova, a fundamentação da sentença e as intervenções das partes e seus advogados. Mas não só isso. A análise remete necessariamente aos princípios político, contraditório e devido processo legal.

Tradicionalmente divide-se a disciplina dos efeitos da publicidade no processo em dois: quanto à realização da audiência (parte oral) e quanto ao acesso aos autos (parte escrita do procedimento).

Por princípio, a audiência, mas também o processo em geral, é público. Todos podem ter acesso ao ato em que, os atores processuais fazem a coleta da prova oral. As restrições legais ao acesso às audiências são as da lei (incs. I e II do art. 155 do CPC). De qualquer sorte, tais restrições dizem respeito somente ao público em geral, e não às partes.

O parágrafo único do art. 155 diz que "o direito de consultar os autos e de pedir certidões de seus atos é restrito às partes e a seus procuradores. O terceiro, que demonstrar interesse jurídico, pode requerer ao juiz certidão do dispositivo da sentença, bem como de inventário e partilha resultante de separação judicial. Por outro lado, o art. 141, inc. V, do mesmo diploma, diz que incumbe ao escrivão dar, independentemente de despacho, certidão de qualquer ato ou termo do processo, observado o disposto do art. 155. Theotonio Negrão (1994, p. 164) sugere que, para remover aparente contradição entre os dispositivos, deve-se concluir que a restrição do parágrafo "somente se refere aos processos que correm em segredo de justiça, quanto aos demais, é livre a consulta aos autos por advogados ... e irrestrito o direito de pedir certidões".

A relação entre oral e público, escrito e secreto, é histórica. Em outros tempos, a qualidade respeitante à oralidade ia, de par em par, com a qualidade da publicidade, de tal forma que o processo escrito emparelhava-se com o processo secreto. Entrentanto, a publicidade não decorre necessariamente da oralidade (Habscheid, 1978, p. 144).

Sendo uma das conquistas da Revolução Francesa, a publicidade *do* processo exerce indisfarçável interesse público na medida em que viabiliza o controle da justiça pela população. Ficaram famosas as palavras de Mirabeau perante a Assembléia Nacional: "donnez-moi le juge que vous voudrez: partial, corrupt, mon ennemi même, si vous voulez, peu m'imorte pourvu qu'il ne puisse rien faire qu'à la face du public". Como diz Couture (1958, p. 192), a publicidade constitui o mais precioso instrumento de fiscalização popular sobre as obras dos magistrados e defensores."En último término el pueblo es el juez de los jueces". Em suma, a publicidade tem uma tal afinidade com o processo democraticamente considerado que, mesmo a falta de dispositivo legal específico - como no código austríaco - conduz o pensamento do jurista democrático a um processo tão público quanto contraditório.

A publicidade não é absoluta. A Constituição Federal (art. 5º, inc. X) considera "invioláveis a intimidade, a vida privada, a honra e a imagem das pessoas, assegurando o direito à indenização pelo dano material ou moral decorrente de sua violação". Nesse passo, o interesse público que embasa a regra da publicidade, em algumas hipóteses pode estar melhor resguardado se o conhecimento do processo for "a portas fechadas". Com a vigência da atual Carta Magna, as regras de processo devem ser interpretadas e aplicadas de modo que resguardem a proteção do direito à intimidade. Este encontra-se, a cada ato processual praticado, ameaçado, pela possibilidade de pessoas não envolvidas com o litígio terem conhecimento de fatos concernentes à esfera íntima das partes." (Delgado, 1991, p. 31).

Alguns temas costumam ensejar a exceção ao princípio da publicidade. São exemplos: a defesa nacional, a ordem pública, a intimidade dos interessados, a moral, os bons costumes e a defesa da família. Busca-se, com a restrição da publicidade, evitar a curiosidade geral, as conseqüências desastrosas, a perturbação da ordem, a apreensão do povo, o alarme, o tumulto, o apavoramento, a marca negativa e a afronta à dignidade das pessoas físicas e jurídicas, sejam de direito privado ou público.

O segredo de justiça pode ser ordenado sempre que se trate de matéria que humilhe, rebaixe, vexe ou ponha a parte em situação de embaraço que dificulte o prosseguimento do ato, a consecução da finalidade do processo, ou possa envolver revelação prejudicial à sociedade, ao Estado, ou a terceiro (Fadel, 1975, p. 265).

Para proteger tais situações, a mesma Constituição que institui a regra da publicidade viabiliza a exceção. Assim, a lei, se o interesse público o exigir, poderá limitar a presença, em determinados atos, às próprias partes e a seus advogados, ou somente a estes (art. 93, inc. IX, segunda parte).

Diz-se que correm em segredo de justiça os processos com publicidade restrita. O CPC optou por dividir em dois incisos as hipóteses de exceção à publicidade. A primeira utiliza-se de acepção ampla. Cada caso dirá, a critério do juiz, quando o interesse público exige o segredo (inc. I, art. 155). Na segunda hipótese, o legislador optou pela enumeração legal de critérios objetivamente considerados. Assim, é limitado às partes e aos advogados o acesso às ações que dizem respeito a casamento, filiação, separação dos cônjuges, conversão desta em divórcio, alimentos e guarda de menores.

Além dessas hipóteses, que atingem o processo em todos os seus atos, o CPC prevê outras em que o segredo é limitado a determinados atos. Assim, no interesse de que não se frustrem medidas liminares, são previstos casos de restrição à publicidade na justificação prévia para o arresto (art. 815), para o seqüestro (art. 823) e para a busca e apreensão (art. 841).

Por outro lado, em processos que despertam muito interesse na sociedade, tem-se garantido o princípio da publicidade, limitando-se o acesso do público ao número de lugares em determinado recinto. Fora dessa hipótese, interessa à publicidade o livre acesso do público à audiência. Admite-se que a porta esteja encostada, seja para impedir a comunicação entre testemunhas, seja para funcionamento do ar condicionado (*RT,* v. 684, p. 331).

Enfim, ao sistema processual democrático, a publicidade é essencial. Assim, garante-se às partes uma participação efetiva no processo e respalda-se o direito de peticionar e de provar. A par disso, obriga o Poder Judiciário a prestar contas de seus atos. A sociedade, conhecendo mais assiduamente como decidem seus juízes, verá desmitificada mais rapidamente a falsa idéia de neutralidade judicial.

A preocupação de resguardo ao princípio da publicidade, contudo, não impede que o sistema se preocupe com a *celeridade* processual. É o que se verá a seguir.

Ver também: princípio político, princípio do contraditório.

4.2.1.8. Princípio da celeridade

Sinonímia

Princípio da brevidade.

Enunciado

O processo deve ter andamento o mais célere possível.

Conteúdo

Como já referido quando da análise do princípio da economia processual, os processualistas perseguem o ideal de processo barato, rápido e justo.

A celeridade é uma das quatro vertentes que constituem o princípio da economia processual. As outras são economia de custo, economia de atos e eficiência da administração judiciária.

Em busca da celeridade, a Constituição Federal oportunizou uma quebra no *princípio de competência da União para legislar sobre direito processual* (CF, inc.I, art. 22). O inc. XI do art. 24 atribuiu aos Estados e ao Distrito Federal competência para legislar em concorrência com a União sobre procedimento em matéria processual. Não tem sido fácil valer-se de tal permissivo. A maior dificuldade reside em encontrar-se o espaço adequado para a legislação estadual, porquanto não é absolutamente tranqüila a distinção entre processo e procedimento.

As pedras no caminho da celeridade são o acúmulo de serviço (originário dos muitos conflitos sociais que aportam ao Judiciário) e o pequeno número de juízes. O Estado é tímido em promover a melhor distribuição da riqueza nacional com vistas a diminuir os conflitos sociais. Já o Judiciário é tímido em promover a criação de cargos de juízes em proporcionalidade razoável ao número de feitos que acorrem à Justiça. Enquanto não diminuírem os conflitos sociais ou aumentarem os juízes, sempre haverá sobrecarga de trabalho e justificativas para a morosidade do Poder Judiciário.

Nosso CPC não tem previsão expressa sobre o princípio da celeridade, como tem o art. 2º da Lei das Pequenas Causas (Lei 7.244/84). Preferiu-se dizer que o juiz deverá velar pela rápida solução do litígio (art. 125, II). Muitas vezes, na ânsia de acelerar o processo, o legislador cria procedimentos e prevê prazos que acabam desprestigiando a idéia de celeridade. O exemplo mais claro é o art. 281 do CPC, que fixou o nunca exeqüível prazo de 90 dias para realização de todos os atos do procedimento sumaríssimo.

Outra previsão legal que caiu no vazio foi a Lei 6.858/80, que prevê o pagamento de valores depositados em conta bancária independente de inventário ou alvará judicial. Os bancos (oficiais ou particulares) não se sentindo seguros para tais liberações, acabam exigindo a prévia atuação do Poder Judiciário.

Mesmo os dispositivos do procedimento sumaríssimo desde o início mostraram-se de discutível celeridade. Hoje parece não haver mais dúvida de que o procedimento sumaríssimo é menos econômico do ponto de vista temporal do que o procedimento comum. Por isso, em nossos dias, no Rio Grande do Sul, é comum os juízes transformarem, desde o despacho de recebimento da inicial, o procedimento sumaríssimo em ordinário. Acresce que, em muitos casos, os próprios autores - em tese beneficiários do procedimento mais célere - em suas iniciais já requerem a adoção do rito ordinário.

Aliás, a busca de celeridade fez o Judiciário gaúcho pioneiro em algumas iniciativas. Uma delas - a mais conhecida - diz com a instituição dos Juizados de Pequenas Causas. Outra se refere ao Programa de Racionalização dos Serviços Judiciários, que acabou se integrando ao Programa Nacional de Desburocratização do Governo Federal, que colaborou na publicação de um *Manual*, distribuído, por incentivo da Associação Brasileira de Magistrados, a todos os juízes do Brasil (Gelatti, 1986).

Quando se fala de celeridade processual não se pode deixar de levar em conta as peculiaridades da atividade desenvolvida na jurisdição.

A imprensa, volta e meia, pauta a morosidade do Judiciário, pois sabe que a notícia sempre vende. Muitas críticas falam de uma rapidez inviável em qualquer processo conforme a lei. De pouco adiantam as desculpas de falta de recursos, diminuto quadro funcional ou culpa da lei. Aqui e ali aparecem casos de longa duração a justificar notícias sobre a ineficiência do Poder Judiciário.

É indispensável que se diga logo que ainda não se logrou pôr em prática um sistema processual efetivamente econômico e pleno que desse resposta adequada à pressa de nosso tempo.

O debate promovido pela Associação dos Juízes do Rio Grande do Sul no Primeiro Fórum de Debates sobre o Judiciário Gaúcho e a Sociedade trouxe, no painel sobre "Morosidade do Poder Judiciário", alguns dados interessantes. O painelista Jarbas Lima (1993, p. 5) fez comparação entre o Tribunal de Justiça do Rio Grande do Sul e os de Estados-membros de outros países. Nosso Tribunal passou de 8.845 decisões em 1988 para 16.000 em 1992.

No primeiro grau, a média de tramitação no cível é de 441 dias e de 145 dias para os processos criminais.

Para confrontar essas informações com a de outros países, o palestrante trouxe dados obtidos dos Estados Unidos, os quais demonstram que em Miami, no cível, a tramitação dura 777 dias e no crime 1.074 dias. Em

New Orleans, 1.215 (cível) e 1.439 (crime) e em Washington, 1.335 dias (cível) e 883 dias (crime).

Não é difícil constatar: a forma de processamento de um fato para o Judiciário não é a mesma forma de processamento do mesmo fato para outras ciências. Veja-se: enquanto o jornalismo trabalha com o fato em sua instantaneidade, o processo trabalha, antes de mais nada, na construção da verdade do fato (e sua prova). Só depois o trabalho judicial volta-se para as conseqüências dos acontecimentos. Assim, cumpre que se analise convenientemente as críticas. Pode se tratar de caso excepcional, e não da regra; a crítica pode pretender a pressa, e não a perfeição. O processo contencioso não pode prescindir da duração temporal, em razão mesmo da sua natureza dialética e contraditória.

Mas, vale repetir: o processo é demorado. Ou pelo menos, não acompanha a pressa que o tempo presente exige.

A demora é um ônus de quem busca o processo para solução de um litígio que, ou não soube prevenir acautelando-se com a escolha de adequado sujeito no outro pólo da relação jurídica de direito material, ou não sabe resolver sem a intervenção do juiz. Não se vá, por exemplo, cobrar pressa do Judiciário em uma cobrança quando o devedor não tem patrimônio para atender judicialmente o crédito do exeqüente.

Então, incapazes de prevenir e resolver seus conflitos, as partes deverão submeter-se a uma burocracia, que sem dúvida não precisava ser tão morosa, mas que deve respeitar os princípios, encontrados em toda democracia, do contraditório, da ampla defesa e do devido processo legal. Não se pode, por causa da pressa, passar por cima de consagradas conquistas universais.

Deve ser levado em conta, ainda, que nem sempre todas as partes que participam de uma lide estão dispostas a uma solução rápida daquela contenda. Ademais, nem todos os processos são demorados. Muitos procedimentos ordinários terminam em tempo bastante razoável, considerando-se a complexidade que encerram. Outros - com procedimento especialíssimo - têm logrado as benesses legislativas de um andamento mais célere. Nestas últimas hipóteses, a lei faz verdadeiro privilégio a determinados valores especialmente guardados pelo sistema capitalista. É o caso das legislações específicas que atribuem rápidos procedimentos aos interesses das instituições financeiras. O exemplo é o Decreto-Lei 911/69, que viabiliza busca e apreensão liminar com a só prova da mora, diminui o prazo para resposta e limita os temas contestacionais. Aliás, tão grande é a preocupação com a celeridade de alguns decretos-leis, "coincidentemente editados em época ditatorial", que "delineiam-se, à primeira vista, inconstitucionais". (Tucci, 1989, p. 57).

Mas não há como deixar de reconhecer o processo tem merecido críticas quanto à sua morosidade. Contudo, a tarefa processual tem peculiaridades centradas em princípios muito mais relevantes, como o contraditório, que estão na contramão de um procedimento tão célere como o pretendido por muitos críticos.

Ainda que seja um direito fundamental do cidadão a solução judicial em prazo razoável, também é garantido que as decisões finais não podem afastar-se de garantias processuais. Por outro lado, não parecem suficientes meras mudanças legislativas processuais, sem que venham acompanhadas da mudança de mentalidade.

Enfim, como ensina Justino Magno Araújo (1982, p. 65), trata-se de "problema dos mais delicados e que deve merecer a mais profunda meditação por parte dos processualistas, pois nem sempre a melhor justiça corresponde à rapidez nos julgamentos".

Um dos princípios que mais colabora para a celeridade processual é o da *preclusão*, o qual - como se verá - evita retrocessos.

Ver também: princípio da economia processual.

4.2.1.9. Princípio da preclusão

Enunciado

As questões não suscitadas no prazo legal ou já suscitadas e apreciadas não podem ser reapreciadas.

Conteúdo

Conceituar a preclusão não é tarefa fácil. A primeira dificuldade diz com a recenticidade dos estudos sobre o princípio. Chiovenda foi o primeiro a dar linhas específicas na distinção com a coisa julgada. O resultado foi uma abrangência mais ampla do que a percebida pelo jurista italiano.

Apesar das dificuldades, não há exagero em dizer que a preclusão é instituto essencial ao processo, enquanto considerado marcha à frente. Para ir adiante e sem retrocessos, é indispensável que a marcha considere superadas as fases já ultrapassadas. Como se vê, sem a preclusão, os processos correriam o risco de se tornarem intermináveis.

A preclusão normalmente tem sua explicação voltada à natureza continuativa do processo (tanto que se aplica em todas as suas fases), aos atos coligados, interligados, do procedimento (que se fechariam em compartimentos estanques) e a indisponibilidade das partes no andamento do feito (e o ônus que elas têm, de praticar os atos em seu próprio benefício sob pena de, quedando-se inertes, sofrerem conseqüências danosas).

Parece inegável que o princípio em estudo tem sua natureza original vinculada à penalidade imposta à parte. A origem do nome provêem de *poena praeclusi* do direito intermédio. Contudo, como a preclusão pode ser considerada tanto em face da parte como em face do juiz, não se pode falar em natureza sancionatória. Melhor é a ligação que se faz com o brocardo *non bis eadem*.

A classificação mais comum, atribuída a Arruda Alvim (1971, p. 460), divide a preclusão em três espécies: temporal, lógica (com efeitos impeditivos) e consumativa (com efeitos extintivos).

A *preclusão temporal* é a perda de uma faculdade ou direito processual não exercido dentro do termo, prazo ou momento próprio. É que se extingue, independentemente de declaração judicial, o direito de praticar o ato (art. 193 do CPC). Assim, se um ato não é praticado no prazo previsto, não poderá mais ser praticado. Nesta espécie, preclui, por exemplo, o direito de oferecer contestação fora do prazo fixado no art. 297 do CPC. e de argüir nulidade relativa (art. 245 do CPC). Vale lembrar, a preclusão temporal não incide nas hipóteses de impedimento legítimo da parte (art. 245 do CPC) ou justa causa (art. 183, § 1°).

A *preclusão lógica* impede a prática de um ato incompatível com outro já realizado e consumado. Esta categoria inviabilza a parte que, tendo reconhecido a procedência do pedido, pretenda contestar a ação ou recorrer. Da mesma forma, não pode o sucumbente recorrer da sentença ou da decisão que expressa ou tacitamente houver aceito (CPC, art. 503). Também não pode suscitar conflito a parte que, no processo, ofereceu exceção de incompetência (art. 117 do CPC).

Por fim, temos a *preclusão consumativa*, que impede a prática de um ato processual já exercitado e consumado. Diante de uma decisão judicial irrevogável, não poderá a parte recorrer contra ela. A doutrina refere como exemplo a impossibilidade de a parte apresentar nova peça de defesa após a contestação, ainda que no prazo legal.

Celso Agrícola Barbi (*RT*, v.586, p. 141) apresenta classificação igualmente tríplice:

1 - As derivadas da perda de uma faculdade, por não exercida no tempo devido. Neste caso encontram-se também as hipóteses de exercício defeituoso do direito processual. O exemplo é a interposição de apelação sem o devido acompanhamento das respectivas razões.

2 - As derivadas da extinção de faculdade, por já ter sido utilizada uma vez (consumação).

3 - As derivadas de ato do juiz (decisão sobre questões).

Neste passo, há de se estar atento a eventuais pedidos de prorrogação de prazo. Como ensina Moacyr Amaral dos Santos (1983, p. 309), não se pode esquecer que em termos de prazo vige o *princípio da inalterabilidade*, ou seja, "ao juiz não é lícito alterar ou modificar o prazo quando este seja legal, isto é, fixado em lei". Assim, a não ser em casos excepcionais, o processo está submetido ao *princípio da improrrogabilidade* e ao da *irredutibilidade* dos prazos. "Quer dizer, ao juiz não é lícito, sem motivo justificado e apoio na lei, prorrogar ou reduzir prazos". Uma das exceções é o acordo entre as partes. Este acordo, porém, sofre o limite do *princípio da peremptoriedade*: "os prazos terminam, fatalmente, no dia do vencimento ... sem que para isso haja necessidade de qualquer ato ou provimento por parte do juiz".

Cumpre destacar dois debates importantes a respeito da preclusão. O primeiro é sobre se a preclusão tem natureza sancionatória, ou seja, se é uma pena. O segundo diz sobre a existência ou não de preclusão para o juiz (preclusão *pro iudicato).*

Quem sustenta a natureza sancionatória da preclusão pode invocar o respaldo da lei processual civil. É que a nulidade dos atos deve ser alegada na primeira oportunidade em que couber à parte falar nos autos, sob *pena* de preclusão (art. 245 do CPC). João Batista Lopes (1981, p. 47) entende que a natureza jurídica da preclusão é a de uma penalidade *sui generis:* "não pune nem reprova, apenas impede que a parte omissa pratique o ato processual fora do momento próprio para fazê-lo".

A preclusão, pelo menos enquanto princípio, não pode ser restrita só ao tema das nulidades, e nem ser colocada só em face das partes (por isso também não é ônus). De regra, o juiz não pode retroceder no processo e decidir diferentemente do que já foi decidido. Por tal razão, consideramos a preclusão para o juiz. Sem adentrar nas hipóteses de coisa julgada (chamada "preclusão máxima"), pode-se encontrar três casos de preclusão para o juiz.

A primeira diz com o juiz em relação a sua própria decisão. Não se fala em decisões pertinentes ao interesse público ou probatório, nem aquelas em que o juiz silenciou e nada decidiu, porquanto estas, como se verá, não precluem. Contudo, em se tratando de despacho que não enfrentou questão de interesse público, em que não houve agravo e nem haja interesse das partes em retomá-los, não poderá o juiz retroceder e decidir diferentemente do que decidira anteriormente. Por regra, nenhum juiz decidirá novamente as questões já decididas, relativas à mesma lide (art. 471, *caput*, CPC).

Outra hipótese diz com o caráter vinculativo da decisão da instância superior sobre a liberdade do julgador de primeiro grau. Com efeito, se o despacho foi objeto de agravo provido, o julgador de primeiro grau deve submeter-se a tal decisão. Trata-se de incidência da hierarquia judicial.

Por fim, também o segundo grau está sumetido às questões que restaram superadas na instância original, desde que não se trate das hipóteses de interesse público. Quanto a esta parte, contudo, não se pode perder de vista os termos do art. 516 do CPC: "ficam submetidas ao tribunal as questões anteriores à sentença ainda não decididas".

Convém distinguir a pleclusão de outros institutos de direito material e processual.

Não há confundir preclusão com a coisa julgada, formal ou material. Esta se refere à sentença e assim acaba por tocar mais o direito material. Já a preclusão não se refere a decisões que extinguem o processo com ou sem julgamento do mérito; por isso, liga-se mais proximamente ao direito processual.

Como salienta Antonio Carlos Marcato (1980), a preclusão apresenta traços distintivos também em relação à prescrição, à decadência, às nulidades e à perempção. A prescrição e a decadência são fenômenos extraprocessuais, e a preclusão refere-se a direito já dentro do processo. As nulidades, em regra, reclamam saneamento, principalmente quando redundam em prejuízo. Já a preclusão incide com ou sem prejuízo para as partes. Enfim, a perempção é sanção ao autor, pois extingue o processo quando este abandona a causa.

Há quem coloque como sinônimos o *princípio preclusão* e o da *eventualidade*. Contudo, como se viu, a preclusão é mais abrangente do que o dever de apresentar meios de ataque e defesa de uma vez só, ainda que haja contradição (princípio da eventualidade). O mesmo se pode dizer do *princípio da convalidação*, o qual é ligado às nulidades. O princípio em análise também abrange mais hipóteses do que a irrecorribilidade das interlocutórias. Não se pode desprezar a complementariedade existente entre os princípios da preclusão, impulso processual e igualdade. Superadas questões e fases processuais por efeito preclusivo, o juiz, de ofício, poderá movimentar o processo avante independentemente do interesse da parte. Ademais, evitando-se que as incertezas procedimentais favoreçam os mais espertos em detrimento, muitas vezes, da lealdade processual, a preclusão propicia inegável igualdade entre as partes.

Importa ressaltar, ao final, a relatividade do princípio da preclusão.

O interesse público vai influenciar diversas questões, impedindo que elas sejam cobertas pela preclusão. Assim, mesmo que não haja agravo de instrumento específico, a todo tempo é possível a correção de erros materiais e a retratação em face da provisoriedade dos provimentos liminares. Também os casos de impedimento do juiz podem ser sempre invocados. Por igual, apesar de o inc. I do art. 471 falar só em sentença, é passível de modificação o despacho provisório inicial em casos de situações jurídicas continuativas, como alimentos, e revisionais de aluguéis, quando sobrevém modificação do estado de fato ou de direito.

Ademais, diante dos termos do art. 131 do CPC, parece difícil falar de preclusão em matéria de prova, já que caberá ao juiz, de ofício ou a requerimento da parte, determinar as provas necessárias à instrução do processo. Tão significativa é a liberalidade em relação à prova, que é possível encontrar decisão reconhecendo que o art. 276 do CPC estabelece que o autor, no procedimento sumaríssimo, deve oferecer o rol de testemunhas e documentos na petição inicial. Porém, não dispondo que a inobservância desse preceito implique preclusão, significa que seu oferecimento deve ocorrer até o decênio que antecede a audiência com a cientificação da parte *ex adversa* (*RT,* n.606, p. 140).

A doutrina discute sobre a incidência de preclusão nas hipóteses dos incisos IV, V e VI do art. 267 do CPC.

José Rogério Cruz e Tucci (1989, p. 22) refere que Pontes de Miranda, Barbosa Moreira e Calmon de Passos entendem preclusas as matérias decididas no despacho saneador que não foram objeto de recurso. Contudo, mantém-se atual a lição de Galeno Lacerda no clássico livro *Despacho Saneador.* A preclusão no curso do processo depende, em última análise, da disponibilidade da parte em relação à matéria decidida. Se indisponível a questão, a ausência de recurso não impede o reexame pelo juiz. Se disponível, a falta de impugnação importa concordância tácita à decidão. Continua a impender ao juiz, enquanto perdurar a jurisdição, a obrigação primordialíssima de perquirir dos pressupostos que legitimam o direito de ação. Com acerto, o professor paulista conclui pela não-preclusividade das questões referidas nos incs. IV, V e VI do art. 267 do CPC no que vai acompanhado de decisão do Supremo Tribunal Federal que alinha.

Enfim, também o princípio da preclusão está a merecer uma interpretação menos dogmatizada. Não se pode esquecer de que o processo civil está submetido ao interesse público. A preclusão levada a suas últimas conseqüências pode afastar outro princípio bem mais relevante. O intérprete deve ter a mentalidade sempre aberta para, na concretude de cada caso, concluir se a peculiaridade exige que se considere a preclusão ou não.

Como se verá, a necessidade de conciliar preclusão e celeridade leva o processo a acolher princípios aparentemente contraditórios. De um lado, a celeridade projeta a indisponibilidade procedimental. Por outro, a busca de um processo que atenda às garantias fundamentais faz com que, por princípio, haja a preferibilidade do rito ordinário

Ver também: princípio da eventualidade, princípio do impulso oficial, princípio do contraditório.

4.2.1.10. Princípio da indisponibilidade procedimental

Sinonímia

Princípio da infungibilidade do rito.

Enunciado

O procedimento é indisponível.

Conteúdo

O tema divide a doutrina.

Tradicionalmente tem se entendido que o interesse público prevalece sobre o rito. A escolha do rito seria indisponível para as partes.

O art. 271 do CPC determina, salvo disposição em contrário, a aplicação a todas as causas, do procedimento comum: é princípio da preferibilidade do rito ordinário. Moniz de Aragão (1974, p. 316) entende que o autor tem liberdade "de preferir o procedimento ordinário ao sumaríssimo ou especial, sem que nisso haja infração à forma, pois o primeiro é o leito comum e amplo por onde podem correr quaisquer causas".

Para os termos do presente trabalho, ambos os princípios são considerados. Há, de certo modo, uma tentativa de adequar as razões pró e contra a fungibilidade do rito de uma e outra posição à vista do sistema processual brasileiro.

Quanto à fungibilidade procedimental, em verdade, existem dois princípios. A infungibilidade impede a parte de usar um procedimento absolutamente inadequado à pretensão deduzida em juízo. A preferibilidade do rito ordinário viabiliza a conversão a este rito de outros procedimentos, desde que não cause prejuízo ao réu e ao interesse público do processo.

A indisponibilidade procedimental não se refere somente à opção por processo ou procedimento, mas a ambos. Vale relembrar a distinção entre processo e procedimento, que é capilar, mas existe. Processo é instrumento para o exercício de poder e está presente em todas as atividades estatais e não-estatais. O processo, para o que nos interessa aqui, é o instrumento através do qual a função jurisdicional opera. É um conceito abstrato. Já o procedimento é o meio extrínseco pelo qual se instaura, se desenvolve e termina o processo. Sendo a coordenação de atos, é um conceito mais concreto (Grinover, 1992, p. 235). Na síntese feliz de João Mendes Júnior, *apud* Moniz Aragão (1974, p. 316), "o processo é uma direção no movimento; o procedimento é o modo de mover a forma em que é movido o ato".

Aqui será visto o princípio da indisponibilidade do procedimento e, em seguida, o da preferibilidade do rito ordinário.

A visão tradicional fundamenta a indisponibilidade do rito no fato de o processo desatar interesse público. Assim, a forma do procedimento não é posta no interesse das partes, mas tendo em vista os interesses de justiça do processo. (Calmon de Passos, s.d., p. 219). Estabelecido pela lei o procedimento a ser seguido, as partes não dispõem da faculdade de - mesmo em consenso - optar por outro rito.

Trata-se de uma informalidade mínima que preside todo o processo porque é indispensável para que o Estado possa cumprir integralmente a prestação jurisdicional e, ao mesmo tempo, obter a confiança do povo nas descisões do Poder Judiciário.

Diante do princípio da infungibilidade do rito, o juiz deverá indeferir a inicial quando o tipo de procedimento escolhido pelo autor não corresponder à natureza da causa, ou ao valor da ação. Neste caso, só não será indeferida se puder adaptar-se ao tipo de procedimeto legal (art 292, inc.V, CPC).

A jurisprudência tem acolhido a infungibilidade, dizendo, por exemplo, que o rito sumaríssimo é de interesse público, não sendo, por isso, admissível a opção, por parte do autor, pelo procedimento ordinário, em substituição ao sumaríssimo, diante do valor dado à causa, devendo as partes sujeitar-se ao procedimento imposto pela lei processual. A forma de procedimento não é posta no interesse das partes, mas da Justiça. (*RT* v. 492, p. 102, *RT* v. 479, p. 185, *RT* v. 491, p. 207).

Contudo, há um dado da experiência prática do foro que põe em questão a indisponibilidade do rito: o sumaríssimo (hoje chamado de sumário), faliu; o procedimento ordinário é mais célere do que o sumaríssimo.

Rareando as conciliações, ocupa-se um horário da pauta para uma sessão de inutilidades. O advogado do réu passa a contestação para o juiz. O juiz passa para o advogado do autor. Este pede vista e passa para o juiz. Os autos de um procedimento sumaríssimo, via de regra, são um festival de audiências não realizadas. O juiz precisa ter "pontaria" para acertar data que viabilize ao oficial de justiça cumprir a tempo para o início do prazo retroativo de contestação. Pior se a citação for por precatória. Muito pior se houver litisconsórcio passivo. Por essas razões, a maioria dos juízes de Porto Alegre "ordinarizou" o sumaríssimo. Aliás, muitas iniciais já pedem a conversão. (Portanova, 1992, p. 10)

Diante desta realidade, calam fundo as palavras de Galeno Lacerda (1983, p. 10). Fala-se muito, diz o jurista gaúcho, "em interesse público na preservação do rito, do *due process of law*, como um valor absoluto e abstrato, para justificar as devastações concretas que a injustiça de um decreto de nulidade, de uma falsa preclusão, da frieza de uma presunção processual desumana, causam à parte inerme. Não. Não é isso fazer justiça. Não é para isso que existe o processo".

Ainda se pode falar na infungibilidade do rito como regra. O interesse público inviabiliza a transformação do processo e do procedimento, por exemplo, quando é afrontado o princípio do contraditório e da ampla defesa. Da mesma forma, vai interessar mais o interesse público do que o individual da parte quando se corre o perigo de tumulto processual.

Não pode a parte optar pelo rito sumaríssimo em detrimento do ordinário, quando a causa não se enquadrar nas hipóteses legais. Não pode intentar processo de execução quando a pretensão não é aparelhada e só pode ser investigada pela via comum (ordinário ou sumaríssimo). Nessas hipóteses, o interesse público, que protege a ampla defesa e o contraditório, inviabiliza a fungibilidade.

A parte não pode optar por uma hipotética via ordinária para buscar o reconhecimento do seu direito de usucapião, por exemplo. Nesse caso parece claro o interesse público a inviabilizar a troca procedimental. O risco de tumulto de uma ação de usucapião que não siga o procedimento especial prevalece sobre eventual interesse das partes.

Enfim, o caso concreto dirá quando o interesse público inviabilizará a opção por processo e procedimento diferentes daqueles propostos em lei e quando a escolha procedimental não causa qualquer prejuízo ao interesse público.

Não havendo infringência ao interesse público e à justiça, o *procedimento ordinário* será o receptáculo de todas as pretensões. Como se verá a seguir.

Ver também: princípio da preferibilidade do rito ordinário.

4.2.1.11. Princípio da preferibilidade do rito ordinário

Sinonímia

Princípio da ordinariedade.

Enunciado

Ainda que a lei adote para alguma ação o processo ou procedimento especial, pode o autor preferir o processo ordinário.

Conteúdo

Como já dito, o tema divide a doutrina. Por isso, o leitor tem na análise do princípio da indisponibilidade procedimental, introdução indispensável ao princípio da preferibilidade do rito ordinário.

Convém uma breve recapitulação sobre a divisão de processos e procedimentos feita pelo nosso Código de Processo Civil.

Existem três tipos de processo: conhecimento, execução e cautelar. Pelo *processo de conhecimento* busca-se, dentro de um grande âmbito de discussão, conhecer as razões das partes, proceder-se ao acertamento das pretensões e definir quem tem razão. Procedido este acertamento, ou diante de determinados documentos que pressupõem alguma certeza sobre as relações, busca-se a concretização material do direito pelo *processo de execução.* Quando a execução deriva de sentença oriunda do processo de conhecimento, chama-se execução fundada em título judicial. Quando se baseia em documento que, fora do Judiciário, procedeu, de certa forma, a prévio acertamento entre as partes, chama-se execução fundada em título extrajudicial. Mas, acertadas ou ainda não acertadas as relações entre os indivíduos em conflito, pode ocorrer alguma situação de perigo que inviabilize para um deles o objetivo futuro dentro de um processo. Para isso, o Código prevê o *processo cautelar,* dentro do qual resta possível antecipar-se provisoriamente a tutela jurisdicional que se conseguiria só ao final.

Algumas pretensões têm seus procedimentos especialmente previstos no Código. O interesse do legislador foi adaptar as peculiaridades de cada pretensão a andamento procedimental mais adequado. São as ações previstas no Livro IV do CPC, sob o nome de *Procedimentos Especiais.* Considerando que tais procedimentos podem ser de natureza contenciosa, o Livro IV é dividido em Procedimentos Especiais de Jurisdição Contenciosa (Título I) e Procedimentos Especiais de Jurisdição Voluntária (Título II). Vale salientar, ainda, que existem outros procedimentos especialmente previstos, mas em leis fora do Código de Processo Civil (exemplo: ações de despejo, busca e apreensão de bens alienados fiduciariamente).

Se não há previsão específica no livro IV do CPC ou em outras leis para andamento especial dos procedimentos, então a pretensão deve correr pela vala comum do *Procedimento Comum* (Livro I, Título VII). Este poderá ter dois tipos de andamento: ordinário e sumário.

Vale salientar, ainda, que a lei prevê o procedimento comum quando houver cumulação de pedidos que correspondam a tipos diversos de procedimento (§ 2º do art. 292 do CPC) e após fase preliminar de determinados procedimentos especiais (por exemplo, art. 900, consignação em pagamento).

Este é como que um cardápio com especialidades e variedades que o CPC oferece a seus consumidores.

Contudo, se o autor quiser recusar as especialidades e as variedades, desde que não faça combinações tumultuárias, o CPC oferece a porta grande do Procedimento Comum para abrigar todas as causas. Assim, aplica-se a todas as causas o procedimento comum, salvo disposição em contrário do CPC ou de lei especial (art. 271 do CPC).

A questão da incidência do princípio da preferibilidade do procedimento ordinário se faz sem unanimidade na doutrina. Neste momento, cumpre remeter o leitor ao que foi dito no princípio da indisponibilidade do procedimento.

Pode o autor que tem a sua disposição o procedimento sumário optar pelo ordinário? Pode o autor que tem a disposição o processo de execução, optar pelo ordinário? Pode o autor que tem a disposição um procedimento especial, optar pelo ordinário?

A resposta que deve ser dada aqui é positiva, mas com as ressalvas já apresentadas quando da análise do princípio da indisponibilidade procedimental.

Considerando que a via ordinária sempre oferece maior possibilidade de defesa ao réu, a resposta às indagações sobre a opção pela voluntária opção do rito ordinário em detrimento dos outros é positiva. Desde que a pretensão não exija tanta especialidade que a ordinarização vá se constituir em absoluto tumulto processual, o autor tem liberdade de escolher o procedimento ordinário.

A ordinarização do rito sumaríssimo já foi analisada no princípio da indisponibilidade do rito, mas não só no plano do processo de conhecimento terá lugar a conversão. Pontes de Miranda (1976, p. 466) admite "ao portador do título extrajudicial, a que se concede o uso do processo executivo, é permitido não exercer a sua pretensão à tutela jurídica à base da execução". Por exemplo, é possível, em vez de um processo cautelar para sustação de protesto e posterior ação ordinária de nulidade do título, que o autor, desde logo utilize o procedimento ordinário com pedido liminar de sustação de protesto. Por fim, é de admitir-se a prorrogação da competência - e portanto a opção do juizado ordinário - quando ao autor é oferecido o Juizado de Pequenas Causas. Mas a recíproca não é verdadeira.

O *princípio da subsidiariedade* anda de par com o princípio em comento. O CPC, no seu art. 598, determina que as disposições do processo de conhecimento sejam subsidiariamente aplicáveis à execução. No entanto, a subsidiariedade é princípio que se aplica a qualquer das formas de processo sem necessidade de haver norma expressa. "A aplicação do princípio da subsidiariedade, porém, requer cuidados, pois não se pode fugir dos princípios elementares que especificam o tipo de processo." (Santos, 1983, p. 41).

Enfim, considerando que essas questões referentes a ritos levam a decisões sobre validade dos atos processuais, o intérprete deve estar atento aos *princípios sobre nulidades* que se seguem.

Ver também: princípio da indisponbilidade procedimental.

4.2.2. NULIDADES

4.2.2.1. Considerações iniciais

Antes da apreciação dos princípios que regem as nulidades processuais, convém recordar rapidamente a classificação das nulidades.

A doutrina brasileira é unânime em aceitar a classificação do jurista gaúcho Galeno Lacerda. Assim, a partir da distinção de nulidade absoluta, nulidade relativa e simples anulabilidade, feita no livro *Despacho Saneador* (1953), é possível fornecer um quadro dos vícios que podem sofrer os atos processuais.

Nesse passo, é válido tomar-se o *Esquema Classificatório* apresentado por Antonio Janyr Dall'Agnol Jr. (1989), bem como as lições de Aroldo Plínio Gonçalves (1993).

Ressalvado o problema antinômico, parte considerável da doutrina refere a possibilidade de *ato inexistente*. A antinomia reside no fato de que inexistência corresponderia a um *não-ato* e não a um ato processual viciado (Silva, 1991, p. 169). Seja como for, tal como no direito material, tem-se consagrado a categoria de ato processual inexistente. O exemplo legislativo é o art. 37 do CPC. Por igual, a jurisprudência tem chamado de ato inexistente a sentença sem assinatura ou que não atenda a alguns dos "requisitos essenciais" do art. 458 do mesmo Código.

Chama-se *nulidade absoluta* aquele vício que viola norma que protege interesse público. Nessa hipótese, o vício é insanável, e o juiz deve declarar a nulidade de ofício e a qualquer tempo. Exemplos desse tipo de nulidade dizem com a competência em razão da matéria e de questões pertinentes ao rito.

Já o vício que deflagra *nulidade relativa* protege interesse da parte. O vício é sanável, mas, por se tratar de norma cogente, a decretação pode ser de ofício. Por exemplo: penhora de bens impenhoráveis. É claro que a penhora é ato que interessa à parte, mas o juiz, de ofício, pode declarar a nulidade da constrição se esta recair em um dos bens alinhados no art. 649 do CPC.

A *anulabilidade* também diz com norma de interesse da parte, mas a ofensa será de norma dispositiva. Nesse caso, o vício é sanável. O juiz, contudo, não poderá agir de ofício, deverá aguardar a provocação da parte. Essa provocação deverá vir na primeira oportunidade em que o prejudicado falar nos autos, sob pena de preclusão. Incide o princípio da convalidação. Para exemplificar, podemos continuar com o instituto da penhora. O art. 650 indica bens que podem ser penhorados à falta de outros. Procedida a penhora, só se a parte impugnar devidamente o ato o juiz poderá conhecer de eventual nulidade.

Por fim, temos o menos grave dos vícios: a *irregularidade*. São atos que se praticam em desconformidade com as determinações legais, mas o defeito não provoca sequer a ineficácia do ato viciado ou da relação processual. Se faltar, por exemplo, numeração das páginas dos autos, há irregularidade.

Ao lado dessas noções teóricas, retira-se das aulas do eminente juiz e professor gaúcho Henrique Poeta Roenick lições valiosíssimas, como as que passamos a mencionar.

A prática mostra que as nulidades, informadas pelo *princípio da instrumentalidade do processo*, apresentam dois vetores: a) o não-prejuízo e b) finalidade.

Disso decorre que as nulidades classificam-se - dependendo do caso concreto - em sanáveis e insanáveis.

Com efeito, o esquema teórico pode ter valor *a priori*. Contudo, tomá-lo de forma dogmática, acrítica e sem os olhos voltados para a realidade do caso concreto e a instrumentalidade do processo, pode levar a irreparáveis injustiças.

Compreende-se a teorização sobre atos inexistentes, mas é necessário, por exemplo, certa maleabilidade na interpretação do parágrafo único do art. 37 do CPC. Por isso, merece cautela a decisão que considerar como inexistente o ato não ratificado no prazo por advogado sem procuração.

O mesmo acontece com as nulidades. O interesse público que informa as nulidades absolutas nem sempre conduz o julgador para a invalidade do ato ou do processo. A ação de nulidade de casamento presidida por um pretor (juiz sem competência para a matéria) é nulidade insanável. No entanto, declarar em segundo grau de jurisdição a invalidade de um processo pelo só fato de que deveria correr pelo rito sumário, mas andou pelo ordinário, é uma demasia. Em ambos os casos, o vício viola norma de interesse público, mas a solução deve ser diversa.

Henrique Poeta Roenick em suas aulas na Escola Superior da Magistratura e do Ministério Público do Rio Grande do Sul, forte no princípio da instrumentalidade, ensina verdadeira Teoria da Relativização das Nulidade. É o caso concreto que vai dizer:

a) se o ato processual ou o processo como um todo deve ser refeito (porque sofre de vício insanável) ou,

b) apesar do vício teoricamente grave, o ato ou o processo devem ser validados, porquanto seu vício é plenamente sanável.

Com esse espírito de aproveitamento dos atos processuais, os princípios ligados às nulidades podem ser alinhados como segue:

Liberdade de forma,
Finalidade,

Aproveitamento,
Prejuízo,
Convalidação e
Casualidade.

Em verdade, o sistema do nosso atual Código de Processo Civil, ao tratar das nulidades, privilegia ao máximo os princípios informativos do processo. Não é lógico anular-se ato ou processo se não há prejuízo. Não é econômico repetir atos se os que foram praticados (ainda que defeituosamente) atenderam às mesmas finalidades.

Por isso, ao falar-se em nulidade, vale sempre lembrar a *precisa e preciosa* lição de Pontes de Miranda, grifada por Rogério Lauria Tucci. Ao estudar o *sistema das nulidades* do Código de Processo Civil, deve o intérprete ter presente a maior preocupação do legislador para com a *salvação do processo* do que, propriamente, com a *nulidade*: O que logo surpreende o leitor do Código de Processo Civil é que, no Título V, onde se trata das nulidades, a lei mais se preocupasse com as regras jurídicas contrárias à nulidade, ou à sua decretação. *O Legislador traduziu bem o seu propósito político de salvar o processo*". (Tucci, R., 1982, p. 202).

4.2.2.2. Princípio da liberdade de forma

Sinonímia

Princípio da informalidade.

Enunciado

Os atos processuais, em regra, não dependem de forma.

Conteúdo

O processo civil brasileiro libertou-se completamente do formalismo em relação aos atos processuais.

Ainda que não se desprezem algumas formalidades, a regra não é a predeterminação de forma para regularidade do ato processual. Como diz o art. 154 do CPC, os atos e termos processuais não dependem de forma determinada, senão quando a lei expressamente o exigir. Ainda assim, reputam-se válidos os atos que, realizados de outro modo, lhe preencham a finalidade essencial.

Há um número bem maior de atos regidos pela informalidade, em comparação com o reduzidíssimo número de atos cuja forma é expressamente prevista em lei.

Não bastassem estas razões, passam-se os olhos no capítulo das nulidades no Código de Processo Civil e vê-se que a preocupação do legislador não é apenar e prever nulidades, mas salvar e aproveitar os atos. Todavia, pode-se observar que, quanto mais alta a instância em que o processo tramita, tanto maior é o formalismo, tanto do acesso quanto da tramitação.

Assim, essa é a regra que vige no sistema processual brasileiro: os atos e termos processuais não dependem de forma determinada. Só quando a lei o exigir expressamente é que se pode pensar em anular ato processual por falta de forma. Ainda assim, eventual afronta à formalidade prevista em lei só acarretará nulidade se o ato não atingir sua finalidade com causação de prejuízo, pois reputam-se válidos os atos realizados de outro modo se atingiram a finalidade essencial (CPC, arts.154, 244 e 249, § 1º).

Adotando o princípio da liberdade das formas, o processo civil brasileiro afastou a incidência do *princípio da legalidade da forma*. Dessa maneira, a exigência de determinada forma para determinados atos está restrita às hipóteses taxativa e expressamente previstas em lei.

Vale dizer: alguns atos têm forma expressa, mas praticados sem tal forma é de se atentar para os termos dos princípios do não-prejuízo e da *finalidade* que veremos a seguir .

Ver também: princípio da finalidade, princípio do aproveitamento, princípio da consolidação, princípio do (não) prejuízo.

4.2.2.3. Princípio da finalidade

Sinonímia

Princípio da instrumentalidade das formas.

Enunciado

Se o ato processual for praticado por forma diversa da estabelecida em lei, e mesmo assim atingir a finalidade a que ele se destina, deve ser considerado válido.

Conteúdo

Ao falar-se no capítulo das nulidades, vale sempre lembrar a *precisa e preciosa* lição de Pontes de Miranda grifada por Rogério Lauria Tucci. Ao estudar o *sistema das nulidades* do Código de Processo Civil, deve o intérprete ter em vista a maior preocupação do legislador para com a *salvação do processo* do que, propriamente, com a *nulidade*: O que logo surpreende o leitor do Código de Processo Civil é que, no Título V, onde se trata das nulidades, a lei mais se preocupasse com as regras jurídicas contrárias à nulidade, ou à sua decretação. *O Legislador traduziu bem o seu propósito político de salvar o processo.*" (Tucci, R., 1982, p. 202).

Não se nega a importância da forma. Ela é importante tanto para o exercício da liberdade como para a segurança do devido processo legal. Ocorre, porém, que a forma não é um valor em si, ela existe em razão de uma finalidade. Por isso, se a despeito da violação da forma o ato atinge o resultado pretendido pela norma, então não há falar em nulidade (Ap. Cível 585005895, TJRGS).

Ou, em outras palavras, a lei que rege a forma deve ser interpretada e aplicada em função do fim. Nessa perspectiva, os malefícios do formalismo do processo resultam, em regra, de defeitos na interpretação da lei processual (Lacerda. 1983, p. 8).

O princípio da finalidade está consagrado em nosso CPC no art. 244. Quando a lei prescrever determinada forma, sem cominação de nulidade, o juiz considerará válido o ato se, realizado de outro modo, lhe alcançar a finalidade.

Há um dissenso na doutrina ao tratar da aplicação do art. 244 nas hipóteses em que a lei exige forma e comina pena de nulidade para o caso de a forma não ser obedecida. Hélio Tornaghi (1975, p. 232), por exemplo, entende que, quando a lei prescrever determinadas formas "sob pena de nulidade", estabelece a presunção *iuris et de iure* de que o ato não alcançará sua finalidade se realizado de outro modo. Não se aplicaria, pois, o princípio da finalidade.

No entanto, Moniz Aragão (1974, p. 291) entende que "mesmo cominada a nulidade, não haverá por que invalidar o ato, se o resultado pretendido houver sido alcançado". E questiona: "Suponha-se que o marido seja citado sozinho para a reivindicação de imóvel e corra o feito até final com evidente infração do art. 11. Invalidar-se-á o processo se a ação já tiver sido julgada improcedente?".

Pode parecer que o art. 244 não oportunize convalidação do ato nas hipóteses em que a lei preve forma sob pena de nulidade. A interpretação isolada do artigo pode levar a enganos. Indispensável proceder-se à interpretação sistemática e atentar para os termos também do art. 249, §§ 1º e 2º, que fundamentam os princípios do prejuízo e do aproveitamento. Assim, não quer dizer que nos casos de nulidade cominada o ato tenha sempre que retificar-se ou repetir-se. Pelo contrário. Concordam Pontes de Miranda e Aragão que o ato não se repetirá nem se lhe suprirá a falta quando não prejudicar a parte ou quando o juiz puder decidir do mérito a favor da parte a quem aproveite a decretação da nulidade (Malachini, 1978, p. 62).

Em nota ao art. 243, Theotonio Negrão colaciona as seguintes nulidades expressamente cominadas no CPC: artigos 11, parágrafo único; 13, inc. I; 84; 113, § 2º; 214; 236, § 1º; 246; 247; 618; 1.074; 1.100 e 1.105.

Em verdade, o art. 244 é regra basilar do nosso ordenamento processual a respeito de nulidades. Isso, é claro, não significa dispensa de outras regras complementares. Contudo, principalmente o art. 244 é um dos dispositivos catalogados por Galeno Lacerda como norma de sobredireito processual. Ou seja, contém regras que se sobrepõem às demais, por interesse público eminente, condicionando-lhes, sempre que possível, a imperatividade.

Por causa disso esse dispositivo foi considerado, no IX Congresso Mundial de Direito Judiciário, *la plus belle règle en droit judiciaire* (Congresso, 1991, p. 437).

Na legislação brasileira, o Código de Processo Penal (art. 566 ou 563) e a CLT (art. 794 ou 796) dispõem semelhantemente. Por sua vez, também o art. 121 do código italiano e o art. 97 do uruguaio têm redação semelhante ao nosso 244: "Si la ley no exige formas determinadas, los actos procesales pueden cumprirse en la forma más idónea para el logro de sua finalidad".

O princípio da finalidade, juntamente com o princípio do não-prejuízo, também é chamado de instrumentalidade das formas exatamente porque, através dele, é possível dar sentido prático a uma das nuanças mais importantes do princípio da instrumentalidade do processo: servir ao direito material. Disso se aproveita, inclusive, o direito administrativo nas hipóteses de concurso público, por exemplo. Como já decidiu o Superior Tribunal de Justiça, o concurso público, como procedimento administrativo, deve observar o princípio da instrumentalidade das formas (art. 244 do CPC) (*RSTJ*, v. 25, p. 399). Assim, com os olhos voltados para a finalidade processo, torna-se possível avançar na marcha procedimental em busca dos escopos do processo e de sua efetividade.

Nesse sentido, tem-se admitido, por exemplo, não ser somente a intimação (pessoal ou por nota de expediente) que enseja a intimação do advogado, mas o fato de levar os autos em carga, apesar de ausência de dispositivo legal, também atende à finalidade da intimação (*RSTJ*, v. 24, p. 317). Por igual, não se decreta a inépcia da inicial consignatória por falta de pedido de citação se sobreveio efetivo depósito do valor pretendido consignar (Ag. Inst. 583015169, TJRGS). Também não se anula acordo que transformou separação litigiosa em consensual no termo de audiência (Ap. Civ. 583007984, TJRGS). Enfim, apesar dos termos do art. 268 (segunda parte), atende ao princípio da instrumentalidade das formas o pagamento das custas referentes a processo extinto sem apreciação do mérito feito após a intentação da nova ação (*RT*, v. 665, p. 24).

Por certo, é com vistas ao princípio da finalidade que tem se relevado iniciais sem adequada qualificação e citações não pessoalizadas de trabalhadores sem terras em caso de ocupação de áreas muitas vezes improdutivas ou de escassa produtividade. Apenas é de lastimar que o informalismo procedimental não projete seus efeitos também para evitar o formalismo material. Em regra, para superar dificuldades, as formalidades processuais cedem em razão da finalidade e a função do processo. A finalidade do direito de propriedade e sua função social, contudo, não têm merecido igual tratamento nas mesmas ações.

Às vezes, o ato praticado com vício atinge só parcialmente a finalidade. Por isso, é indispensável estar-se atento ao *princípio do aproveitamento*, que se segue.

Ver também: princípio da liberdade de forma, princípio do prejuízo, princípio da convalidação.

4.2.2.4. *Princípio do aproveitamento*

Sinonímia

Princípio da proteção.

Enunciado

Não se declara a nulidade quando for possível suprir o defeito ou aproveitar parte do ato.

Conteúdo

O princípio do aproveitamento consagra algumas hipóteses em que, apesar da nulidade, esta, ou não se declara, ou se declara só parcialmente. É que, como conseqüência do princípio da finalidade e da economia processual, por diversos meios pode-se aproveitar o ato ou parte dele e, assim, evitar o retroceder processual por causa de eventual nulidade.

Como referimos em 4.2.2.3. *Princípio da finalidade*, também aqui vale lembrar a *precisa e preciosa* lição de Pontes de Miranda, grifada por Rogério Lauria Tucci. Ao estudar o *sistema das nulidades* do Código de Processo Civil, deve o intérprete ter em vista a maior preocupação do legislador para com a *salvação do processo* do que propriamente com a *nulidade*: "O que logo surpreende o leitor do Código de Processo Civil é que, no Título V, onde se trata das nulidades, a lei mais se preocupasse com as regras jurídicas contrárias à nulidade, ou à sua decretação. *O Legislador traduziu bem o seu propósito político de salvar o processo*." (Tucci, R, 1982, p. 202).

Assim, não há razão, por exemplo, para voltar atrás no procedimento se o vício pode ser suprido sem prejuízo das partes ou do interesse público. Essa orientação atende ao princípio da lealdade processual e está consagrada no art. 243 do CPC: "quando a lei prescrever determinada forma, sob pena de nulidade, a decretação desta não pode ser requerida pela parte que lhe deu causa".

Da mesma forma, protege-se o ato se quem deu causa ao vício se favorece da nulidade.

O juiz não deve pronunciar a nulidade, nem mandar repetir o ato ou suprir a falta se puder decidir do mérito a favor da parte a quem aproveita a declaração de nulidade (§ 2º do art. 249 do CPC).

É o princípio do aproveitamento que informa as hipóteses de invalidade parcial dos atos processuais. Diferente do princípio da causalidade, que considera o ato em sua série procedimental, aqui o princípio do aproveitamento considera o ato isoladamente. Assim, a nulidade de uma parte do ato não prejudicará as outras, que dela sejam independentes (art. 248, segunda parte). Ademais, o erro de forma do processo acarreta unicamente a anulação dos atos que não possam ser aproveitados (art. 250). É evidente que se está a falar dos chamados atos complexos, que importam em manifestações independentes e singulares uma das outras. Por isso, não se declara a nulidade de todo o ato complexo que é a audiência de instrução e julgamento, só por causa da nulidade de um depoimento. Anula-se o ato viciado, mas aproveita-se os demais sem defeito.

Enfim, também pelo princípio do aproveitamento é possível distinguir espécies de efeitos que persistem ou não do ato nulo. O exemplo é o art. 219, segunda parte. Apesar da nulidade da citação ordenada por juiz incompetente, persistem os efeitos que constituem mora do devedor e interrompem a prescrição.

A Consolidação das Leis Trabalhistas prevê o princípio da proteção em seu art. 796, letras *a* e *b* que dizendo que:

"Art. 796. A nulidade não será pronunciada:

a) quando for possível suprir-se a falta ou repetir o ato;

b) quando argüida por quem lhe tiver dado causa.".

Enfim, o sistema processual brasileiro se orienta no sentido de aproveitar ao máximo os atos processuais, regularizando, sempre que possível, as nulidades sanáveis.

Assim, apesar dos termos candentes do art. 37 e do art. 254 do CPC, verificando a incapacidade processual ou irregularidade da representação das partes, não deve o juiz extinguir desde logo o processo. Nos termos do art. 13, o julgador deverá suspender o processo e marcar prazo razoável para ser sanado o defeito. O STF admite o mesmo procedimento para o o caso de verificação de incapacidade processual (*Rev. Trimestral de Jurisprudência*, v. 95, p. 263).

Podem-se encontrar decisões que optam pelo princípio do aproveitamento, inclusive diante de nulidade de sentença. É o caso da Apelação Cível 28.215 do Tribunal de Justiça de Santa Catarina, assim ementada: "A sentença há de ser fundamentada, sob pena de nulidade, mas a nulidade não deve ser decretada se não há prejuízo da parte vencida e se, como fundamentação, foi expressamente adotada a argumentação da parte vencedora exposta nas alegações finais." (*Jurisprudência Catarinense*, v. 60, p. 152).

Há dissenso em relação à incidência do princípio do aproveitamento quando se trata de falta de intimação ou falta de efetiva participação do Ministério Público nas hipóteses em que a presença do *parquet* é prevista em lei como obrigatória. Cláudio Nunes do Nascimento (1981, p. 229) entende que, na falta de intervenção do órgão do Ministério Público, o bem jurídico lesado não é o da parte, mas o interesse público. Logo, "não há a menor possibilidade de se reputar sanado o vício". Contudo, em suas notas ao art. 246 do CPC, Theotonio Negrão (1994, p. 217) alinha uma série de decisões em sentido contrário.

Enfim, como se verá a seguir, só há nulidade se houver prejuízo. Ou dito de forma inversa: não há nulidade sem prejuízo.

Ver também: princípio da liberdade das formas, princípio da finalidade, princípio da convalidação.

4.2.2.5. Princípio do prejuízo

Sinonímia

Princípio do não-prejuízo. Princípio da ausência do prejuízo. Princípio da irrelevância. Princípio da transcendência.

Enunciado

Não há nulidade sem prejuízo.

Conteúdo

Os diversos interesses que regem o processo preocupam-se tanto com a regularidade do andamento procedimental, como com a finalidade de garantir as efetiva participação dos atores processuais. Por isso, fala-se na formalidade com preocupação de segurança e liberdade.

A forma, contudo, não tem valor em si. Ela existe para evitar que a parte fique prejudicada na sua liberdade de atuação processual. Esse prejuízo é um entrave que dificulta a adequada participação da partes no processo.

Contudo, caso haja um ato cuja nulidade não chegou a tolher a liberdade de atuação de qualquer dos postulantes, não há prejuízo. Logo, não cabe falar em nulidade. Assim, o direito brasileiro consagra o adágio vindo do direito francês: *pas de nullité sans grief.*

É evidente a correlação entre o princípio do prejuízo e o princípio da finalidade e o do aproveitamento. Em todos, prevalece o interesse público em salvar o processo, exceto nas hipóteses em que a falta de forma afronta e prejudica o próprio interesse protegido. Há uma outra exceção em que não se aplica o princípio da irrelevância, apesar do prejuízo. É quando há o prejuízo, mas este foi causado pela própria parte prejudicada.

Assim, diante de ato nulo que não prejudicar a parte, o ato não se repetirá nem se lhe suprirá a falta (§ 1º, art. 249 do CPC).

Aroldo Plínio Gonçalves (1993, p. 60) refere uma certa antinomia da lei quando trata do tema: de um lado diz que o ato é nulo, de outro lado não permite que se declare a nulidade. E justifica. A penalidade prevista para o ato nulo deve ser declarada dentro de certos critérios e não deve ser declarada dentro de outros. A norma que afasta o pronunciamento de nulidade do ato viciado é derrogante de outras normas que determinam a imposição de penalidade. O que preexiste à declaração de nulidade é o ato viciado, e não a própria nulidade que, como sanção, só torna o ato nulo depois de aplicada.

A citação, por exemplo, é indispensável à validade do processo, mas, com fundamento no princípio da transcendência, não se repete o ato se por outra forma o réu foi comunicado da existência do processo (art. 214, §§ 1º e 2º). Além disso, a indisponibilidade do rito cede passo à ausência de prejuízo na hipótese de transformação do rito sumaríssimo para o ordinário. A realidade tem demonstrado que a via comum tem dado mais celeridade do que a prometida pelo sumaríssimo. Contudo, é evidente o prejuízo quando se propõe ação possessória por despejo e vice-versa, ou petitória por possessória e vice-versa.

Não há como negar: está-se diante de princípio que, flexibilizando a forma, oportuniza investigação do que seja prejuízo. Diante de princípio com consagração legal, que deixa aberta a possibilidade da autonomia judicial, mais se afirma o caráter retórico do direito. Torna-se evidente, também, a necessidade de uma análise, pelo menos tridimensional, do caso concreto e a absoluta necessidade de perfeito esclarecimento, por parte do juiz, de suas razões para a decisão em um ou outro sentido.

Mas para tal investigação judicial é indispensável que a parte alegue o defeito do ato em prazo hábil. Fora disso, opera-se a preclusão, que em sede de teoria da nulidade, chama-se princípio da convalidação. É o que se verá a seguir.

Ver também: princípio da liberdade das formas, princípio da finalidade, princípio da convalidação, princípio do aproveitamento.

4.2.2.6. Princípio da convalidação

Sinonímia

Princípio da consolidação.

Enunciado

A nulidade dos atos deve ser alegada na primeira oportunidade em que couber à parte falar nos autos, sob pena de preclusão.

Conteúdo

Se a parte constatar a existência de nulidade no processo, tem o dever de acusá-la na primeira oportunidade em que se manifestar nos autos. Caso silencie, a nulidade fica sanada.

Diz-se que a consolidação *tácita* quando quem sofre o prejuízo cala-se e *expressa* quando a parte ratifica o ato.

Para entender a extensão aplicabilidade do princípio, o leitor deve retomar a classificação das nulidades já referidas nas considerações iniciais.

Atentando-se para os termos do parágrafo único do art. 245, ver-se-á que não haverá convalidação de nulidades absolutas, pois desses defeitos o juiz conhecerá de ofício. Assim, tratando-se de nulidade que afronta norma que protege interesse público ou privado de forma cogente, desimporta a momentânea inércia da parte. Se o juiz pode agir de ofício a qualquer tempo, a parte pode, a qualquer tempo, colaborar, requererendo a decretação da nulidade.

O princípio da convalidação só vai incidir sobre as anulabilidades e as irregularidades. Contudo, não se pode negar uma certa prevalência dos princípios do prejuízo, da finalidade e do aproveitamento sobre o limite de aplicação da convalidação. Tal prevalência se pode notar em uma decisão do Tribunal Regional do Trabalho da Segunda Região . Os ministros convalidaram decisão de instância inferior, a rigor inexistente, por falta de fundamentação. Diz: "muito embora o acórdão regional peque pela ausência total de fundamentação, que pode, evidentemente, acarretar manifesto prejuízo às partes, quedaram estas silentes e inertes, não podendo ser declarada de ofício a nulidade e, muito menos, argüida por quem não é parte, como o Ministério Público..." (RO - DC- 0015/86-8 - AC.TP - 2.247/86 publicado no *Diário da Justiça* em 21.11.86).

O princípio da convalidação está consagrado no art. 245 do CPC: a nulidade dos atos deve ser alegada na primeira oportunidade em que couber à parte falar nos autos, sob pena de preclusão.

Por igual, o art. 795 da CLT consagra a preclusão que sana o defeito da nulidade. O Código de Processo Civil de 1939 dava tratamento diferenciado ao tema em seu art. 277. Prescrevia que sempre que a parte tivesse que falar no feito, deveria argüir as nulidades. O parágrafo único cominava, ainda, à parte silente a pena de ser responsabilizada pelas custas acrescidas com a repetição dos atos ou o suprimento de sua falta.

Coqueijo Costa (1977, p. 114) não vê na consolidação a figura da renúncia tácita, mas de sanção ao dever de argüição. Haveria infração ao inc. II do art. 14 do CPC, daí a proximidade desse princípio com o da probidade processual. Já Hélio Tornaghi (1975, p. 233) não vê a figura da pena, pois não corresponde a qualquer dever descumprido.

O presente princípio é predominantemente dominado pelo interesse de agir, pois é o interesse que leva as partes a argüir ou deixar de argüir os vícios que lhe causam prejuízo.

Sanando-se a nulidade pela inércia da parte, o sistema faz aplicação do princípio informativo do princípio da economia processual. Evita-se que a parte guarde certas nulidades para alegá-las em momento que o retrocesso da investigação lhe traga proveito.

A nulidade não pode ser um mero trunfo (que fica no bolso do colete) em favor da parte, a ser utilizado quando convier ao interessado.

Enfim, não havendo como salvar o ato, decreta-se a nulidade. E, como se verá, essa nulidade transmite seus efeitos aos atos posteriores.

Ver também: princípio da economia processual, princípio da lealdade processual, princípio da finalidade, princípio do aproveitamento, princípio do prejuízo.

4.2.2.7. Princípio da causalidade

Enunciado

Anulado um ato, reputa-se de nenhum efeito todos os subseqüentes que dele dependam.

Conteúdo

Para entender a incidência do princípio da causalidade é indispensável ter-se em mente que todo processo é feito com atos sucessivos e progressivos que, via de regra, se ligam e assim se tocam, um ao outro.

Nesse ponto, vamos analisar a extensão que a decretação de uma nulidade vai ter, ou melhor, o reflexo de um ato nulo nos demais atos que compõem o procedimento.

A causalidade já faz parte da tradição do processo civil brasileiro. O Decreto 737, de 1850, previa invalidades que "anulam o processo desde o termo em que se elas deram, quanto os atos relativos dependentes e conseqüentes" (art. 674). Os códigos estaduais e o federal de 1939 repetiram o princípio. O art. 249 do atual CPC consagra: "o juiz, ao pronunciar a nulidade, declarará que atos são atingidos, ordenando as providências necessárias, a fim de que sejam repetidos, ou retificados".

Sobre o tema discorreu mais alongada e competentemente o digno magistrado e jurista gaúcho Antonio Janyr Dall'Agnol Júnior(1985). Aqui vai apenas uma síntese, com pequenos acréscimos.

Convém, em primeiro lugar, dizer que nosso sistema processual, no tratamento da extensão do decreto de nulidade, segue coerente a linha de, na medida do possível, salvar o processo e evitar retrocessos inúteis no andamento do feito. Por isso, uma vez constatada alguma nulidade, não significa que os atos posteriores ao ato processual nulo sejam inevitável e conseqüentemente nulos. Diz o art. 248 que a causalidade anulatória só terá efeito em relação aos atos que são *subseqüentes* ao ato nulo e, mais, que do nulo sejam *dependentes*.

Por princípio, se não há ligação entre um ato e outro, não há contágio de nulidade. Trata-se de uma razão tão óbvia e lógica que, não existisse o comando legal, a contaminação dar-se-ia do mesmo modo. Por isso a distinção entre *atos dependentes* e *atos independentes*.

A dependência liga o ato sucessivo com o antecedente não só cronologicamente. Fundamentalmente o que faz um ato ser dependente de outro é o critério de indispensabilidade e necessidade. Cada caso concreto dirá o quanto um ato (o antecedente nulo) é indispensável para o outro (o sucessivo suscetível de nulidade).

Um bom exemplo pode-se ter à vista de um processo que já tenha sentença, mas que apresenta uma nulidade na instrução: a perícia realizada por um perito impedido. Ora, considerando-se que os debates da prova pelas partes e a sentença deram-se à vista da perícia nula, é obvio que debates e sentença são atos dependentes da perícia. Assim, incide o princípio da causalidade ou a invalidade derivada: nula a prova, nulos os debates e a sentença que se lhe seguiram, porquanto atos dependentes.

Mas o processo muitas vezes apresenta atos que são absolutamente autônomos e independentes entre si. A solução, então, será diferente: nulo o antecedente, persistem íntegros os posteriores que são independentes.

Como exemplo de independência pode ser lembrada uma série de testemunhos, com relatos absolutamente independentes uns de outros. Nesse passo, a nulidade no depoimento de um menor de dezesseis anos, por exemplo, mesmo que antecedente a outros, não anula os que se lhe seguem. Os relatos têm vida autônoma.

Por fim, Dall'Agnol (1985, p. 129) só vê possibilidade de contaminação dos atos que sucedem ao nulo. Não se vislumbra hipótese em que a invalidade de um ato contagie os anteriores.

"Em suma, a regra sobre invalidade derivada (princípio da causalidade) pode ser assim posta: a invalidade de um ato não contagia os anteriores, nem os subseqüentes que não o tenham por antecedente necessário; mas contamina os atos sucessivos que dele dependam".

Como se viu, no que diz com nulidade, o processo civil moderno tem buscado - cada vez mais - princípios que o direcionem na busca de sua efetividade. Assim, afastando-se do espírito positivista de piolhar nulidades, esta obra preconiza a tomada do mesmo rumo, mas agora no campo do direito probatório.

Ver também: princípio do (não)prejuízo, princípio da finalidade, princípio da finalidade.

4.2.3. PROVA

4.2.3.1. Considerações iniciais

São muitos os princípios que se ligam à prova.

Echandia (1973) enumera e desenvolve duas dezenas de princípios probatórios.

Esta parte do trabalho toma o caminho traçado pelo jurista colombiano como norte e a distribui ao longo dos seguintes princípios:

Busca da verdade,
Licitude da prova,
Inquisitivo,
Livre admissibilidade da prova,
Ônus da prova,
Comunhão da prova,
Avaliação da prova
Imediatidade,
Concentração probatória e
Originalidade

O leitor não encontrará aqui princípio do livre convencimento. Entendemos este princípio com abrangência maior do que os limites probatórios. Com isso, ele ficou muito próximo do princípio da motivação e da persuasão racional, tal como é esclarecido nas considerações iniciais aos princípios ligados à sentença.

Em matéria de prova, o interesse público aparece com toda sua força e leva o processualista civil para caminhos que se aproximam do processo penal.

A verdade buscada, com a vênia de quem pensa em contrário, é a real. Ainda que sem a força do direito processual penal, o juiz cível não pode se contentar com a verdade formal. Evidentemente, esta busca não passa por cima da licitude da prova.

Não há como fugir do princípio inquisitivo em matéria de prova diante dos termos do art. 130 do CPC: "caberá ao juiz, de ofício ou a requerimento da parte, determinar as provas necessárias à instrução do processo." Assim, vigora ainda o princípio da livre admissibilidade e da comunhão da prova. Isso, é verdade, deixa em cheque o princípio do ônus da prova, porquanto informado, tradicionalmente, pelo princípio dispositivo.

A garantia para os cidadãos de uma sentença justa, em termos de prova, reside no princípio da avaliação da prova e na oralidade que obriga a presença física do juiz na audiência (princípio da imediatidade) e da concentração dos atos probatórios.

4.2.3.2. Princípio da busca da verdade

Sinonímia

Princípio da livre investigação da prova no interior do pedido. Princípio da imparcialidade do juiz na direção e apreciação da prova.

Enunciado
O juiz deve buscar a verdade material.

Conteúdo

É incontroverso na doutrina e na jurisprudência que o processo tem por objetivo a busca da verdade. Contudo, há dessintonia em saber se a verdade buscada é a verdade formal ou a verdade real.

A visão tradicional do direito sustenta que no processo civil o juiz pode satisfazer-se com a verdade formal. Fundamenta-se no fato de que, em regra, a relação jurídico-material que informa a causa cível versa sobre interesse disponível (Grinover, 1992, p. 61).

Todavia, não se pode deixar de perseguir um direito ideal. Ainda que o processo não seja a realidade, deve assentar-se nela e estar ligado a ela de maneira indissolúvel. Fora disso deixaria de ser direito.

Vale salientar, já em 1879 Adolfo Wach, conforme referido por Jardim (1986, p. 174), consignava sua repulsa ao princípio da verdade formal: "Uno de los postulados de la ciencia del proceso moderno consiste en que el sistema de prueba del proceso civil se construya sobre el principio de la verdad material. Quien se opone a esto, es sospechoso de formalismo, de espíritu estrecho, escolástico...".

Não há como negar, o princípio da verdade real, material ou substancial, que vige plenamente no processo penal e no processo civil em casos de direitos indisponíveis, vige quase com a mesma força em todo o processo civil. É que, sendo a finalidade do processo a justa composição do litígio, tem-se que esta só pode ser alcançada quando se baseia na verdade real ou material (Theodoro Jr., 1981, p. 185).

Como diz Tourinho Filho (1977, p. 36) citando Manzini, a verdade real, em princípio, é uma busca de todo o processo. "De há muito está superada na doutrina e na jurisprudência a tese da verdade ficta. O processo, inclusive o civil, destina-se à busca e conhecimento da verdade real, como instrumento de realização da justiça." (Ap. Cível 587035445, 3ª Câmara Cível do Tribunal de Justiça do Rio Grande do Sul. Rel. Galeno Lacerda. Em 17.3.1988. *Revista do Tribunal de Justiça do Rio Grande do S*ul, v. 134, p. 328).

Não é difícil constatar uma clara aspiração mundial em se estabelecer,no processo civil, a verdade substancial, em oposição à verdade formal (Micheli e Taruffo, 1979, p. 155). Nesta tendência desponta a Tchecoslováquia. A Constituição da Tcheca prevê em seu art. 103 que os tribunais devem conduzir o processo de tal sorte que se estabeleça o estado real das coisas acerca do que eles deliberam.

A adoção plena no processo civil do princípio da verdade real é uma conseqüência natural da modernidade publicística do processo. Assim, "a par de não se admitir o princípio dispositivo rígido... cada vez mais aumenta a liberdade na investigação da prova, em face da socialização do Direito e da publicização do processo, razão que levou Lessona a afirmar que 'em matéria de prova todo o progresso está justamente em substituir a verdade ficta pela verdade real'" (Teixeira, 1978, p. 225).

Para Echandia (1973, p. 19) o "criterio de averiguar la verdad", tanto quando o juiz decreta provas de ofício ou por solicitação da parte, como quando valora os meios chegados ao processo é o que compõe o conteúdo do "principio de la imparcialidad del juez en la dirección y apreciación de la prueba", aqui tomado como sinônimo do princípio da busca da verdade.

Talvez a leitura isolada de alguns artigos do nosso CPC possa dar a impressão do acolhimento do princípio da verdade formal. Veja-se, contudo, que as presunções de verdade em caso de revelia (art. 319) e de confissão ficta, no caso do art. 343, § 2º, têm sido mitigadas pela doutrina e pela jurisprudência para produzir somente presunção *juris tantum*. Como se verá no princípio do ônus da prova, também o art. 333 não tem aplicação tão coativa quanto parece.

Um olhar atento ao nosso sistema processual verá que o código não impõe limitações à pesquisa da verdade para o juiz. Pelo contrário. A busca da verdade real pelo juiz é conseqüência lógica de outros institutos. Já a imposição às partes do dever de verdade e probidade abre caminho para a busca da verdade substancial. Ao depois, as disposições concernentes ao juiz em relação à prova aparelham o juiz na superação de formalismos.

Por evidente, o processo não está alheio à realidade social, porquanto ela "es jurídica, en cuanto se la considera desde el punto de vista jurídico, *sub specie juris*". Assim, o processo tem preferência pela realidade sobre a mera aparência. Não esquecer "las dos piedras de toque para calificar al derecho son, precisamente, su realidad y su concordancia con los valores." (Bidart, 1986, p. 134).

Não se pode pensar em garantia do devido processo legal sem imaginar um contraditório entre os litigantes, que tenha como escopo maior a busca da verdade real, por meio de debate amplo e irrestrita liberdade de alegações e provas (Theodoro Jr., 1991, p. 14).

É evidente que a busca da verdade real não se faz sem limites. Um dos limites dá-se por incidência de outro princípio, qual seja o da *necessidade da prova*: os fatos sobre os quais deve fundar-se a decisão judicial devem estar demonstrados com provas aportadas ao processo. Na análise dos fatos notórios (CPC, art. 334) e na aplicação de regras de experiência (art. 335) é grande a autonomia do juiz. Por igual, o juiz pode determinar de ofício produção de prova que conheça e se relacione com outros processos. É claro que aplica seu conhecimento particular, mas este conhecimento não pode ser tão próximo dos acontecimentos que o faça verdadeira testemunha do fato trazido a julgamento.

Diz Echandia (1973, p. 14) que o princípio da necessidade da prova é complementado pelo *princípio da eficácia jurídica e legal da prova*: "si la prueba es necesaria para el proceso, debe tener eficacia jurídica para llevarle al juez el convencimiento o la certeza sobre los hechos que sirven de presupuesto a las normas aplicables al litigio, o a la pretensión voluntaria, o a la culpabilidad penal investigada".

No sistema probatório brasileiro todos os meios legais, bem como os moralmente legítimos, ainda que não especificados em lei, são hábeis para provar a verdade dos fatos (CPC, art. 332).

Outro limite é trazido por Fritz Baur (1976, p. 175): "o juiz deve sempre procurar conhecer a verdade material, mas somente no domínio que as partes a submetam para decisão. Inexiste qualquer lugar para 'curiosidade do juiz' no processo civil". Já referimos as questões pertinentes ao eventual envolvimento extrajudicial do juiz, a ponto de torná-lo mais testemunha do que julgador e, assim, retirar-lhe a indispensável imparcialidade. Ademais, a busca não deve ser tal que instaure incontrolável tumulto.

O limite mais importante ao princípio da busca da verdade real diz com o *princípio da licitude da prova*, que será visto a seguir.

Ver também: princípio dispositivo, princípio da licitude da prova

4.2.3.3. Princípio da licitude da prova

Sinonímia

Princípio da prova imaculada. Princípio da naturalidade da prova. Princípio da espontaneidade da prova. Princípio do respeito à pessoa humana.

Enunciado

Só são admitidas no processo civil as provas lícitas ou moralmente legítimas.

Conteúdo

O princípio da inadmissibilidade da prova ilícita está previsto tanto na Constituituição Federal como no Código de Processo Civil. Os termos da lei processual, contudo, parecem mais amplos.

O inciso LVI do art. 5° da Constituição diz que são inadmissíveis no processo as provas obtidas por meios ilícitos. Já o CPC viabiliza ao processo tanto os meios legais como os moralmente legítimos. Há quem veja tautologia no dispositivo processual: "se o meio de prova não encontrar amparo na lei, não se legitima para ser admitido por melhor que seja o princípio moral em que se lastrear (Paula, 1992, p. 1.408). A *contrario sensu*, ao permitir o exame tanto da legalidade como da moralidade da prova, o Código de Processo Civil abre um amplo e importante leque de investigações, inviabilizando, assim, eventual meio de prova previsto em lei, mas moralmente inaceitável.

Ao acolher o princípio da ilicitude da prova, nossa Carta Magna constitucionalizou uma tendência doutrinária. Assim, hoje, o princípio em comento é também uma garantia individual de aplicação imediata em todas as espécies de processo.

A doutrina, ao tratar da prova proibida, costuma distinguir espécies de prova proibida. Assim, *prova ilícita* é a que contraria normas de direito material. Já a *prova ilegítima* é aquela que afronta normas de direito processual (Lenz, 1987, p. 86).

Distinção importante que se deve levar em conta é:

a) quanto à licitude da origem (ou à geração) da prova;

b) quanto à licitude do meio pelo qual se apresenta (se revela) a prova.

Entendem-se como meios de prova, além daqueles previstos no CPC, as gravações em videocassete e fita cassete, por exemplo. O meio de prova pode ser lícito, mas a origem pode estar viciada (gravação clandestina ou depoimento sob coação, por exemplo).

A problemática quanto à prova ilícita não reside unicamente em saber como se determina a ilicitude, mas também qual a importância da prova ilícita. A dinâmica da vida põe em questão fatos sempre novos que a cada momento estão a desafiar a capacidade interpretativa do jurista. A solução virá na maior ou menor credibilidade que se possa dar ao ditado: *os fins justificam os meios.*

De pronto, é possível afastar-se a prova que se tenha originado com violência, como a tortura, por exemplo. Não há como convalidar essa prova "sem que com isto nós estivéssemos de alguma forma convalidando a própria tortura." (Bastos, 1989, p. 273).

A questão tem-se apresentado controvertida quando a prova é obtida com violação da privacidade ou intimidade da pessoa contra quem se faz a prova. Pode-se imaginar as hipóteses de interceptação de correspondência e até de busca no lixo doméstico. As hipóteses mais freqüentes na jurisprudência, contudo, são as gravações de conversas em fitas magnéticas. A dificuldade do jurista aumenta quando a gravação viola a privacidade, mas seu conteúdo revela a verdade buscada no processo.

A Constituição Federal de 1988, ao tratar *Dos direitos e garantias fundamentais* especificou a inviolabilidade da intimidade das pessoas. Entende, acertadamente, José Augusto Delgado (1991, p. 30) que "a busca da verdade através do processo há de ser desenvolvida com a preservação da intimidade das pessoas, pois o direito à preservação da intimidade é uma categoria jurídica que merece ter os seus contornos devidamente fixados, não só no âmbito do direito material, como no do direito instrumental".

Luiz Alberto Thompson Flores Lenz refere corrente favorável a determinadas provas ilícitas, cujos fundamentos são de discutível consistência democrática. Os argumentos variam. Há quem admita que sejam submetidas à investigação do juiz as provas obtidas de maneira discutível (mas sem prática de ilícito). Há também quem acolha a prova ilícita, não como prova, mas como indício. Cordeiro Guerra admite uma confissão extrajudicial quando obtida mediante coação ou sevícia. Para o Ministro, deve ser punido o autor do ilícito, mas a prova é válida. Barros Monteiro sustenta que a finalidade do juiz no processo é julgar com as provas que tem e não verificar a licitude ou legalidade delas. Yussef Said Cahali (1987, p. 94) reivindica critério especial para o direito de família: "no direito de família, é irrelevante o meio como a prova foi produzida. O essencial é o seu conteúdo ...".

Por certo, algumas dessas posições guardam, ainda, um pouco do clima do período autoritário que, na história brasileira, antecedeu a 1988. Mesmo depois da Constituição, Celso Bastos (1989, p. 273 e 276) entende que o preceito constitucional seja "interpretado de forma a comportar alguma sorte de abrandamento relativamente à expressão taxativa da sua redação". Para tanto, propõe que a prova ilícita prevaleça quando:

a) está em defesa regra constitucional mais valorizada;

b) defenda o indíviduo contra o Estado na ação penal;

c) o beneficiário da prova ilícita participou direta ou indiretamente para a sua formação.

Em verdade, admitir como válida a prova ilícita não é necessariamente uma característica de países autoritários. Na Inglaterra, a busca da verdade real faz com que toda a prova seja válida desde que relevante e na França, em princípio, não existe proibição de provas ilícitas. De qualquer forma, devemos saudar os sistemas alemão e o italiano que dão dignidade constitucional à proibição da prova ilícita. Vale, contudo, ressalvar a *teoria da proporcionalidade*, criada pela jurisprudência alemã. Em circunstâncias excepcionais, acolhe-se a prova ilícita quando houver um bem jurídico relevante ameaçado e não houver outro meio lícito e legal para resguardar o bem ameaçado (Lenz, 1987, p. 89).

Micheli e Tarufo (1979, p. 163) lastimam a admissão, em alguns sistemas de *common law,* do emprego das chamadas *provas científicas*: hipnose, narcoanálise e *lie-detector* (detector de mentiras). Isso se dá em países ditos desenvolvidos, como os EUA. Por igual, também no Japão e na Polônia aventa-se a hipótese de admissão desses procedimetos no caso de haver consentimento do interessado. "Neste domínio, o único e decisivo problema que se coloca a respeito de certas provas científicas não vem de sua 'aptidão', mas da necessidade de que elas não impliquem um atentado aos valores fundamentais, de nível superior ao estabelecimento da verdade. Entre estes valores, é preciso que se coloque em primeiro plano os direitos inalienáveis do ser humano, especificamente o direito à integridade física, como limites instransponíveis pelas análises conduzidas para se obterem elementos de prova".

Não se pode perder de vista que a licitude de uma prova tem de ser considerada dentro da complexidade e complementariedade em que se colocam os princípios.

Nesse passo, não há esquecer o *princípio da lealdade e probidade* ou *veracidade da prova.* A prova não deve ser usada para ocultar ou deformar a realidade, para induzir o juiz em engano. Como diz Echandia (1973, p. 16): "si en derecho civil se exige la buena fe contractual y extracontractual, y se sanciona la mala fe y el abuso del derecho, con mayor razón deve suceder esto en los actos procesales".

Outro princípio a ser levado em conta é o da *formalidade e legitimidade da prova*. Este princípio implica que a prova deve estar revestida de requisitos extrínsecos e intrínsecos. Os primeiros se referem às circunstâncias de tempo, modo e lugar; os segundos contemplam principalmente a ausência de vícios (como dolo, erro, violência) e de imoralidade no meio de aquisição.

Em resumo, assim como todo o processo deve estar isento de vício, também quanto à prova vige o que Echandia (1973, p. 23) chama de *principio de la inmaculación de la prueba*, que - diante de sua amplitude - aqui é tomado como sinônimo do princípio da licitude da prova. Assim, por óbvias razões de economia processual, deve-se procurar que os meios chegados ao processo estejam livres de vícios intrínsecos e extrínsecos que os façam ineficazes ou nulos.

A peculiaridade de cada caso dirá quando se está diante de prova ilícita e qual o limite de admissibilidade de seus efeitos. Echandia (1983, p. 82) entende que se deve ampliar ao máximo o conceito de prova ilícita na salvaguarda da moral, da lealdade e do devido processo legal. "Este concepto de las pruebas ilícitas y de su nulidad es de una transcedencia inmensa para que la justicia judicial se humanice, se limpie de los rezagos que tiempos oscuros dejaron y para que se logre con el una tutela eficaz, de la persona humana, de sus derechos fundamentales de los principios más importantes, no solamente del derecho probatorio y del derecho procesal en general, sino el derecho común todo...".

O juiz não pode levar em consideração uma prova ilícita, seja nas sentenças/acórdãos, seja nos despachos ou no momento de inquirir testemunhas. Em verdade, em muitas hipóteses talvez não seja conveniente retirar-se dos autos a prova ilícita. Pelo contrário, casos haverá em que melhor seja que ela fique ali, a fim de que a todo momento a parte prejudicada possa tomá-la em consideração para vigiar o convencimento do juiz.

A prova ilícita é um limite importante ao princípio da busca da verdade real. Fora disso, o juiz tem encargos probatórios tão ou mais relevantes do que as partes. É o que veremos a seguir com o *princípio inquisitivo*.

4.2.3.4. *Princípio inquisitivo*

Sinonímia

Princípio inquisitório.

Enunciado

O juiz é livre para determinar as provas necessárias à busca da verdade real.

Conteúdo

Como já foi dito, os sistemas dispositivos e inquisitórios são formas de iniciativa e desenvolvimento do processo que historicamente apresentam características radicalmente antagônicas. O princípio dispositivo preocupa-se em conceder mais direitos processuais para as partes, o inquisitorial preocupa-se em conceder poderes mais abrangentes ao juiz. No sistema do nosso Código, as características de ambos os princípios estão perfeitamente contempladas.

Convém distinguir: princípio dispositivo, inquisitivo e impulso oficial. Se a disponibilidade é forte quanto ao nascimento e existência do processo, a inquisitoriedade e o impulso oficial são fortes quanto à prova e ao desenvolvimento.

Tendo o cidadão amplo acesso ao Judiciário, está consagrado o *princípio dispositivo quanto à iniciativa e à desistência da ação.*

Após intentar a ação, contudo, a parte tem diminuída sua liberdade (princípio do debate). Por isso, no desenvolvimento do processo e da prova, o juiz age independente da vontade da parte. Nesse passo, está consagrado *o princípio da inquisitoriedade quanto ao desenvolvimento do processo e produção da prova.* Atento, ainda, à peculiaridade da nomenclatura processualística brasileira, reservamos à liberdade judicial no andamento geral do processo o *princípio do impulso oficial.*

São conhecidas as restrições de Cappelletti (*apud* Dall'Agnol, 1989, p. 98). A resistência é mais quanto ao nome e a origem do processo inquisitorial puro. Para nós, a inquisitoriedade fica restrita e reservada somente no que diz com a atividade probatória do juiz.

Nem de longe admitimos o sistema inquisitorial puro que apresenta as seguintes características:

1º Concurso de denunciadores secretos que informam ao magistrado os delitos e os delinqüentes descobertos por eles.

2º Direção e prova sob o poder pleno do juiz.

3º Instrução e defesa escrita do início ao fim.

4º Procedimento constantemente secreto, não só em relação aos cidadãos, como também ao próprio processado em cuja presença não se faz nada e a quem nada do processo é comunicado enquanto não está terminado.

5º Prisão preventiva do processado e sua segregação absoluta de todo o contato com outros até o momento da defesa.

6º Interrupção dos atos, e deste modo, pronunciamento da sentença à vontade do juiz.

7º Ordem analítica até a transmissão da inquisição especial.

A origem do sistema é o último período do direito romano, e o nome provém de *quaesitores*, cidadãos encarregados excepcionalmente pelo Senado para examinar certos delitos especiais.

Alguns autores apontam como único exemplo de ordenamento jurídico em que prevaleceu o sistema inquisitorial a legislação prussiana do final do século XVIII, iniciada sob reinado de Frederico, o Grande.

As restrições mais constantes contra o princípio inquisitivo referem que "a imparcialidade do juiz só pode ser garantida quando ele assuma uma posição eqüidistante com relação às partes." (Grinover, 1992, p. 55).

Como diz Humberto Theodoro Júnior (1991, p. 18), modernamente, nem o princípio dispositivo, nem o inquisitivo, são consagrados em sua pureza por nenhuma legislação. Hoje, os códigos mesclam preceitos de ordem inquisitiva com outros de ordem dispositiva, dando maior ênfase a um ou outro, conforme a índole do sistema político que preside à organização do sistema constitucional. Leva-se em conta, ainda, a fase e as características de cada estágio do desenvolvimento ou do encadeamento dos atos que compõem a relação processual.

Costuma-se dizer que o princípio dispositivo é mais adotado em sistemas políticos liberais, enquanto o inquisitivo, nos sistemas mais autoritários. Atualmente, o desenvolvimento do processo permite colocar o tema de forma um pouco diferente. Do ponto de vista do princípio igualizador, por exemplo, pode-se dizer que o princípio dispositivo é sistema mais adequado onde é menor a necessidade de igualização econômica das partes. Já a intervenção do Estado-juiz faz-se mais necessária nas situações em que a disparidade econômica das partes é tão grande que o princípio da igualdade corre riscos.

Anota José Carlos Barbosa Moreira (1985, p. 145): a transição do liberalismo individualista para o Estado social de direito assinala-se por substancial incremento da participação dos órgãos públicos na vida da sociedade. Esse desenvolvimento, projetado no plano processual, traduz o fenômeno pela "intensificação da atividade do juiz, cuja imagem já não se pode comportar no arquétipo do observador distante e impassível da luta entre as partes".

O sistema brasileiro da prova acolheu o princípio inquisitivo. Os termos do art. 130 do CPC obrigam o jurista a se render a esta evidência: "caberá ao juiz, de ofício ou a requerimento da parte, determinar as provas necessárias à instrução do processo, indeferindo as diligências inúteis ou meramente protelatórias".

Este é o dispositivo mestre que dá a linha de conduta judicial de todo o sistema probatório no processo civil brasileiro. E nele se vê clara a principal característica do princípio inquisitório: prevalência da atividade do juiz sobre a atividade da parte. Como se não bastasse a direção do dispositivo, acresça-se a imposição e a imperatividade do comando: *caberá ao juiz*.

Para melhor provar que o CPC acolheu o princípio inquisitivo no que diz com o sistema probatório, pode-se alinhar uma série de dispositivos espalhados pelos meios de prova, nos quais novamente se vê a prevalência da atividade investigativa do juiz sobre o interesse da parte.

Segundo o art. 342 do CPC, o juiz pode determinar de ofício o comparecimento pessoal das partes para interrogá-las. Da mesma forma, o juiz pode determinar de ofício a exibição parcial de livros e documentos (art. 381), inspecionar pessoas ou coisas (art. 440), determinar a inquirição de testemunhas referidas (art. 417).

Mas ainda que não existam normas jurídicas particulares, o juiz aplicará as regras de experiência comum subministradas pela observação do que ordinamente acontece, e ainda as regras de experiências técnicas, ressalvado, quanto a estas, o exame pericial (art. 335).

É verdade que ao admitir o princípio do ônus da prova e a presunção formal de verdade em caso de revelia e falta de depoimento pessoal, parece ter acolhido o princípio dispositivo. Todavia. tais previsões podem ser consideradas como atenuantes, necessárias aliás, do sistema inquisicional. A par disso, não se podem esquecer as críticas da doutrina e a atenuação da jurisprudência, que apresentamos em capítulo próprio, tanto ao sistema do ônus da prova, como aos efeitos da revelia.

São tantas as evidências do princípio inquisitivo nas disposições sobre prova no nosso CPC que talvez não se necessite dotar legislativamente o juiz de outros poderes para lograr um sistema probatório inquisitorial mais apurado.

Um dos efeitos da adoção do princípio inquisitivo no sistema probatório é a influência quanto ao tipo de verdade buscada no processo. Considerando que a lei põe à disposição do juiz amplos poderes investigatórios, não há razão do processo civil abrir mão da verdade real. Como visto, o princípio da verdade real no cível não é tão abrangente como no crime. Entretanto, "por todos os meios ao seu alcance, o julgador procura descobrir a verdade real, independente da iniciativa e da colaboração das partes." (Teodoro Júnior, 1981, p. 180).

O acolhimento do princípio inquisitivo no processo civil brasileiro não faz correr riscos o princípio do juiz imparcial. A imparcialidade só fica maculada no sistema inquisicional puro, que admite seja do juiz a iniciativa da ação e do processo. No nosso sistema não há esse perigo. Na busca da verdade, o juiz não está favorecendo diretamente uma ou outra parte. A inércia judicial sim, seria favorecimento. Pela prova há a revelação processual da verdade e este, pelo menos em tese, deve ser o interesse das partes e da sociedade.

Admitindo-se o acolhimento do princípio inquisitivo, nos termos aqui propostos, é importante relembrar alguns outros princípios gerais que Echandia faz aportar especificadamente em termos de prova e que, de certa forma, põem freios à autonomia judicial.

O princípio inquisitivo, por exemplo, não afasta o *princípio da contradição da prova*. As partes sempre devem gozar de oportunidade para conhecr e discutir a prova. Por igual, o *princípio da igualdade de oportunidade para a prova* deve ser respeitado. Assim, as partes dispõem de idênticas oportunidades para apresentar ou pedir a prática de provas. Enfim - e por conseqüência - está a merecer respeito o *princípio da publicidade da prova*. As provas e as conclusões que delas se tiram devem ter ampla publicidade. Ou seja, o conhecimento não se restringe àqueles que se envolvem no processo. Ensina Echandia (1973, p. 18): "las conclusiones del juez sobre la prueba deben ser conocidas de las partes y estar al alcance de cualquier persona que interese en ello, cumpliendo así la función social que les corresponde y adquiriendo el 'carácter social' de que habla Framarino dei Malatesta".

Nessa livre investigação, os atores judiciários têm à sua disposição o *princípio da livre admissibilidade da prova*.

Ver também: princípio dispositivo, princípio do impulso oficial, princípio do debate.

4.2.3.5. Princípio da livre admissibilidade da prova

Sinonímia

Princípio da livre investigação probatória. Princípio da liberdade da prova.

Enunciado

Uma prova deve ser admitida no processo sempre que necessária à determinação da verdade dos fatos e à formação da convicção do juiz.

Conteúdo

Gian Antonio Micheli e Michele Tarufo atribuem à desconfiança, *nem sempre injustificada* das partes relativamente aos magistrados, ao fato de, na Idade Média e no começo do século XIX, haver várias formas de limitações à escolha dos meios de prova.

Hoje há o aumento da confiança no Poder Judiciário e sua imparcialidade. Por isso, a teoria moderna da prova preocupa-se com meios e formulações cada vez mais abrangentes. Assim, com o crescente interesse público no processo civil, as partes têm a possibilidade de postular mais livremente por provas e controlar um juiz tão ou mais interessado do que as partes na solução do litígio.

"Disso decorre que toda a teoria moderna da prova deve ser considerada deste ponto de vista, isto é, de como poder-se-ia concorrer para formar a convicção do juiz do modo mais desprendido possível das regras de julgamento preconstituído, assegurando, porém, às partes, a possibilidade de controlar sua formação." (Michelli e Taruffo, 1979 p. 156).

Há uma tendência universal para o sistema da livre investigação probatória. E isso não se deve a particularidades de regimes políticos. É conseqüência do caráter publicístico do processo. Corresponde àquilo que se convencionou denominar "socialização do direito".

A partir da análise de diversos dispositivos legais, não é difícil concluir que nosso sistema processual consagra o princípio da livre admissibilidade da prova.

Veja-se, por exemplo, o art. 130 do CPC. O dispositivo legal é impositivo e obrigatório (*caberá ao juiz*). Não fixa qualquer condição de tempo processual. Pelo contrário, a prova poderá vir de *ofício ou a requerimento da parte*. Por fim, também não há restrição de meio probatório, basta que *as provas* sejam *necessárias à instrução do processo*.

Se o juiz é obrigado a apreciar o requerimento da parte, tem-se que, a qualquer tempo e sob qualquer meio, a prova poderá ser produzida. Basta que a aprova seja considerada necessária. A decisão que deferir a prova necessária ou indeferi-la por desnecessária deverá seguir a orientação geral de todas as outras decisões, ou seja, deve ser fundamentada.

É possível dividir-se o princípio da livre admissibilidade da prova em três aspectos:

a) livre admissibilidade quanto ao momento da prova;
b) livre admissibilidade quanto aos meios de prova;
c) livre admissibilidade quanto ao objeto da prova.

Já se tornou tradicional a divisão do momento da prova. Com efeito, o CPC oferece *a priori* uma certa disciplina que permite identificar momentos de proposição, de admissão e de produção dos diversos meios de prova. Por isso, a mentalidade formalista poderá opor resistência à conclusão quanto à liberdade temporal da admissibilidade da prova.

Sem dúvida não se há de esquecer o *princípio da preclusão da prova*, o qual impõe uma formalidade de tempo ou oportunidade para a recepção e produção da prova. O interesse preclusivo, contudo, guarda estreita relação com temas como o contraditório e a lealdade. Assim, o interesse perseguido pelo princípio que estabelece a preclusão em relação à prova é "impedir que se sorprenda al adversario con pruebas de último momento, que no alcance a controvertirlas, o que se propongan cuestiones sobre las cuales no puede ejercer su defensa." (Echandia, 1973, p. 19).

Fora dessa inconveniência, não há como negar a incisividade do art. 130 do nosso CPC, verdadeira norma de sobredireito probatório, que afasta o formalismo.

Não é só o art. 130 que autoriza a produção da prova necessária. Independentemente de momento, temos outros artigos, mais específicos, com o mesmo direcionamento. Em qualquer estado do processo, o juiz pode, de ofício, determinar o comparecimento pessoal das partes a fim de interrogá-las sobre os fatos da causa (art. 342). Por igual, o juiz pode ordenar que a parte exiba integral ou parcialmente documento ou coisa que se ache em seu poder (arts. 355 e 382). O mesmo ocorre com relação às testemunhas (art. 418) e à inspeção judicial (art. 440).

Ensina Moracir Amaral dos Santos (1990, p. 276) que, "se no decorrer do processo, antes ou depois do despacho saneador, e mesmo já na audiência de instrução e julgamento, qualquer das partes, à vista de circunstâncias surgidas na causa, requer prova testemunhal, ou depoimento da parte contrária, ou perícia, a sua proposta poderá ser acolhida". A base legal para tal deferimento são os arts.125 e 130 do CPC, mas, é claro, deve-se levar em consideração que o requerimento dê "a leal impressão de que é necessária ou útil ao esclarecimento da verdade (Código de Processo Civil, art. 130) ou tenha por motivo circunstâncias desconhecidas por ocasião da fase postulatória ou supervenientes a esta".

Há limites para tal liberdade. Não se pode buscar a verdade indefinidamente. O processo tem que terminar com o mínimo de tumulto. Não se vá admitir protelações injustificadas.

Também há livre admissibilidade quanto aos meios de prova, porquanto "todos os meios legais, bem como os moralmente legítimos, ainda que não especificados neste Código, são hábeis para provar a verdade dos fatos, em que se funda a ação ou a defesa." (art. 332).

Nem todos os sistemas processuais do mundo alcançaram este progresso quanto à liberdade dos meios de prova. Remanesce com maior ou menor intensidade, em outras legislações, o limite que impõe tipicidade legal aos meios de prova. A liberdade que tem o juiz brasileiro de escolher as fontes de seu convencimento é limitada em outros países, mesmo naqueles em que se assegura a determinação de ofício. No nosso sistema, a enumeração legal dos meios de prova é apenas exemplificativa das fontes de prova.

A abertura do sistema brasileiro quanto aos meios de prova permite imediata adaptação do direito à moderna tecnologia, evitando defasagem que normalmente acontece entre as rápidas conquistas tecnológicas e as demoradas disposições jurídicas.

Por causa dessa forma de liberdade na admissibilidade dos meios de prova, a doutrina e a jurisprudência acolhem a conduta da parte como fonte de convicção do juiz. Com efeito, o comportamento dos litigantes contribui no convencimento judicial quanto aos fundamentos do direito da parte e da credibilidade dos outros meios de prova.

O princípio da livre admissibilidade da prova tem limites. A principal limitação diz com a licitude da prova e se constitui em princípio já analisado.

Pode-se falar em limitações gerais ao princípio da livre admissibilidade da prova. São de se considerar aqui os princípios informativos lógicos e o da economia. Por exemplo, para ser produzida, a prova deve estar relacionada estritamente a fatos pertinentes à causa. Não pode ser um fato estranho ou sem interesse para a solução do litígio. A pertinência aqui refere-se aos fatos principais do litígio. Descabida, por exemplo, a inquirição de pessoa que vá provar fato relativo a peculiaridades pessoais de testemunhas.

Barbosa Moreira (1986, p. 9) refere alguma doutrina e jurisprudência que resistem à livre admissão da prova e enganadamente entendem que a liberdade estaria limitada conforme a natureza da relação litigiosa. E contesta: "dos textos do Código de Processo Civil relacionados com o tema, nenhum consagra, de modo explícito ou implícito, distinção dessa espécie".

Quanto à prova testemunhal, por exemplo, o art. 401 do CPC inadmite sua exclusividade nos contratos cujos valores excedam o décuplo do maior salário mínimo ao tempo em que foram celebrados. No entanto, Theotonio Negrão (1994, p. 308) em notas ao dispositivo, mostra uma longa lista de exceções. Na prática, essa limitação tem merecido interpretação flexível na busca da verdade real.

O princípio em análise dirige-se ao juiz e às partes. As partes têm direito a propor a prova como expressão do seu direito de ação e defesa, e a participar na formação da prova como apanágio do princípio do contraditório. Quanto ao juiz, o CPC baseia-se no sistema do juiz ativo. Assim, "pode-se dizer que a produção da prova é ato do juiz, com intervenção supletiva das partes." (Santos, 1990, p. 277).

Não há negar, a aplicação prática do princípio em comento traz à baila o dilema entre justiça e economia: fazer bem ou fazer depressa? Incide em erro tanto quem nega produção de prova essencial em nome da celeridade como quem admite a prova sem qualquer resguardo de economia.

Na dúvida entre fazer a prova ou demorar o andamento do processo, a melhor solução é permitir a produção da prova e só restringir em casos de excessiva demora.

Não procedem algumas críticas da visão tradicional do direito quanto à livre admissibilidade da prova. Admitir-se a produção de prova de ofício ou aquela requerida fora dos prazos aprioristicamente referidos em lei não abala, por si só, os princípios da igualdade entre as partes ou a imparcialidade do juiz. "Os poderes instrutórios, a bem dizer, devem reputar-se inerentes à função do órgão judicial, que, ao exercê-lo, não se 'substitui' às partes,.. o uso hábil e diligente de tais poderes, na medida em que logre iluminar aspectos da situação fática, até então deixados na sombra por deficiência da atuação deste ou daquele litigante, contribui, do ponto de vista prático, para suprir inferioridades ligadas à carência de recursos e de informações, ou à dificuldade de obter o patrocínio de advogados mais capazes e experientes. Ressalta, com isso, a importância social do ponto."(Moreira, 1985, p. 147).

O norte que se deve ter, em relação à admissibilidade da prova, não é com eventual "substituição do encargo da parte pelo juiz". O *princípio do ônus da prova* mostrará a seguir o seu caráter supletivo.

Ver também: princípio do debate, princípio inquisitório, princípio da verdade real.

4.2.3.6. Princípio do ônus da prova

Sinonímia

Princípio da carga probatória. Princípio do encargo probatório.

Enunciado

Compete, em regra, ao autor a prova do fato constitutivo e ao réu a prova do fato impeditivo, extintivo ou modificativo.

Conteúdo

Um dos temas mais polêmicos em processo civil é o do ônus da prova.

A necessidade de aplicação do princípio surge no momento em que o juiz tem dúvida sobre se um fato está ou não provado. Quando o juiz considera um fato provado, não vai interessar quem produziu a prova. O problema aparece diante da dúvida do julgador. Disso se pode concluir pelo caráter supletivo do ônus da prova. Seus critérios serão aplicados supletivamente sobre os fatos não considerados aprovados pelo juiz.

Não pode o juiz brasileiro fazer como fazia antigo juiz romano, a que já nos referimos em 2.2.9. *Princípio da indeclinabilidade*, que não tinha obrigação de proferir sentença. Se o juiz romano não chegasse a um convencimento sobre a verdade dos fatos alegados pelas partes, escusava-se de sentenciar, jurando *sibi non liquere*. Ou seja, o juiz dizia que não havia conseguido formar opinião sobre a causa. Com esse juramento se livrava da obrigação de pronunciar a sentença, e o pretor designava outro juiz em seu lugar. Em certa medida, havendo dúvida no momento do julgamento e tendo se esgotado toda a possibilidade probatória, o juiz cível aplica o *princípio do in dubio pro reo*. No processo civil, a dúvida irreversível aponta para a improcedência da ação. No processo penal, o juiz, na dúvida, absolve o réu por falta de prova (inc. VI do art. 386 do CPP).

Vale notar, ônus não é obrigação ou dever. Ônus é a carga, ou fardo de que a parte deve desincumbir-se para benefício próprio. Satisfazê-lo é do interesse do próprio onerado. O onerado escolhe: satisfazer o ônus e desincumbir-se ou não satisfazer e, assim, não ter o benefício que adviria do fato de desincumbir-se da carga. No ônus não há relação direta entre aquele que é onerado e a outra parte. O ônus é em relação a si mesmo. Já na obrigação e no dever, há relação entre duas pessoas, pelo menos. O dever é em relação a alguém, ainda que seja a sociedade. A obrigação implica o dever do sujeito passivo com o sujeito ativo. A satisfação é do interesse do sujeito ativo. Descumprida a obrigação pelo sujeito passivo, o efeito desse descumprimento não é imediato, como no ônus, mas vai depender da atuação do sujeito ativo. Assim, "não se pode pensar em dever de provar, porque não existe tal dever, quer perante a outra pessoa, quer perante o juiz; o que incumbe ao que tem o ônus da prova é de ser exercido no seu próprio interesse." (Santos, 1977, p. 217).

O juiz, diante de uma incerteza quanto à prova que embasa a alegação das partes, deve decidir contra quem essa incerteza prejudica. Cumpre resolver a quem cumpria o ônus de provar o fato cuja prova é dúbia ou inexistente.

Os critérios para a solução judicial dessa dúvida vêm atravessando a história do direito sem que se tenha conseguido solução plenamente satisfatória.

Pior, a polêmica não se cinge somente aos critérios. Também outros temas que rodeiam a questão principal não são tranqüilas.

De começo, se discute se a questão de saber quem deva provar é ou não princípio. Ovídio Baptista da Silva (1991, p. 281) entende que parece lícito incluí-lo ao lado dos princípios fundamentais, para simplificar a exposição e reduzi-lo às dimensões desejadas. Discute-se, por exemplo, se o debate sobre ônus da prova diz mesmo com o direito processual ou com o direito material. Quanto a isso, talvez baste lembrar que a regra sobre ônus da prova, na Itália, não está, como no Brasil, prevista na legislação processual, mas no Código Civil, art. 2.697. Também se discute a possibilidade de convenção sobre ônus da prova. Debate-se, ainda, a aplicação do ônus da prova na hipótese de direito intertemporal e o ônus da prova nas ações declaratórias negativas (Alvim *et al.*, 1976, p. 227)

Mesmo em caso de revelia, há espaço para discutir-se incertezas sobre ônus da prova. Apesar dos termos do art. 319 do nosso CPC, que imputa ao réu que não contestou a presunção de verdade quanto aos fatos afirmados pelo autor, não há tranqüilidade. É que a doutrina se divide na discussão sobre se a presunção é *jure et jure* ou apenas presunção *juris tantum*.

O juiz gaúcho José Francisco Pellegrini (1979) apresenta estudo sobre o ônus da prova. Vale destacar o resumo das diversas teorias a respeito dos critérios distributivos do ônus da prova. São muitas as tentativas referidas no texto. Ali encontra-se a herança romana de atribuir ônus ao autor e ao réu conforme os fatos que fundamentam suas pretensões, bem como a tentativa de excluir de ônus os fatos negativos. Refere, ainda, o inusitado de teoria que atribui a prova ao mais fraco social ou economicamente, não importando se demandante ou demandado. Fala, ainda, da teoria que faz incumbir a quem alega o fato anormal, eis que o normal se presume.

Diz o art. 333 do CPC: "O ônus da prova incumbe:

I - ao autor, quanto ao fato constitutivo do seu direito;

II - ao réu, quanto à existência de fato impeditivo, modificativo ou extintivo do direito do autor".

A crítica de José Francisco Pellegrini (1979, p. 50) baseia-se nas lições de Echandia e tem dois sentidos. A catalogação dos fatos em constitutivos, impeditivos, modificativos ou extintivos é artificial e sem ajuste com a realidade. Há um impasse entre os autores que tentam definir com precisão uma dessas qualificações. Nenhum critério que pretenda distribuir a carga de prova segundo a posição processual das partes pode servir de regra geral.

O articulista opta pela orientação de Gian Antonio Micheli. O professor da Universidade de Florença ensina que a carga de provar um fato compete à parte cuja petição (pretensão ou exceção) o tem como pressuposto necessário, de acordo com a norma jurídica aplicável. Ou seja, a cada parte corresponde o ônus de provar os fatos que servem de base à norma que consagra o efeito jurídico perseguido por ela, qualquer que seja sua posição processual.

No tocante a critérios de distribuição do ônus da prova, vale referir o utilizado no Código de Defesa do Consumidor. Com efeito, a Lei 8.078, de 11.9.90, em seu art. 6º, inc.VIII, ao disciplinar os direitos básicos do consumidor, alinha "a facilitação da defesa de seus direitos, inclusive com a inversão do ônus da prova, a seu favor, no processo civil, quando, a critério do juiz, for verossímil a alegação ou quando for ele hipossuficiente, segundo as regras ordinárias de experiência".

O critério utilizado pelo nosso CPC, é inegável, atende a um grande número de situações; contudo, está sujeito a não poucas exceções. Por isso, não se pode fazer interpretação inflexível do art. 333 da nossa lei processual.

O melhor comportamento para o jurista em face do princípio do ônus da prova é o de atenção. Acontece que, apesar de estarmos diante de tema importante, não se encontra teoria que dê conta da questão. O alerta, em primeiro lugar, deve dar-se em relação ao art. 333 do CPC. Seus termos imprecisos podem levar a enganos. Alerta, em segundo lugar, para a inexistência de um critério único de distribuição da carga probatória.

Não há como deixar de revelar um certo ceticismo. Posição, aliás, que não é nova. Chiovenda (*apud* Karan, 1980, p. 52), por exemplo, é cético quando observa que é difícil formular um princípio geral que dê, em todos os casos, a solução do problema da repartição do ônus da prova.

O tema está a exigir cuidados interpretativos. Não é possível pretender extrair regras absolutamente inflexíveis, mas há de se ter um cuidado e uma atenção para a posição concreta que os litigantes assumam, e em função dessa posição concreta, aplicar as regras sobre o ônus da prova com maior flexibilidade (Alvim, 1974, p. 234).

Sem pretensão de teorizar, podemos tentar identificar alguns fatores que talvez dificultem as investigações sobre o princípio do ônus da prova.

A primeira dificuldade é de raiz. Quando se perquire sobre a natureza jurídica do ônus da prova, logo vem a relação com o *princípio dispositivo*. E se diz: num sistema que admitisse a pesquisa *de ofício* da veracidade dos fatos, não teria significação a repartição do ônus da prova (Karam, 1980, p. 52).

Ora, vale lembrar o que dissemos quando da análise princípio dispositivo.

As partes (o autor na inicial e o réu na contestação) têm liberdade de limitar a atuação investigativa do juiz aos *fatos* que elas trazem para os autos. Essa liberdade, que compõe o princípo dispositivo, já foi maior. Quando o juiz era um mero espectador do processo, as partes dispunham dos fatos e das provas do processo. Daí o brocardo: *judex secundum allegata et probata partium judicare debet*. Vigia plenamente um sentido liberal-individualista, em que as partes eram as donas do processo.

Todavia, a publicização do processo retirou do princípio dispositivo a liberdade das partes de limitar a atuação do juiz em relação à prova. Quanto à *prova,* vigora o princípio da livre investigação. Mais do que livre, o juiz tem dever em relação à prova, pois lhe caberá, de ofício, ou a requerimento da parte, determinar as provas necessárias à instrução do processo (art. 130, CPC). Assim, o juiz apreciará livremente a prova, atendendo aos fatos e circunstâncias constantes dos autos, ainda que não alegados pelas partes (art. 131, CPC).

Em verdade, a ideologia liberal incrustrada ainda em muitas mentalidades, principalmente jurídicas, talvez de forma inconsciente, resiste à restrição do princípio dispositivo somente aos fatos articulados pelas partes.

No Brasil, a busca de um critério suficiente para distribuição da carga probatória com certeza terá melhor resultado quando estivermos suficientemente conscientes dos limites e da liberdade do juiz na busca da verdade pela prova.

Desde que estejamos plenamente conscientes de que o juiz, enquanto perdurar o processo, é tão ou mais interessado do que as partes na busca da verdade, é possível construir uma teoria quanto aos diversos meios de prova.

Convém alertar que na prática da análise do ônus da prova, muitas vezes o que o intérprete está fazendo é a avaliação da prova. Não raro encontram-se decisões invocando o art. 333 do CPC, quando na verdade o juiz considera o fato insuficientemente provado por defeito de credibilidade de testemunhas ou documentos. Logo, a solução, em verdade, está na subjetividade de quem avalia a prova, e não na objetividade do critério de distribuição da carga probatória.

Enfim, o princípio do ônus da prova, apesar do muito que já foi escrito, ainda aguarda uma solução mais peculiar e adequada para o sistema processual brasileiro. Há que se buscar, por exemplo, uma adequada compatibilidade com o princípio que segue: o da *comunhão da prova*.

Ver também: princípio dispositivo, princípio do debate, princípio da livre admissibilidade da prova.

4.2.3.7. Princípio da comunhão da prova

Sinonímia

Princípio da aquisição da prova. Princípio da comunidade da prova.

Enunciado

A prova pertence ao juízo.

Conteúdo

Se o interesse público rege todo o processo, a jurisdição, a ação e a defesa, com a prova não poderia ser diferente.

Sendo o fim da prova levar a certeza à mente do juiz, para que possa falar conforme a justiça, diz Echandia (1973, p. 15), há um interesse indubitável e manifesto em razão da função que desempenha no processo. É o *princípio do interesse público na função da prova*.

É evidente, cada parte persegue, com suas próprias forças, um benefício próprio e imediato. Contudo, há de se considerar, ainda, o interesse público mediato que está acima dos benefícios específicos das partes.

Em conseqüência, a prova nunca pertence a uma ou outra parte, mas ao juízo. Por igual, o benefício que se retira do elemento probatório não se vincula somente ao interesse da parte que produziu tal prova. É o *princípio da comunhão* ou *comunidade da prova*, também chamado da *aquisição*.

Nosso CPC não contém disposição semelhante ao art. 344 do CPC colombiano, que determina, por princípio, a inadmissibilidade da renúncia ou desistência da prova já recebida. Aqui, o art. 408 diz que depois de apresentado o rol de testemunhas, a parte só pode substituí-las em caso de falecimento, enfermidade ou mudança de endereço. Theotonio Negrão (1994, p. 310) anota que o advérbio "só" deve ser entendido em termos: "a substituição é livre, se feita pelo menos cinco dias antes da audiência, mesmo fora dos casos mencionados no art. 408 do CPC".

Essa orientação, contudo, é de ser acolhida com reservas. Entendemos que no sistema brasileiro vige o princípio da comunidade da prova e que, não raras vezes, a parte-ré deixa de arrolar testemunha comum já arrolada pela parte-autora. Assim, uma desistência pode causar danos à outra parte (em particular) e à busca da verdade real (em geral). A melhor solução para o caso de desistência não suficientemente motivada de testemunha é colher a concordância da parte contrária e, em caso de dúvida, ouvir tanto a nova testemunha indicada como a testemunha que se tentou substituir.

O *princípio da comunhão das provas* tem um efeito no âmbito jurisdicional.

Num processo de natureza pública, como o brasileiro, em que o juiz, pelo art. 130 do CPC, tem tanta obrigação quanto as partes de produzir o meio de prova disponível, é pelo menos contraditório atribuir a qualquer das partes as conseqüências da falta de prova. Vigendo o *princípio da comunhão das provas*, a prova não é de uma ou de outra parte, é do juízo. Se uma parte não produziu uma prova que deveria produzir, o juiz não pode manter-se inerte, pois também tem o dever de produzir tal prova. O juiz, por exemplo, não pode se escudar na frágil argumentação de falta de prova testemunhal se deixou de ouvir testemunhas referidas. O mesmo se pode dizer quanto à prova pericial. Uma perícia, que o juiz entenda indispensável, deve ser realizada. Se houve desinteresse das partes ou impossibilidade de suportar seus gastos, ao Judiciário devem ser dados meios de produzir de ofício a perícia. Logo, nessas duas hipóteses (produção de prova pericial e prova testemunhal), o sistema obriga o juiz a buscar maneiras de revelar o fato pelos meios probatórios disponíveis.

Claro, a prova documental em muitas oportunidades está resguardada em tal intimidade que fica impossível ao juiz buscá-la sem iniciativa da parte. De qualquer forma, cumpre ao juiz uma posição suficientemente flexível que, sem ferir o princípio da isonomia e do contraditóro, permita tanto a vinda de documentos para os autos como a abertura para eventual ação cautelar de exibição de documento.

Vale salientar, as disposições sobre a prova não pertinem tão-somente a um ou outro elemento probatório. O conjunto probatório do processo forma uma unidade, e como tal deve ser examinada e apreciada pelo juiz. É o *princípio da unidade da prova*.

Com efeito, ao processo aportam muitos elementos probatórios: testemunhas, documentos, indícios. Ao juiz cumpre "confrontar las diversas pruebas, puntualizar su concordancia o discordancia y concluir sobre el convencimiento que de ellas globalmente se forme." (Echandia, 1973, p. 15). É o *principio da avaliação da prova* que veremos a seguir.

Ver também: princípio da busca da verdade, princípio do impulso oficial, princípio do interesse social, princípio inquisitivo.

4.2.3.8. Princípio da avaliação da prova

Sinonímia

Princípio da apreciação da prova.

Enunciado

A prova deve ser avaliada pelo juiz.

Conteúdo

Antes de adentrar na análise do princípio da avaliação da prova, convém remeter o leitor às considerações iniciais aos princípios ligados à sentença. Lá mostramos como os princípios do livre convencimento, da motivação e da persuasão racional têm abrangência que não se restringe ao tema da prova.

Em verdade, no princípio da avaliação da prova encontram-se englobados todos os conteúdos dos princípios do livre convencimento, da motivação e da persuasão, pois todos os julgamentos dos órgãos do Poder Judiciário devem ser fundamentados.

O art. 31 do CPC diz que compete ao "juiz indicar, na sentença, os motivos que lhe formaram o convencimento". Levando-se a determinação legal às últimas conseqüências, é verdadeiramente impossível que o juiz consiga *indicar* todos os *motivos* que *formaram oconvencimento*.

São tantas as influências que inspiram o juiz que dificilmente a explicação de como ele se e convenceu será plenamente satisfatória. No julgamento há premissas ocultas imperceptíveis.

Na avaliação da prova interferem simpatia ou antipatia por uma parte ou testemunha, interesse ou desinteresse por uma questão de argumento, inclinação para interpretação mais rígida ou flexível, afetos, ódios, rancores, convicções, fanatismo, paixões (contidas ou não), predileções. Em suma, na avaliação da prova estão "todas as variações desta realidade misteriosa, maravilhosa, terrível, que é o espírito humano, refletidas com ou sem véu nas frias expressões dos repertórios de jurisprudência." (Cappelletti, 1981, p. 17).

Todo homem, e assim também o juiz, é levado a dar significado e alcance universal e até transcendente àquela ordem de valores imprimida em sua consciência individual.

Talvez o máximo que o juiz consiga ao avaliar a prova é agir de acordo com o princípio da *sana critica*. Trata-se de uma concepção própria e exclusiva dos ordenamentos espanhóis e hispano-americanos que, se aplicado com método, pode melhorar o empirismo e a subjetividade da convicção íntima. "Ese principio encierra todo un programa; y si está bien trazado, vale lo (mismo) que un gran número de normas legales (...) y pueden constituir un valiosísimo elemento de humanización del proceso." (Guillén, 1979, p. 145).

Não se pode perder de vista que o juiz não avalia a prova somente quando está sentenciando. Vale lembrar o que já dissemos no livro *Motivações Ideológicas da Sentença* (Portanova, 1992, p. 15). O problema começa com o depoimento. Como se sabe, não é correto o magistrado consignar em ata sua impressão pessoal valorativa sobre o relato testemunhal. Assim, temendo pela credibilidade do relato, a desconfiança do juiz deve ser objetivada com elementos que denotam a falta de isenção da testemunha. Veja-se: apesar de já estar convencido, o juiz ainda não está sentenciando, por isso precisa agir com arte (a arte de interrogar). O convencimento momentâneo do juiz deve aparecer concreta e objetivamentemente no interior do relato sob a forma, por exemplo, de contradições, exageros ou omissões nos depoimentos da parte ou da testemunha. O juiz não pode consignar sua impressão pessoal, pois ao sentenciar, o que vai interessar são os elementos concretos encontrados no interior do relato de quem depõe.

As contradições, os exageros ou as omissões das testemunhas podem embasar com alguma objetividade o convencimento judicial; fora disso, os motivos pessoais do juiz para considerar um fato, uma prova ou um direito como relevantes para o provimento ou não da demanda, são pouco perscrutáveis. São motivações pessoais: interferências (psicológicas, sociais, culturais), personalidade, preparação jurídica, valores, sentimento de justiça, percepção da função, ideologia, estresse, remorsos, intelectualização. (*RJTJRGS,* v. 128, p. 84).

Já a reconstituição dos fatos apresenta-se altamente problemática. Os fatos são reconstituídos de forma indireta, através de uma atividade probatória que longe está de ser imaculada e isenta. Como diz Nilo Bairros de Brum (1980, p. 83), "na produção das provas intervêm diversos órgãos e pessoas condicionadas por interesses diferentes ou por concepções diversas a respeito do crime e do criminoso". O eminente autor gaúcho fala a respeito do processo criminal, mas suas observações cabem também para o processo civil.

Por isso, cabe desvendar, ainda que resumidamente, os "requisitos retóricos da sentença" referido em sua obra. O primeiro requisito é o da *verossimilhança fática*, ou seja, eleição da melhor prova. Segue, o *princípio da legalidade:* "não é boa estratégia retórica o colocar-se contra a legalidade (...) qualquer que seja a decisão do juiz, deve ela parecer estar contida de alguma forma na previsão do legislador ou, em outras palavras, deve ela apresentar-se como derivada da previsão legal." (idem, p. 78). O terceiro requisito retórico da sentença é o efeito de *adequação axiológica:* não basta atender à legalidade, é preciso que a decisão se justifique também na sua dimensão axiológica. O último requisito retórico da sentença é a *neutralidade judicial:* "Nesse campo de batalha ideológica, ou nesse jogo sem fim, o juiz deve eleger parecendo neutro, racionalizar o irracional e dar cientificidade ao sentimento." (idem, p. 84).

De regra, todo o discurso, e o jurídico não é exceção, apresenta dois tipos de esquecimentos. O primeiro é o esquecimento ideológico: o sujeito é inconscientemente conduzido, tendo a impressão de estar exercendo sua livre vontade, mas, na verdade ele fica sob o jugo de um conjunto complexo de atitudes e de representações decorrentes de uma determinada visão de mundo. Quando o sujeito enuncia algo, esse enunciado se constitui pouco a pouco e tem a característica de colocar o "dito" e de rejeitar o "não-dito". Há, assim, uma seleção, ficando fora tudo o que seria possível ao sujeito dizer, mas não disse. Esta zona do "rejeitado" é o segundo esquecimento (Pecheux, 1990).

É importante que os juristas em geral, e os juízes em particular, estejam conscientes da problemática ideológica que envolve, não só a interpretação da lei, mas também a avaliação da prova. É imposição do princípio do devido processo legal que se busque a exteriorização das razões de decidir, o revelar do prisma pelo qual o Poder Judiciário avaliou a prova e interpretou a lei e os fatos da causa. Por isso, é importante que as razões judiciais venham expostas com clareza, lógica e precisão, visando à perfeita compreensão de todos os pontos controvertidos, bem como do desfecho da demanda (Cruz e Tucci, 1989, p. 23).

Enfim, o juiz deve avaliar e apreciar a prova, não aferi-la ou contá-la. É por isso que se exige uma atuação pessoal do juiz na colheita da prova. É o que se verá a seguir com o *princípio da imediatidade*.

4.2.3.9. Princípio da imediatidade

Sinonímia

Princípio da imediação.

Enunciado

O juiz deve colher a prova oral direta e pessoalmente.

Conteúdo

Do princípio da oralidade decorrem os subprincípios da imediatidade, da concentração, da identidade física do juiz e da irrecorribilidade das interlocutórias.

Considerando seu objetivo, qual seja que as partes produzam suas provas oralmente, há necessidade da atuação imediata do juiz. É o princípio da *imediatidade*: o juiz, atuando sem intermediários, colhe a prova oral direta, efetiva e concretamente. Interessa à oralidade, ainda, que a prova, colhida imediatamente pelo juiz, permaneça presente em sua mente. Daí o princípio da *concentração*, que objetiva que todos os atos dêem-se o mais proximamente uns dos outros, se possível até no mesmo dia. Para não haver dispersão dos atos, evita-se que eventuais desconformidades contra atos judiciais interlocutórios tenham efeito suspensivo: é o princípio da *irrecorribilidade das interlocutórias*. A finalidade máxima dessa corrente de princípios é que haja *identidade física do juiz*, ou seja, o mesmo juiz que colheu a prova oral prolate a sentença.

Este encadeamento sistêmico começa com a necessidade de uma atuação direta e efetiva do juiz. Ou seja, a relação do juiz com a prova oral não pode ser mediatizada através de interposta pessoa. O juiz deve ter contato imediato e direto - *vis-à-vis* - com as pessoas que produzem a prova oral. Não há cabida, assim, para relato através de declarações extra-judiciais, ainda que em tabelionatos. É vedado que os relatos sejam tomados por escrivães, secretários ou mesmo outro juiz que não o titular do processo. Como se verá, a exceção, nas hipóteses de causas submetidas aos Juizados de Pequenas Causas, não chega a desnaturar o sistema como um todo.

O juiz deve participar diretamente na produção da prova oral. Ou seja, exige-se contato direto do juiz com o perito que esclarece seu laudo, com a parte que presta seu depoimento e com a testemunha que relata o que viu. Espera-se, com isso, que o juiz *sinta o pulso* de quem relata, perceba se ela fala a verdade ou não e a importância de suas reticências. Isso certamente oferecerá dados para melhor avaliação da prova oral.

O processo deve ser organizado para que o juiz se relacione diretamente com as partes e as provas. Se houver uma mediação entre juiz, partes e testemunhas, se configura o que Pontes de Miranda (1973, p. 57) chama de "utilização da observação imediata, da intuição imediata, do sentir imediato e do pensar imediato. Imediatizando o juiz, a lei espera salvar o máximo de valor objetivo das provas e da percepção delas pelo juiz".

O princípio da imediação vai interessar muito proximamente ao que chamamos *motivação probatória* da sentença. Ou seja, a maneira como o juiz interpreta fatos e provas no processo. Essa temática tem seu ponto alto de indagação quando da avaliação da prova oral. É incorreto o procedimento de alguns magistrados de consignar em ata sua impressão pessoal valorativa sobre o relato testemunhal. Quando o juiz duvida da credibilidade de quem depõe, deve tornar tal desconfiança objetivada nos autos sob forma de contradições (de quem relata consigo mesmo e com as demais provas), exageros ou omissões que denotam a falta de isenção da testemunha.

Veja-se: apesar de já estar convencido, o juiz ainda não está sentenciando, por isso precisa agir com arte - a arte de interrogar - para caracterizar seu convencimento no termo de audiência, pois ao sentenciar ele precisará de elementos concretos que embasem e comprovem sua impressão de descrédito no relato (Portanova, 1992, p. 15).

Não há artigo específico de lei que contemple isoladamente o princípio da imediação. Contudo, retira-se do sistema e do texto do art. 132 do CPC a necessidade da efetiva presença do juiz na colheita da prova oral.

Muitas vezes há necessidade de adequação entre os fatos da vida e o princípio da imediatidade. Vale lembrar, os princípios servem à causa da justiça e não ao contrário. Nem sempre é possível manter-se a imediatidade. Por isso, o princípio sofre exceções.

A hipótese mais freqüente de distanciamento do juiz da prova oral são as cartas. Residindo a parte ou a testemunha fora da comarca onde corre a ação, seu relato dar-se-á por carta rogatória (quando fora do país) ou precatória (quando fora da comarca). Nesses casos, outro juiz, que não aquele que dirige o processo, procederá a oitiva. Essa possibilidade estende-se mesmo para o caso de depoimento pessoal, quando o comparecimento da parte no juízo onde corre o processo mostrar-se por demais oneroso. Seja no caso de testemunhas, seja no de depoimento pessoal, é sempre interessante o juiz que preside o processo remeter, junto com a carta, as perguntas que pretenda fazer. Esse questionário, por evidente, é supletivo àquele que será feito pelo juiz deprecado. Convém que as perguntas sejam enviadas em envelope lacrado para que seja do conhecimento único do juiz no momento de interrogar.

Pode acontecer que a indicação da testemunha fora do juízo tenha finalidade meramente procastinatória. O CPC mune o juiz de dispositivos para evitar atos temerários. A carta precatória e a carta rogatória não suspendem o processo, quando requeridas antes do despacho saneador (art. 338, *caput*). Resta sempre possível ao juiz indeferir as diligências inúteis ou meramente procrastinatórias (art. 130 do CPC).

Considera-se, ainda, pequena exceção da imediatidade entre a prova oral e o juiz, nas hipóteses de necessidade de intérpretes para a ouvida de estrangeiros ou surdos-mudos.

O CPC excepciona também a necessidade do contato direto de depoentes com o juiz nos casos de produção antecipada de prova. Não se está a falar dos casos de ação cautelar na pendência da ação principal (incidental), mas nos casos de necessidade de ouvida de parte ou testemunhas antes da propositura da ação. A futura ação principal poderá encontrar juiz diferente daquele que ouviu antecipadamente a prova oral. E isso não será afronta ao princípio. Assim, o fato de um juiz ter tomado depoimentos pessoais em medida preliminar *ad perpetuam*, não o vincula ao feito (*RT*, v.253, p. 155).

De qualquer forma, essas exceções não desnaturam o sistema que consagra o princípio da imediatidade. As causas submetidas ao Juizado de Pequenas Causas não parecem desnaturar o princípio. O árbitro ou o juiz leigo decidem após avaliação dos relatos que ouviu direta e imediatamente. A decisão homologatória do juiz de direito, porque distante dos depoimentos, diz somente com questões formais, e não de fundo.

Essas exceções guardam pouca proximidade com as hipóteses ocorrentes em alguns países da Europa, onde a prova oral se efetua, não ante o tribunal sentenciador, mas diante de um juiz instrutor.

Victor Fairén Guillén (1979, p. 157) refere os seguintes exemplos no código processual alemão:

§ 362 - juiz que atua como auxiliar judicial;

§ 361 - juiz delegado do tribunal para a prática da prova;

§ 348 e seguintes - procedimento preparatório por um "juiz único";

§ 375 - colheita da prova testemunhal por um outro membro do tribunal ou por membro de outro tribunal.

O CPC da Grécia, mesmo depois da reforma de 1971, mantinha o "juiz único" atuando, para os efeitos de prova, como juiz delegado do tribunal sentenciador.

No que se pode chamar de típico processo de conhecimento americano, a imediação está presente no *trial*, que constitui a fase de maior importância.

No sistema brasileiro, a imediação perde muito seu significado no julgamento de segundo grau. Nos recursos, os efeitos do princípio da imediatidade são quase nenhum. São raríssimas as hipóteses de contato direto de juiz de segundo grau com a prova oral.

Pode-se esperar um menor distanciamento do julgador com a prova oral nas hipóteses de atuação originária dos tribunais. No entanto, tem-se preferido, mesmo em se tratando de testemunhas residentes na mesma cidade do tribunal, a delegação da oitiva a juízes de primeiro grau.

Como se vê, o objetivo do princípio da imediatidade é aproximar o quanto possível o juiz da prova oral, para o fim de propiciar ao julgador, com os dados colhidos tão diretamente, proximidade com a verdade. Claro, para que a imediatidade surtisse melhores efeitos seria aconselhável que juízes e advogados tivessem acesso a conhecimentos mais especializados da arte de interrogar. Contudo, ainda que isso seja difícil, é absolutamente indispensável que o juiz conheça plena e imediatamente o processo para assim colher dos relatos os esclarecimentos indispensáveis que embasarão sua decisão. A imediação oportuniza meios para a disposição investigativa do juiz, o exercício de sua vivacidade e a demonstração de seu interesse na busca da verdade.

Para melhor proveito disso, convém que os atos sejam concentrados numa mesma audiência. É o que se verá a seguir.

Ver também: princípio da oralidade, princípio da concentração, princípio da identidade física do juiz.

4.2.3.10. *Princípio da concentração*

Enunciado

Os atos processuais devem realizar-se o mais proximamente possível uns dos outros.

Conteúdo

Valem aqui as considerações feitas ao início da análise do princípio da imediatidade sobre a influência da oralidade no princípio da concentração.

Além de ouvir pessoal e diretamente a prova oral, interessa que haja, quanto possível, uma unificação espaço-temporal das discussões. A prova oral deve ser tomada numa seqüência lógica (peritos, partes, testemunhas do autor e testemunha do réu) e sem solução de continuidade.

A concentração pretendida aqui nada tem a ver com a que informa o princípio da eventualidade Aqui busca-se evitar prejuízo na formação do convencimento do julgador com a divisão da audiência. Os atos processuais devem ser próximos uns dos outros para que não se esmaeçam na cabeça do julgador, para que não desapareçam da memória do juiz.

Como ensina Alberto dos Reis (1962, p. 573), um dos fatores para a oralidade dar bom resultado é que não medeie grande intervalo entre a produção das provas nas audiências, a discussão e o julgamento da matéria de fato. O ideal seria que tudo se arrumasse num só dia ou em poucos dias seguidos, para se conservarem bem *frescas e vivas* as impressões colhidas durante a instrução e o debate. Na impossibilidade de se impor rigidamente esse sistema, conviria, ao menos, obstar que decorra longo período entre o começo e o término da audiência.

A concentração apresenta duas facetas. De uma parte, tem-se a audiência como um estágio preparatório do ato sentencial e, neste mesmo ato, temos o juiz interessado, impulsionando o processo e buscando a verdade nos relatos.

Com isso, espera-se uma pronta sentença, de um juiz presente que se legitima com uma decisão frente à frente dos interessados.

Há uma idéia generalizada de que concentrar os atos processuais em um lapso de tempo o mais curto possível, reunidos na menor quantidade possível, é um meio adequado para sanar os problemas de lentidão e alto custo. (Guillén, 1979, p. 158)

Infelizmente, hoje, na prática, a concentração está reduzida à prova oral.

Em tese, a previsão legal sobre o procedimento sumaríssimo era um exemplo de concentração. Exceto a petição inicial, todos os demais atos postulatórios (contestação - art. 278 - e réplica), instrutórios (ouvida de partes e testemunhas - art. 277, debates e sentença - art. 280,) deviam dar-se em uma só e única audiência de intrução e julgamento. Pela lei, só a sentença poderia ser prolatada fora da concentração, e mesmo assim não deveria demorar mais de cinco dias. Disposições legais semelhantes são encontradas para os casos de ação de alimentos e nas reclamatórias trabalhistas.

A prática, contudo, mostrou-se madrasta com o legislador na sua tentativa de concentrar o mais possível os atos processuais.

Vejamos o que ocorreu com o procedimento sumaríssimo, hoje chamado sumário.

Logo que editado o CPC, a lei foi cumprida ao pé da letra. Os juízes recebiam as iniciais e designavam audiência de instrução e julgamento.

Nesta seria tomada a contestação, dar-se-ia a tentativa de conciliação, ouvir-se-iam as partes e testemunhas. Após o debate viria a sentença. Mas logo se viu a dificuldade de atender à lei processual. Muitas vezes, presentes as testemunhas, a audiência sofria solução de continuidade por diversos motivos como, por exemplo, defeito ou inexistência de citação, denunciação da lide a seguradoras pelo réu, ou mesmo necessidade do autor de ter vista de documentos vindos com a contestação. Vale referir, as contestações sempre foram escritas.

Essas ocorrências, impeditivas da concentração, foram freqüentes. Constrangia tanto ver testemunhas saírem do fórum sem serem ouvidas que, desde cedo, passou-se a outro comportamento. Hoje muitos juízes (já com violação da lei processual, registre-se) designam uma audiência preliminar de tomada de contestação e tentativa de conciliação. Outros simplesmente, ao receberem a inicial, já transformam o processo em rito ordinário.

Não há concentração que resista às deficiências do Poder Judiciário e ao direito das partes de replicarem e de denunciarem à lide. A realidade forense acabou demonstrando que o procedimento ordinário é mais rápido para o autor e mais eficiente para o processo em geral do que o sumaríssimo.

O princípio da indisponibilidade do rito é excepcionado em favor do interesse público e do princípio informativo da economia processual. Em Porto Alegre, os juízes, ao receberem ações sob o procedimento sumaríssimo, já determinam a imediata ordinarização. Tal proceder teve tanta acolhida no meio advocatício que hoje os próprios autores em suas iniciais abrem mão do falso privilégio legal que lhes oferece o sumaríssimo (Portanova, 1992, p. 10).

Contudo, no espaço que sobra, a concentração deve ser efetiva. O princípio não é absoluto. Toleram-se exceções. Mesmo com o não-comparecimento de uma testemunha, as partes podem concordar com a cisão da prova oral. Caso haja concordância das partes, pode-se ouvir as testemunhas presentes num dia e as ausentes em outra data. Vale referir, para assegurar-se da certeza do comparecimento de testemunhas e fazer valer o princípio da concentração, o CPC viabiliza ao juiz determinar o comparecimento compulsório (condução sob vara) da testemunha que deixar de comparecer sem motivo justificado (art. 412).

Hipótese freqüente de desconcentração da audiência advém da necessidade de precatórias. Nesse particular, valem as considerações feitas quando da apreciação do princípio da imediatidade.

Também é pequena exceção ao princípio da concentração o privilégio que tem certas testemunhas de serem inquiridas em sua residência ou onde exercem sua função (art. 411 do CPC).

Considerando que as partes, nos procedimentos ordinários, têm o direito de arrolar testemunhas até cinco dias antes da audiência, pode ocorrer que sendo as testemunhas em grande número, se torne inviável inquiri-las na data designada. Tal fato pode levar à divisão da audiência em sessões em dias descontínuos. Tal descontinuidade poderá ser evitada se, atento à peculiaridade do caso, o juiz provocar, ou os procuradores espontaneamente esclarecerem, pelo menos quantas testemunhas pretendem sejam ouvidas. Com isso ficará viável designar audiências em sessões de dias continuados.

Por fim, é claro, motivos de força maior, como mal súbito do juiz, dos procuradores ou do agente do Ministério Público, poderão levar à divisão da audiência em várias sessões.

Fora essas excepcionalidades, toda a prova oral deve ser tomada, tanto quanto possível, no mesmo dia. Costuma-se dizer que a audiência é una e indivisível. Verdadeiramente, o juiz não marca outra audiência, em caso, por exemplo de necessidade de ouvir outras testemunhas. O que o juiz marca é um dia para continuação da mesma audiência. Trata-se apenas de uma nova sessão. Mas convenhamos, só por ficção jurídica pode-se admitir que sessões intermediadas por longos espaços de tempo sejam uma só e única audiência.

Seja como for, o princípio da imediatidade e da concentração mostram como a busca da verdade se torna mais adequada quando há o contato direto do juiz com a prova. Agora veremos, como a mesma busca deve, tanto quanto possível, basear-se em prova original e direta.

Ver também: princípio da oralidade, princípio da imediatidade, princípio do livre convencimento, princípio da motivação das decisões, princípio da persuasão racional.

4.2.3.11. *Princípio da originalidade*

Enunciado

A prova, tanto quanto possível, deve referir-se diretamente ao fato por provar.

Conteúdo

Deve-se evitar a prova de outra prova. A prova, dentro possível, deve refletir diretamente ao fato por provar.

São provas originais, por exemplo, as inspeções sobre o bem objeto do litígio, as testemunhas presenciais e os documentos discutidos em lide.

Não fere o princípio da originalidade a chamada prova emprestada, mas é indispensável que daquela produção de prova "tenham tomado parte todos os litigantes da relação processual onde se quer utilizar este tipo de prova." (*Julgados TARGS*, v. 65, p. 368). Até mesmo "subsídios literais constituídos de cópias de inquirições testemunhais pela polícia, juntados aos autos, e ensejada vista à parte *ex adversa*... perfazem prova judicializada, pois submetida ao crivo do contraditório." (*RJTJRGS*, v.159, p. 378).

Consideram-se testemunhas indiretas ou de segunda mão aquelas que ouviram referência sobre o fato da causa.

O interesse deste princípio da originalidade diz mais diretamente com a força de convicção. De outra maneira não se obtém a devida convicção e se corre o risco de desvirtuar os fatos e de chegar a conclusões errôneas (Echandia, 1973, p. 20).

É possível distinguir duas espécies de testemunhas indiretas: as que conhecem dos fatos diretamente de outra pessoa e aquelas cujo conhecimento tem origem pública (*voz do povo*). O valor probante de uma e outra pode ser diferente, dependendo do caso. Veja-se, por exemplo, o caso de uma investigação de paternidade. É indiscutivelmente mais crível a testemunha que ouviu diretamente do investigado o reconhecimento da paternidade, do que a testemunha que simplesmente refere "o que todos dizem".

Não se há de confundir testemunha indireta com testemunha referida.

Diz-se testemunha referida porque veio ao conhecimento do juízo pela via de referência de outra testemunha ou da própria parte. Isso, contudo, não significa necessariamente que esse tipo de testemunha não tenha ciência direta do fato em questão.

O que interessa, para qualquer prova ser aceita, é o atendimento do *princípio da pertinência* ou *idoneidade*. Ou seja, o processo não deve "perderse en la recepción de medios que por sí mismos o por su contenido no sirvan en absoluto para los fines propuestos y aparezcan claramente improcedentes e inidóneos." (Echandia, 1973, p. 21).

O sistema põe à disposição do juiz, por um lado, mecanismo para indeferir as diligências inúteis ou meramente protelatórias (CPC, art. 130, segunda parte); por outro, impõe a realização da prova que entenda indispensável.

A última hipótese é contemplada pelo *princípio da obtenção coativa da prova*. Como diz o art. 339 do nosso CPC, "ninguém se exime do dever de colaborar com o Poder Judiciário para o descobrimento da verdade".

Nesse particular, é amplo o poder convocatório do juiz. Esse poder dá-se tanto em relação a particulares como em relação ao próprio Estado.

São de registrar-se, no entanto, algumas exceções ao princípio da obtenção coativa da prova.

Theotonio Negrão (1994, p. 314), em nota ao art. 420 do CPC, diz que ninguém pode ser coagido ao exame ou inspeção corporal, para prova no cível. Mas aplica-se a presunção do art. 359 no caso de recusar-se a parte, sem motivo justificado, a exames na sua pessoa. Além disso, o pai não é obrigado a prestar informação sobre o filho (idem, p. 290).

Enfim, os princípios ligados à prova procuram informar suficientemente o juiz com vistas a uma solução que busque o justo no caso concreto. Mas a busca do justo dá-se com a integração de diversos outros princípios como aqueles ligados à sentença, que serão vistos a seguir.

4.2.4. SENTENÇA

4.2.4.1. Considerações iniciais

Antes de adentrar os princípios ligados à sentença, é importante afirmar a autonomia do juiz no julgamento.

É difícil acreditar em algo que possa restringir a liberdade do juiz de decidir como quiser. É preciso reconhecer realisticamente: nem a lei, nem os princípios podem, prévia e plenamente, controlar o julgador. Como diz Pontes de Miranda (1973, p. 290 e 299), a lei é roteiro, é itinerário, é guia. Logo, o controle é posterior. A garantia do cidadão e da democracia está na fundamentação adequada e efetivamente reveladora dos sentimentos do juiz.

Lastimavelmente, a lei que obriga a fundamentação diz menos do que devia. Por conseqüência, acaba-se exigindo pouco do juiz na fundamentação. O inc. II do art. 458 do CPC traz a fundamentação como o local onde o juiz "analisará as questões de fato e de direito". Diria melhor se determinasse ao juiz analisar, além do fato e da norma, o valor. Com isso atenderia ao que se tem de melhor em termos de teoria geral do direito (tridimensionalidade) e de processo (escopos do processo).

Depois de tantos anos, os juízes aprenderam como moldar seu sentimento aos fatos trazidos nos autos e ao ordenamento jurídico em vigor. Primeiro se tem a solução, depois se busca a lei para fundamentá-la. A obrigatoriedade da investigação valorativa talvez mudasse pouco a situação atual. Seja como for, seria um passo importante para garantia do cidadão, a revelação judicial sobre os efeitos sociais, econômicos, políticos e outros valores que o julgador projetasse na solução criativa do litígio.

Enquanto se aguarda provimento legal, é possível entender que, quando a lei fala em *questão de direito*, aí está a obrigatoriedade da investigação axiológica. No entanto, isso já é uma criação interpretativa.

Os princípios ligados à sentença buscam refletir a tensão que existe entre a liberdade de julgar e a necessidade de limitar o arbítrio judicial. São eles:

Vinculação do juiz aos fatos da causa
Adstrição do juiz ao pedido da parte
Iura novit curia

PRINCÍPIOS DO PROCESSO CIVIL **229**

Identidade física do juiz
Livre convencimento
Motivação
Persuasão
Sucumbência e
Invariabilidade da sentença.

Além dos requisitos próprios do ato sentencial, o sistema vincula o juiz aos fatos e aos pedidos formulados pelas partes, supõe que o juiz conheça o direito e obriga o juiz que concluiu a instrução a julgar. Não obstante, esses limites garantem pouco para conhecermos as reais convicções que levaram o juiz a decidir desta ou daquela maneira.

Os princípios do livre convencimento, da motivação e da persuasão racional estão a exigir conteúdo que faça da sentença o momento realmente revelador dos sentimentos mais profundos e humanos do juiz. Por isso, esses princípios não têm, neste livro, exatamente o mesmo significado comumente utilizado pela doutrina.

Tradicionalmente, tais princípios são vinculados aos aspectos probatórios. Entendemos que esses princípios são aplicáveis a todas as decisões e com abordagem mais geral do que restritivamente à prova.

Assim, adotamos a lição de Taruffo reproduzida por Ada Pellegrini Grinover (1990, p. 35). Partindo da garantia da motivação, não é difícil observar-se que ela compreende:

1 - O enunciado das escolhas do juiz, com relação:
a) à individuação das normas aplicáveis;
b) à análise dos fatos;
c) a sua qualificação jurídica;
d) às conseqüências jurídicas delas decorrentes.

2 - Os nexos de implicação e coerência entre os referidos enunciados.

Impõe-se, então, distinguir estes três princípios, que são distintos, mas se interpenetram e são correlatos e complementares entre si: o princípio do livre convencimento, o princípio da motivação e o princípio da persuação.

O princípio do livre convencimento diz como o juiz vai se convencer quanto à prova trazida a juízo. E diz que é livremente. Formado livremente o convencimento do juiz, ele deve revelá-lo, exteriorizá-lo fundamentadamente na decisão. Esta revelação diz com o princípio da motivação. Em acréscimo, é possível dizer que ao juiz não basta só motivar; deve convencer. É o princípio da persuação, o qual vai explicitar o interesse da exteriorização do convencimento judicial.

4.2.4.2. Princípio da vinculação do juiz aos fatos da causa

Sinonímia

Princípio da correlação entre a demanda e a sentença. Princípio da correspondência entre o postulado e o pronunciado

Enunciado

O juiz não pode conhecer de fatos não alegados pelas partes.

Conteúdo

Convém distinguir em dois princípios duas espécies de vinculação a que está sujeito o juiz.

Já estão consagrados os termos do princípio da adstrição do juiz ao pedido da parte. Contudo, mais do que adstrito ao *pedido*, o juiz também está vinculado aos limites *dos fatos* em que foi proposta a lide.

Questão não se confunde com *pedido*.

Esta distinção atende ao sistema do nosso CPC, que tem previsão legal distinta (e distante) para ambas as hipóteses. Uma coisa é o princípio da adstrição do juiz ao *pedido* da parte, tal como prevista nos arts. 459 e 460 do CPC. Outra é o princípio da adstrição do juiz às *questões* tais como propostas pelas partes, conforme os termos do art. 128 do CPC.

Tomando-se os termos do art. 282 do CPC ("A petição inicial indicará:") tem-se que o princípio agora em estudo vincula o juiz ao requisito sob o inc. III (hipótese "fato"). Já o princípio da adstrição do juiz ao pedido da parte vincula o juiz ao requisito sob inc. IV ("o pedido, com as suas especificações").

Ambos os princípios têm função idêntica e não estão preocupados com o nome que a parte dá à ação, nem com o dispositivo de lei invocado. Importante são os fatos narrados e os pedidos feitos. Justifica-se a distinção dos dois princípios, pois, como se verá em seguida, eles apresentam diversidade de conseqüências e de exceções.

Interessa aqui, especificadamente, a vinculação do juiz aos fatos trazidos pelas partes para a causa.

A sentença não pode julgar fora do que está em causa conforme suscitado pelas partes. Nem alterar o tema proposto e decidir fora das raízes da demanda. O juiz não pode conhecer o que não foi solicitado, ou seja, apreciar quaisquer controvérsias, quaisquer questões fora do que foi postulado pelas partes, tal como levar em consideração fatos jurídicos que não foram deduzidos pelas partes.

O princípio vale para todas as espécies de articulações, sejam elas feitas em ação, reconvenção, ações incidentais ou ações conexas que dependem de julgamento simultâneo.

A adstrição do juiz é com as questões e o pedido das partes, e não com os fundamentos de direito, como se verá no princípio *iuria novit curia*.

A extensão do que venha a ser considerado *questão* não é tema pacífico na doutrina e na jurisprudência. Pode-se resumir dizendo que é "o ponto de fato ou de direito sobre o que dissentem os litigantes, e que, por seu conteúdo, seria capaz de, fora do contexto do processo, formar, por si só, uma lide autônoma." (Theodoro Jr., 1994, p. 511).

Como ensina Ernani Fidélis dos Santos (1994, p. 161), a questão pode ser o fundamento de fato, ou o fundamento jurídico do pedido. Alegar a existência de um contrato (fundamento de fato), é uma questão. Alegar o não-pagamento no prazo certo (também um fato), é outra questão. Delas se extrai uma conseqüência (fundamento jurídico) e formula-se uma *pretensão* que, no processo, vai se refletir no pedido. "As questões são, no caso, a causa de pedir, o fato jurídico, o fato e o fundamento de direito do pedido."

Também o réu, ao defender-se, pode apresentar *questão*. Isso acontece, por exemplo, quando, ao invés de simplesmente contrariar as razões do autor, apresentar outras questões em defesa, como, por exemplo, o pagamento ou a prescrição.

Por fim, existem outras espécies de questões que não se confundem com as *questões da lide* (art. 128 do CPC). São as questões processuais e as referentes à ação.

Para o professor mineiro, *questão,* "portanto, é a 'razão' que se tornou duvidosa".

No que respeita aos efeitos de validade da sentença que viola o princípio da vinculação do juiz aos fatos da causa, é de se levar em conta os termos do art. 515, § 1º, do CPC. O exame imperfeito ou incompleto de uma questão não induz necessariamente em nulidade da sentença. O tribunal tem o poder de, no julgamento da apelação, completar tal exame, em face do efeito devolutivo assegurado pelo art. 515, § 1º, do CPC (Theodoro Jr., 1994, p. 511).

Vale salientar, ainda, que a "sentença não é obrigada a analisar cada uma das teses trazidas pelos embargos, bastando a apreciação daquelas que entender necessárias à solução do litígio." (*Julgados TARGS*, v.79, p. 280). Não há nulidade se o ato sentencial, rejeitando o pedido, motivar-se em argumento abrangente e compatível com a conclusão, não descendo, porém, ao exame da totalidade da controvérsia. Basta que o ato contenha a chamada "motivação mínima" e enseja perfeita impugnabilidade e controle do segundo grau (Apelação Cível 189099658, Terceira Câmara Cível do Tribunal de Alçada do Rio Grande do Sul. Rel. Araken Assis).

O sistema processual brasileiro apresenta exceções importantes ao princípio da vinculação do juiz aos fatos da causa.

Há questões que, em razão de seu aspecto formal e do seu interesse público, devem ser conhecidas de ofício pelo juiz. É o que ocorre, por exemplo, nos casos de nulidade absoluta de atos jurídicos (CC, art. 146).

Como regra, o juiz, na sentença, não pode se afastar dos fatos trazidos pelas partes dentro dos autos. Todavia, "se, depois da propositura da ação, algum fato constitutivo, modificativo ou extintivo do direito influir no julgamento da lide, caberá ao juiz tomá-lo em consideração, de ofício ou a requerimento da parte, no momento de proferir a sentença." (CPC, art. 462).

Mas atenção: a expressão *o que não está nos autos não está no mundo*, aqui, deve ser vista com reservas. O princípio da vinculação do juiz aos fatos trazidos pelas partes, de forma alguma desobriga o juiz a perquirir das conseqüências e circunstâncias sociais, políticas e econômicas que envolvem os fatos postos em lide. Um fato não está isolado no mundo, assim como o direito só tem sentido quando conectado com uma visão interdisciplinar.

Não se pode perder de vista o princípio da instrumentalidade e a vocação do processo moderno para o informalismo e a busca da verdade real. Assim, convém manter-se atenção para não cair em dogmatismos e formalismos inúteis e vazios. A finalidade de princípios como este é preservar o contraditório e a ampla defesa. O intérprete, contudo, deve manter espírito aberto para colher da realidade hipóteses que - sem afrontar princípios mais relevantes - oportunizem abertura do processo para investigações absolutamente pertinentes que, via de regra, só surgem no curso da investigação.

Vale a pena conferir as anotações trazidas por Theotonio Negrão (1994, p. 332) ao art. 462 para ver-se que, a despeito dos termos em que se coloca o princípio em comento, "a sentença deve (...) refletir o estado de fato da lide no momento da decisão". Em verdade, o processo só será verdadeiramente dialético se (qualquer que seja o grau de julgamento) a prestação jurisdicional compuser a lide "como a mesma se apresenta no momento da sua entrega." (1994, p. .332).

Como ensina Arruda Alvim (1994, p. 206)*,* "haverá modificação, causal (da *causa petendi*, ou do fundamento da pretensão), se for substituído o fato em que se baseava o pedido, e mercê do qual foi feito. Ou melhor, se forem substituídos os fatos que servem à propria identificação da ação, ou à identificação da relação jurídica material... Não é possível modificar o acontecer histórico que dá base à demanda".

Se no princípio da viculação do juiz aos fatos da causa há disposição legal viabilizando uma certa evolução fática que se aproxima a uma síntese dialética, o mesmo se torna mais dificultado quando do *princípio da adstrição do juiz ao pedido da parte*. É o que se verá a seguir.

Ver também: princípio dispositivo, princípio da ampla defesa, princípio da substanciação, princípio da adstrição do juiz ao pedido da parte.

4.2.4.3. Princípio da adstrição do juiz ao pedido da parte

Sinonímia

Ne eat iudex ultra petita partium (não decida o juiz além do pedido).
Sententia debet esse conformis libello, nec ultra petita proferre valet (a sentença deve ser conforme o libelo

Enunciado

O juiz deve julgar nos termos do pedido tal como posto pela parte, nem mais (*ultra petita*), nem menos (*citra petita*) e nem fora (*extra petita*) do que foi pedido.

Conteúdo

É indispensável que se remeta o leitor às considerações iniciais feitas quando do estudo do princípio da vinculação do juiz aos fatos da causa.

Ali se encontra indispensável introdução ao que vai ser dito aqui.

Como visto, entendemos conveniente distinguir em dois princípios as espécies de vinculações a que está sujeito o juiz.

Em resumo, o princípio aqui em estudo preocupa-se em vincular o juiz ao *pedido* feito na inicial. Já o princípio da vinculação do juiz aos fatos da causa constrange o juiz ao limite das *questões* e dos *fatos* suscitados pelas partes no curso do processo.

Ambos os princípios têm função idêntica; não importa o nome que a parte dá à ação, nem qual o dispositivo de lei invocado pelas partes. Importantes são os fatos tais como narrados e os pedidos feitos.

Pela incidência destes princípios, fica marcada a largura da faixa em que se estende a relação jurídica processual, delimitadas a lide e a tutela jurisdicional invocada, bem como demarcada a área da sentença, ou seja, aquilo sobre o que o juiz deve decidir.

Como visto, há denominadores comuns entre a ação proposta, a defesa apresentada e a sentença: são os fatos e os pedidos.

O pedido e a causa de pedir, limitando a lide, concorrem para a identificação do objeto do processo, o mérito e o *thema decidendum* e, assim, caracterizam a sentença e sua imutabilidade.

Interessa aqui, especificadamente, a adstrição do juiz ao *pedido* das partes.

O pedido é o projeto da sentença que não pode ir além, nem fora, nem aquém das linhas que o pedido traçou.

O julgador não pode pronunciar-se fora dos limites do pedido, quer resolvendo o que não tinha que resolver, quer prescindindo do que foi pedido.

Não é possível, ainda, atribuir ou dar uma coisa diversa, nem uma maior quantidade da coisa pedida, nem um direito diverso daquele que está em lide.Como ensina Lopes da Costa (1956, p. 166): "o juiz, ao lado da obrigação negativa de não decidir fora ou além do pedido, tem o dever de decidir sobre todo o pedido".

Nos termos da lei, o juiz, quando julga, deve acolher ou rejeitar, no todo ou em parte o pedido formulado pelo autor (art. 459, primeira parte, do CPC). O juiz não pode proferir sentença ilíquida, quando o autor tiver formulado pedido líquido (parágrafo único do art. 459 do CPC). Ademais, a sentença não pode ser de natureza diversa do pedido, nem condenar o réu em quantidade superior ou em objeto diverso do que lhe foi demandado (art. 460 do CPC).

A influência do princípio da adstrição do juiz ao pedido da parte tem efeitos variados sobre a validade da sentença.

A sentença *extra petita* (julgamento que conhece de pedido que o autor não fez) incide em nulidade porque soluciona *causa* diversa da que foi proposta através do pedido. Há julgamento fora do pedido (Theodoro Jr., 1994, p. 511).

Já no julgamento *ultra petita* (quando o juiz dá ao autor mais do que foi pleiteado) não há nulidade: o segundo grau poderá reduzir o ato sentencial ao limite do pedido.

É anulável uma decisão *citra petita*, mas a parte interessada pode utilizar-se dos embargos declaratórios para evitar a nulidade.

O princípio vale para todas as espécies de postulações, sejam elas feitas em ação, reconvenção, ações incidentais ou ações conexas que dependem de julgamento simultâneo.

O princípio sofre algumas exceções, mas atenção: é fundamental alertar que as exceções têm de estar "expressamente previstas na lei" (Andrade, 1985, p. 167).

Um dos casos excepcionais está previsto na Lei 4.717/65, que trata da ação popular. O artigo 11 diz que, julgada procedente a ação popular, além de declarar a invalidade do ato, a sentença condenará os responsáveis pela prática do ato anulado, e os beneficiários dele, ao pagamento de perdas e danos. O preceito se endereça diretamente ao juiz que proferirá a condenação, ainda que o autor popular não a tenha pedido. (Moreira, 1982, p. 15)

Por igual, também o dispositivo sentencial a respeito de juros, custas, honorários e correção monetária, tanto dispensam expresso requerimento como não estão vinculados aos valores pedidos, quer na inicial, quer em contestação (CPC, art. 293, segunda parte). O mesmo acontece com prestações periódicas (CPC, art. 290).

Há causas que em razão de sua natureza desvinculam a sentença do pedido inicial. Um exemplo é a ação de alimentos: "é possível a alteração da execução, inicialmente proposta com fundamento no art. 732 do CPC, para a do art. 733 do mesmo Código." (*RJTJRGS*, v.148, p. 227). Outro é o caso de ações referentes a acidente do trabalho, em que a "decisão, por envolver matéria de interesse público, não fica adstrita à petição inicial, e sim à finalidade do processo e ao caráter assistencial da lei acidentária." (Apelação Cível 34.365 - 2ª Câmara Cível do Tribunal de Justiça de Santa Catarina. Rel. Des. José Bonifácio Silva. *Revista dos Tribunais*, v.670, p. 145).

Não há esquecer, ainda, que as nulidades referidas nos cinco incisos do artigo 145 do Código Civil devem ser pronunciadas pelo juiz, quando conhecer do ato ou dos seus efeitos e as encontrar provadas, não lhe sendo permitido supri-las, ainda a requerimento das partes.

O estudo sobre a regra e a exceção ao princípio da adstrição do juiz ao pedido da parte apresenta situação prática interessante nos casos de ações revisionais de aluguel.

Ocorre que, em época de inflação, entre a data da inicial em que consta o valor pretendido pelo locador e a data da citação, momento em que começará a vigorar o novo locativo, via de regra passou tempo suficiente para que a inflação exerça seus maléficos efeitos. O lapso de tão-somente um mês entre a inicial e a citação pode desvalorizar o pedido inicial em 35% (média da inflação mensal brasileira em 1993). Às vezes, tal é a defasagem que os locatários, nos estritos termos da lei, concordam com o pedido inicial a contar da citação.

O volume 164 da *Jurisprudência Brasileira*, principalmente na página 99, mostra como podem ser encontradas decisões determinando que o locativo seja aquele pedido na inicial. Invocam dispositivos de leis e dispensam qualquer considerações de ordem social ou econômica - valorativas, portanto.

Atentos à realidade nacional, a maioria dos julgadores tem, para lá dos termos legais, desvinculado a sentença do pedido inicial. Viabilizam a revisão do aluguel, não pelo valor pedido na inicial (já então defasado grandemente), mas pelo valor encontrado pelo perito na data da citação (na maioria das vezes maior do que aquele referido na inicial).

Vê-se, assim, como uma visão dogmática, legalista, mecanicista, cega à realidade e presa inflexivelmente a dispositivos legais de aplicação pode ser tão injusta quanto gravosa ao interesse da justiça.

O princípio da adstrição do juiz ao pedido da parte é um limite à ingerência do Estado na órbita privada das partes. Com ele, fora as exceções, as partes estão garantidas contra excessos discricionários do juiz na sentença: o autor fica garantido que não receberá menos do que pretende, e o réu garante-se que não será penalizado além daquilo pedido pelo autor.

O aferramento formalístico ao princípio fere de morte a tão decantada dialeticidade do processo.

Partindo-se do sentido clássico hegeliano, o processo, com a adstrição do juiz ao pedido da parte, tem dificuldade em justificar-se como dialético. Com efeito, não se pode pensar na inicial como tese, na contestação como antítese e na sentença como síntese.

Na tradição dialética, os contrários - diferentemente do que acontece no processo - são os aspectos, as tendências e as forças internas dos objetos e dos fenômenos que excluem e, ao mesmo tempo, pressupõem a existência uns dos outros. No processo não há unidade dos contrários. Ainda que a contestação seja uma negação, falta a negação da negação, que é a síntese, ultrapassagem, a superação de um estágio anterior.

A sentença não é a síntese, é o acolhimento da tese ou da antítese. Na lei de Hegel, a idéia, o pensamento ou (forçando-se um pouco) o resultado, engentra seu contrário (a antítese) que, por sua vez, é negada novamente, surgindo a síntese.

O processo só seria efetivamente dialético se a sentença, tal como a síntese, pudesse ser uma evolução no sentido de possuir elementos novos surgidos na negação (contestação) como também os elementos trazidos da tese (inicial). Enfim, a sentença, para um processo verdadeiramente dialético, deve conter qualidades novas, tanto do pedido da inicial como do pedido da contestação. Aí sim, teríamos a inicial como (tese/afirmação), a contestação (como negação) e a sentença que não fosse nem a inicial nem a contestação, mas a síntese (a negação da negação).

Na busca de um processo verdadeiramente dialético, vale ressaltar, a adstrição do juiz é com o pedido das partes, e não com os fundamentos de direito como visto no princípio *iuria novit curia*. É o que se verá a seguir.

Ver também: princípio *iuria novit curia*, princípio da demanda, princípio dispositivo.

4.2.4.4. Princípio iura novit curia

Sinonímia

Narra mihi factum narro tibi jus. Dami facto dabo tibi jus.

Enunciado

O juiz conhece o direito.

Conteúdo

O princípio *iuria novit curia* tem, pelo menos, seis significações conhecidas. Por causa disso, Fritz Baur é cético quanto a sua aplicação e não lhe concede a dignidade de princípio processual. Prefere chamar de adágio, brocardo ou apenas dicção. E ainda assim não vê fundamento na sua aplicação.

Em verdade, o princípio tem sido usado com múltiplas significações. Além disso, encontram-se freqüentemente exceções a algumas das suas aplicações. Parece possível elevar-se a análise para encontrar um ponto comum em cada acepção.

Fritz Baur traz as seguintes significações para a dicção *iuria novit curia*:

1 - As normas jurídicas não precisam de prova; o juiz deve conhecê-las.

2 - A aplicação do direito é assunto atinente ao juiz; as partes não necessitam narrar o direito (*narra mihi factum, narra tibi ius*).

3 - O juiz tem o monopólio da aplicação do direito, podendo apreciar todos os aspectos dos fatos postos em lide, mesmo que as partes queiram que sejam apreciados só num sentido;

4 - O juiz não está vinculado às opiniões jurídicas concordantes das partes;

5 - O juiz pode decidir contra a lei.

6 - Refere-se a pessoas que tenham um espírito limitado, que não estejam adaptadas às condições sociais.

Importa notar que os cinco primeiros significados jurídicos fixam o juiz como gerente de caráter público e social que informa o direito em geral e o processo em particular. O sexto significado não tem conotação específica com o direito.

Os problemas quanto à aplicação do *iuria novit curia* dizem respeito à relatividade prática das significações. O jurista alemão mostra desconforto com a falta de aplicação absoluta, infalível, monolítica e inarredável do brocardo. O dogmatismo, contudo, não é dado significante para o que se possa entender como princípio. Vivemos um momento de relativização dos conceitos. Logo, a existência de exceções e a correlação com outros princípios não desvaloriza o princípio como tal.

Também o *iuria novit curia* não se impõe absoluto e isento de exceções. Essas aplicações excepcionais mostram que, assim como as partes nas suas postulações, o juiz, na sua função, tem liberdade e limites.

As partes têm liberdade de dispor dos fatos submetidos ao juiz. Contudo, naquilo que haja remanescido de litigioso, o juiz tem liberdade de dispor sobre o direito que, para ele, melhor compõe o conflito.

A despeito da liberdade do juiz, as partes dispõem da liberdade da efetiva aplicação daqueles direitos que estejam na esfera privada de abrangência. Nesse rumo, o sistema aceita acordos, renúncias e reconhecimentos dos pedidos. Não ferindo interesse público e social, a vontade da parte fica intocada pelo juiz.

Em muitas hipóteses, o interesse público limita a liberdade das partes e obriga o juiz a agir apesar delas. O juiz, por exemplo, pode conhecer de ofício - independentemente da vontade das partes -, em casos de nulidade absoluta dos atos jurídicos de direito material. Por igual, acordo em direitos indisponíveis, como, por exemplo, a nulidade de casamento, não estão sujeitos à disponibilidade dos interessados. O caráter público que informa o processo civil viabiliza ao juiz de ofício pressupostos de constituição e de desenvolvimento válido e regular do processo, perempção, litispendência ou coisa julgada e carência de ação (art. 267, § 3º, do CPC).

Pelo princípio *iura novit curia* vê-se, na prática, que a gradativa publicização do direito em geral e do processo em particular põe sempre sob crítica a disponibilidade e o exercício dos direitos individuais. Principalmente no processo, enquanto perdura o litígio, o direito de busca da solução jurídica cada vez mais sai da esfera individual e privada das partes. Enquanto persiste o litígio sob jurisdição, o Estado-juiz é o gerente da solução justa. Convém notar que, quando postos em demanda judicial, os direitos -- material (freqüentemente) e o processual de ação (algumas vezes) - se desprendem da esfera pessoal das partes e vão desatar interesse público e social gerenciado no caso concreto pelo Estado-juiz.

O princípio *iuria novit curia* não coloca o juiz acima da lei ou acima das partes. Mesmo Fritz Baur (1976, p. 176) concorda em não aplicar as disposições que sejam contrárias às normas de nível superior, em particular a Constituição. Nesse passo, o juiz "perfecciona a lei", sem corrigi-la, exercendo função legislativa no caso concreto. Por fim, o jurista alemão concorda que em períodos de rápida evolução das condições econômicas e sociais, a lei torna-se "caduca" e não mais corresponde a tais condições.

E conclui: "em tais hipóteses, a dicção iura novit curia pode ter aplicação com o sentido de que o juiz pode ou deve mesmo fazer abstração da lei".

No Brasil, de certa forma o conhecimento do direito pelo juiz está consagrado no art. 337 do CPC. O dispositivo dispensa o juiz de conhecer direito municipal, estadual (diverso daquele jurisdicionado pelo juiz, bem entendido) e estrangeiro, delegando às partes o dever de provar-lhe teor, mesmo através de prova pericial.

Em outras palavras, o que está dito na lei é que o juiz deve conhecer o direito federal de seu país, do estado e município que jurisdiciona.

Importa notar que o art. 337 do CPC não limita sua abrangência à obrigatoriedade de conhecimento do juiz em relação só à lei. O artigo usa a palavra "direito". Logo, todas as dimensões do direito devem ser conhecidas pelo juiz.

A lei incentiva a existência de um juiz plenamente responsável: tão atuante e integrado socialmente que conheça os valores prevalentes que farão parte de sua decisão; tão estudioso dos avanços jurídicos que dispense as partes de provarem os textos e as interpretações das normas vigentes.

PRINCÍPIOS DO PROCESSO CIVIL **239**

Apesar dos termos do art. 337, é indispensável que a parte tenha atenção para algumas exceções. Em casos como o de recurso especial e ordinário, a indicação da lei é absolutamente obrigatória.

Impõe-se, ainda, cautela com a presunção de que o juiz conheça o direito em todas suas dimensões.

No que diz com a dimensão valorativa, vale lembrar o entendimento de alguns juristas de que a tridimensionalidade do direito se esgota no momento da promulgação da lei. A conseqüência disso é uma obstinada resistência de alguns juízes a investigações de cunho social, por exemplo. Logo, vale sempre a pena invocar-se os conteúdos axiológicos do direito e - se for o caso - revelá-los objetivamente no processo.

Mas também na dimensão normativa pode haver problemas. Há um volume e variedade muito grande de normatizações, que, por sua vez, são sempre mais especializadas e com freqüência, originárias de órgãos estranhos ao Poder Legislativo. São exemplos as portarias ministeriais e as circulares de conselhos ligados ao Poder Executivo. A especialização dos advogados tem-se feito com mais rapidez do que a dos juízes. Levando-se em conta a necessidade de celeridade processual, não parece desdouro, nem afronta à lei, a cautela de, estando-se diante de normatização pouco conhecida ou muito especializada, fazer juntada de cópia de tais textos normativos.

De resto, a lida forense tem mostrado a cautela de advogados que trazem com seus arrazoados cópia de textos doutrinários e jurisprudenciais.

No princípio em estudo está contido o brocardo *narra mihi factum, narro tibi ius*, que também demonstra bem o quanto de público se encerra no processo e na atividade jurisdicional: do fato dispõem as partes, mas do direito dispõe o Estado-juiz.

O inc. III do art. 282 do CPC fixa a necessidade de indicação dos fatos e fundamentos jurídicos do pedido. No entanto, não há qualquer óbice de recebimento da inicial com errada ou omissa indicação legislativa. Reiterados julgados consagram a possibilidade de sentença que dá qualificação jurídica diversa daquela constante na inicial. Uma boa amostragem de tais decisões pode ser encontrada nas precisas anotações ao referido artigo do Código de Processo Civil feitas por Theotonio Negrão (1994)

Uma adequada aplicação do princípio em estudo demanda um juiz plenamente conhecedor das peculiaridades do caso concreto sob julgamento. Por isso, a necessidade de vincular o juiz que instruiu o processo à decisão. É o *princípio da identidade física do juiz*, que veremos a seguir.

Ver também: princípio do debate, princípio da identidade física do juiz.

4.2.4.5. *Princípio da identidade física do juiz*

Sinonímia

Princípio da plenitude da assistência dos juízes.

Enunciado

O juiz que ouvir a prova oral deve julgar o processo.

Conteúdo

Do princípio da oralidade decorrem os princípios da imediatidade, da concentração, da identidade física do juiz e da irrecorribilidade das interlocutórias.

O objetivo da oralidade é que as partes produzam suas provas oralmente, decorrendo daí a necessidade da atuação imediata do juiz. É o princípio da *imediatidade*: o juiz, atuando sem intermediários, colhe a prova oral direta, efetiva e concretamente. Interessa à oralidade, ainda, que a prova colhida imediatamente pelo juiz permaneça presente em sua mente. Assim, o princípio da *concentração* objetiva que todos os atos se dêem o mais proximamente uns dos outros, se possível até no mesmo dia. Para não haver dispersão dos atos, evita-se que eventuais desconformidades contra atos judiciais interlocutórios tenham efeito suspensivo. É o princípio da *irrecorribilidade das interlocutórias*. O objetivo máximo desta corrente de princípios é que haja *identidade física do juiz*, ou seja, o juiz que colheu a prova oral deve sentenciar.

A presença do juiz é uma das maiores garantias de boa decisão. Presença, em seu sentido completo, e não apenas o contato displicente da autoridade com a peça em formação. Levada em suas extensas proporções, a participação do juiz vai bem mais longe, conduzindo-se até aos aspectos psicológicos e sentimentais da comunhão do julgador com a vida e os episódios do caso (Bitencourt, 1986, p. 252).

Como conseqüência lógica do princípio da oralidade, o interesse do princípio é obrigar o juiz que ouviu a prova oral a sentenciar. O julgador, que por certo criou laços psicológicos com as partes e as testemunhas, deve usar tal conhecimento. Aproveitam-se as impressões do juiz obtidas de forma tão direta e concentrada na solução do litígio, na sentença.

Do contato pessoal com as partes e testemunhas, o juiz pode conhecer as características que compõem a verdade, que muitas vezes se manifestam na fisionomia, no tom da voz, na firmeza, na prontidão, nas emoções, na simplicidade da inocência e no embaraço da má-fé.

O princípio não tem aplicação em juízos coletivos (como o da Justiça do Trabalho), nos processos em que não há lide (como o de jurisdição voluntária) e nos procedimentos documentais (como os mandados de segurança).

O princípio está consagrado na maioria dos estatutos processuais estrangeiros, tais como o Código de Processo Civil de Portugal (art. 654, ítem 1), o *Codice de Procedura Civile da Itália* (art. 174), e o *Código de Procedimiento Civil* do México (art. 60).

Pelo Código de 1939, a aplicação do princípio era tão rígida que se um juiz iniciasse a instrução e fosse promovido, deveria retornar à comarca de onde saíra para continuar a audiência. A exposição de motivos ao CPC de 1973 diz que o Brasil não poderia consagrar uma aplicação rígida e inflexível ao princípio da identidade. Quando o juiz é promovido para comarca distante, tem grande dificuldade para retornar ao juízo de origem e concluir as audiências iniciadas. Por isso, o art. 132 do CPC preservou o princípio da identidade física do juiz, salvo nos casos de remoção, promoção ou aposentadoria.

O texto da lei, no entanto, não foi suficientemente claro, e os juristas passaram vinte anos discutindo a exata significaçãos dos termos do art. 132 do CPC. O caso de promoção do juiz depois de terminada a instrução e antes da prolação da sentença, por exemplo, foi motivo de debate entre doutrinadores que defendiam as diversas posições em artigo publicado na *Revista de Processo*, v. 4, p. 219. Muitas vezes poderia parecer que alguns juízes fugiam ao dever de sentenciar. Nem sempre era isso. As interpretações eram tantas e tão variadas que, mesmo sentenciando, corria-se o risco de levar o processo a estado de tumulto.

Hipótese significativa nesse sentido deu-se em processo que correu junto à 13ª Vara Cível de Porto Alegre. A audiência foi iniciada por juiz substituto, porque o titular estava em férias. A prova oral foi debatida em memoriais entregues após o término das férias. Tendo o juiz substituto sido removido para uma vara criminal, o processo foi sentenciado pelo juiz titular. A apelação, em preliminar, alegou a vinculação do juiz substituto. A preliminar foi rejeitada. A interpretação dos juízes gaúchos de segundo grau era de que a remoção e o debate escrito desvinculavam o juiz instrutor. No mérito, a sentença foi confirmada. Houve Recurso Especial. Como a orientação do Superior Tribunal de Justiça era diferente da dos tribunais gaúchos, a sentença foi anulada. O juiz substituto, depois de muito tempo já jurisdicionando uma vara criminal, deveria sentenciar um processo cível de que mal se lembrava e que, no mérito, já fora plenamente confirmado em segunda instância. A segunda sentença manteve o mesmo entendimento da primeira. Novo apelo. A distribuição no segundo grau fez cair a nova apelação para o mesmo relator do primeiro recurso. Talvez fosse o caso de impedimento não expressamente previsto em lei. Não houve alegação nesse sentido, nem os julgadores de segundo grau enfrentaram a possível falta de imparcialidade. Convenhamos, dificilmente a solução poderia ser outra que não o improvimento do apelo.

Até o advento da Lei 8.637/93, que deu nova redação ao art. 132 do CPC, as dúvidas interpretativas ocasionavam essas idas e vindas do processo.

Agora, o juiz, titular ou substituto, que concluir a audiência, julgará a lide, salvo se estiver convocado, licenciado, afastado por qualquer motivo, promovido ou aposentado, casos em que passará os autos a seu sucessor (art. 132 do CPC com nova redação).

O novo texto ainda pode oferecer dificuldade interpretativa. Diz o art. 455 que a audiência é una e contínua, mas não sendo possível concluir, num só dia, a instrução, o debate e o julgamento, o juiz marcará seu prosseguimento para dia próximo. Ora, o debate faz parte da audiência. Logo, embora já tenha ouvido todas as testemunhas, ainda não está vinculado. Outro pode ouvir o debate e sentenciar, pois o debate faz parte da audiência. A dificuldade talvez esteja em remover as razões dos que entendiam, com a antiga redação, que os memoriais substitutivos dos debates orais desvinculam o juiz. No caso, a hipótese referida supra, por exemplo, pode continuar sob dúvida.

Decidia-se que a exigência do princípio tinha sentido para o caso do magistrado proferir a sentença em seguida, ou logo após ter colhido a prova e ouvido o debate, quando ainda estão vivas as impressões subjetivas que a audiência causou. Se, entretanto, a sentença somente vem a ser prolatada meses após, o princípio perde o sentido, pois sua finalidade não pode mais ser alcançada. Daí por diante, exigir o cumprimento do requisito da vinculação do juiz afigura-se uma exigência destituída de significado, porque sem conteúdo pragmático, para ficar apenas como homenagem a uma formalidade agora inútil, e, por isso mesmo, desprezível (Ap. Cível 587002346, da 3ª Câmara Civel do Tribunal de Justiça do Rio Grande do Sul).

Menos mal que o novo texto, falando em "concluir a audiência", está afastando alguma jurisprudência que entendia a vinculação mesmo quando não havia qualquer prova oral produzida.

Seja como for, a interpretação sobre a extensão do princípio não pode perder de vista o objetivo de vincular o juiz de melhor conhecimento do caso concreto para solução do litígio. O julgador mais atuante no teatro dos acontecimentos terá melhores condições de atender os termos do princípio do *livre convencimento*, que se verá a seguir.

Ver também: princípio da oralidade, princípio da imediatidade, princípio da concentração.

4.2.4.6. Princípio do livre convencimento

Sinonímia

Princípio da livre apreciação da prova. Princípio da livre convicção motivada. Princípio da livre convencimento motivado.

Enunciado

O juiz forma o seu convencimento livremente.

Conteúdo

Convém renovar o que foi dito nas considerações iniciais aos princípios ligados com a sentença. Os princípios do livre convencimento, da motivação e da persuasão não têm aqui exatamente o significado comumente utilizado pela doutrina. Portanto, convém que o leitor tenha em conta as distinções feitas anteriormente.

Hoje vigora o princípio de que o juiz é livre para formar o seu convencimento, mas nem sempre foi assim.

No sistema canônico, por exemplo, vigia o sistema da teoria da prova legal. A lei fixava regras sobre quais as provas admissíveis, sobre o valor probante de cada meio probatório e sobre a força probatória. A prova era tarifada, e o juiz se vinculava a tais valores. Assim, havia prova plena, meia prova, começo de prova, etc. Podia-se, então, calcular o valor de cada prova.

Micheli e Taruffo (1979, p. 156) justificam a existência, na Idade Média e até o começo do século XIX, de tantas regras sobre a escolha dos meios de prova e sobre a sua eficácia em relação a convicção do juiz "pela falta de confiança, nem sempre injustificada, das partes relativamente ao magistrado". Agora é diferente: a jurisdição é uma das funções do Estado moderno, e a desconfiança em relação ao juiz diminuiu - ou talvez desapareceu.

Atualmente há uma tendência mundial pelo sistema do livre convencimento. As provas não são escalonadas, não têm valor fixo, nem são estimadas em lei. Está totalmente superado o princípio *testis unus, testis nullus.* Pode ser que, em geral, os juízes costumem convencer-se mais com a prova documental do que com a prova testemunhal. Isso, entretanto, só pode interessar do ponto de vista estatístico sobre a relevância de uma ou outra prova. Jamais uma eventual preferência por um meio de prova em relação a outro vai significar adoção de regra, princípio ou sistema. Os resquícios de prova legal são lembranças dos regimes de pouca liberdade, preocupados em cavar a separação entre a convicção do juiz e o que vai efetivamente ser decidido.

O princípio foi consagrado pela jurisprudência antes de se fazer lei. Por certo, dois fatores contribuíram para tanto. O primeiro diz com o fato de o juiz trabalhar com a *verdade*. Ensina Pontes de Miranda (1973, p. 377): "nunca o homem conseguiu a verdade sem pensar com liberdade". O segundo fator é que o juiz trabalha com a *realidade* da vida (sua globalidade e dinâmica), e esta é, induvidosamente, sempre maior do que métodos apriorísticos, abstratos, mecanicistas, formais e atomísticos.

Dizendo que o "juiz apreciará livremente a prova, atendendo aos fatos e circunstâncias constantes dos autos, ainda que não alegados pelas partes; mas deverá indicar, na sentença, os motivos que lhe formaram o convencimento," o art. 131 insere-se o Código Civil Brasileiro no que existe de mais moderno e democrático no mundo do processo civil.

Em verdade, o princípio do livre convencimento é mais extenso do que o enunciado legal e não é tão largo.

Não é tão largo porque está limitado aos fatos trazidos pelas partes. Cumpre distinguir fatos jurídicos e fatos simples, como faz Arruda Alvim (1977, p. 235). É fato jurídico aquele em que essencialmente se baseia o autor para fazer o pedido. Em contrapartida, há o fato simples, que é o que leva à conclusão de que, efetivamente, ocorreu o fato jurídico. Os fatos que pode o juiz livremente considerar, mesmo independentemente de alegação da parte, são apenas os fatos simples. O juiz não pode inventar fatos para se convencer.

Por outro lado, o princípio é mais extenso que o enunciado legal. Não só em relação à prova o juiz é livre para se convencer. Além do dado probante, o juiz é livre para se convencer quanto ao direito e justiça da solução a ser dada no caso concreto.

A liberdade de convencimento do juiz se faz presente para além da questão meramente probatória. Por exemplo, não se pode esquecer que o art. 5º da Lei de Introdução ao Código Civil é coativo quando determina que o juiz, ao aplicar a lei, o faça levando em conta os fins sociais e o bem comum. Por igual, quando está a decidir sobre propriedade, de novo a lei, só que agora a Lei Maior, determina que o juiz leve em conta a função social da propriedade. Não se há de esquecer muitas outras normas em branco, bem como os casos de lacuna da lei e do direito. Pois bem, também nesses casos incide o princípio do livre convencimento.

Convém ressaltar orientação tão moderna quanto adequada no sentido de estimular o convencimento do juiz à vista do comportamento da parte. O juiz é livre para basear seu convencimento tanto naquilo que as partes fazem (ativamente) no processo, como naquilo que elas deixam de fazer.

Sem dúvida, é em relação à liberdade de examinar as provas e crer ou não no que elas pretendem provar que a doutrina mais se detém.

É importante ter presente que em princípio todas as provas possuem valor relativo (Lopes, 1977, p. 294). O juiz não está adstrito, sequer, a considerar verdadeiros os fatos sobre cujas proposições estão de acordo as partes. "A livre apreciação das provas é princípio imperativo, não suscetível de acordo, contrário ou diretivo, das partes." (Miranda, 1973, p. 384). A liberdade atinge tanto a valoração quanto a produção da prova.

Veja-se, por exemplo, o que acontece com a prova pericial. O juiz pode determinar a realização de perícia, mesmo em caso de revelia (*Revista dos Tribunais*, v. 610, p. 170). Depois, vindo a perícia, o juiz é considerado o *peritus peritorum*, pois não está adstrito às conclusões do laudo (CPC, art. 436).

Tanto quanto no processo penal, Clóvis do Couto e Silva (1979, p. 141) entende que, mesmo a hipótese de confissão da parte não vincula obrigatoriamente a convicção do juiz, pois como julgar contra o confitente se de outros elementos do processo resultar claro que não é veraz a confissão? "Certamente que neste caso o juiz não estará adstrito à confissão, o que importa afirmar que ela não deve ser obstáculo à aplicação do princípio da livre apreciação da prova".

É evidente que a liberdade judicial tem limites. Não se pode admitir discricionalidade e/ou arbitrariedade, como no exemplo do juiz de Rebelais, que decidia jogando dados (Cintra, 1982, p. 41).

Existem duas ordens de limites. Os primeiros provêm do fato de que nossa legislação de direito privado e processual ainda tem resquícios de prova legal. Outros limites provêm do sistema.

Por exemplo, preceitos como o do art. 141 do Código Civil não são só preceitos sobre forma dos atos jurídicos, mas constituem verdadeira restrição ao princípio da livre apreciação da prova. Além disso, disposições processuais como as dos arts. 301 e 312, referindo presunção de verdade na falta de oposição, sem dúvida exercem influência tarifada no ânimo do julgador. O mesmo ocorre quanto aos fatos notórios. Por isso, é pertinente a primeira nota de Theotonio Negrão ao art. 131 CPC. Alerta que a apreciação judicial não é tão livre assim, pois o juiz não pode desatender às normas estabelecidas nos arts. 332 a 443 do CPC, "que coarctam a liberdade do juiz quanto à apreciação da prova".

O sistema como um todo exerce certa limitação à liberdade do juiz. Veja-se: o juiz formará livremente seu convencimento, mas há de formá-lo na apreciação da prova existente nos autos. *O que não está nos autos não está no mundo* (RJTJRGS, v.61, p. 259).

A maior e mais importante limitação ao livre convencimento é a necessidade de motivação das decisões. Aqui é que a doutrina e a jurisprudência devem exigir mais e mais do julgador. Já que o subjetivismo do julgador é algo até desejável para que a decisão atenda aos avanços democráticos que sepultaram a prova legal, é necessário contar com outros mecanismos de controle do juiz. Quanto mais liberdade se der ao juiz, mais minuciosa deve ser sua sentença. Quanto mais responsabilidade se atribuir ao julgador, mais clareza e publicidade há de se cobrar de quem julga.

O mesmo sistema jurídico que dá ao juiz o poder de livremente convencer-se, dando às normas a interpretação que entender mais adequada, atribuindo valor às provas dos autos, enfim, concedendo direito e impondo deveres conforme seu sentimento, o mesmo sistema, repetimos, impõe ao juiz o dever de motivar sua convicção, justificando as razões que determinaram o julgamento.

É o *princípio da motivação*, que veremos a seguir.

Ver também: princípio dispositivo, princípio da busca da verdade, princípio da motivação das decisões.

4.2.4..7. Princípio da motivação

Enunciado

O juiz deve motivar as suas decisões.

Conteúdo

Convém não perder de vista que os princípios da motivação, do livre convencimento e da persuasão racional não têm aqui exatamente o mesmo significado comumente utilizado pela doutrina. Portanto, deve o leitor ter em conta as distinções referidas nas considerações iniciais aos princípios ligados com a sentença.

Como observa Taruffo, citado por Grinover (1990, p. 35), partindo da garantia da motivação, não é difícil observar que ela compreende:

1 - O enunciado das escolhas do juiz, ccm relação:
a) à individuação das normas aplicáveis;
b) à análise dos fatos;
c) a sua qualificação jurídica;
d) às conseqüências jurídicas delas decorrentes.
2 - Os anexos de implicação e coerência entre os referidos enunciados.

Todos os julgamentos dos órgãos do Poder Judiciário devem ser fundamentados. É obrigatoriedade constitucional (art. 94, inc. IX). Em verdade, idealmente, não é só as decisões judiciais que devem ser motivadas. Também as postulações das partes e os pareceres dos promotores devem conter "motivação mínima".

Levando-se o imperativo legal às últimas conseqüências, veremos que é verdadeiramente impossível o "juiz indicar, na sentença, os motivos que lhe formaram o convencimento", como determina o art. 131 do CPC. São tantas as influências que inspiram o juiz que dificilmente a explicação de como o julgador se convenceu será plenamente satisfatória. No julgamento há premissas ocultas imperceptíveis (Portanova, 1992, p. 15).

De regra, todo o discurso, e o jurídico não é exceção, apresenta dois tipos de esquecimentos. O primeiro é o esquecimento ideológico: o sujeito é conduzido sem se dar conta, e tendo a impressão de estar exercendo sua livre vontade, na verdade sofre o jugo de um conjunto complexo de atitudes e de representações decorrentes o de uma determinada visão de mundo. A par disso, quando o sujeito enuncia algo, este enunciado se constitui pouco a pouco e tem a característica de colocar o "dito" e de rejeitar o "não-dito". Há, assim, uma seleção, ficando fora tudo o que seria possível ao sujeito dizer, mas não disse. Essa zona do "rejeitado" é o segundo esquecimento. (Pecheux. 1990)

Até o final do século XVII era comum o juiz sentenciar sem fundamentar sua decisão. A motivação só se tornou obrigatória com o advento de uma Lei de Organização Judiciária de 1810, na França. A partir daí, o princípio foi acolhido por quase todas as grandes codificações do século XIX (Faria Jr., 1991, p. 36). Desde então o grande avanço foi a elevação do princípio da motivação à dignidade de preceito constitucional em diversos países. José Carlos Barbosa Moreira (1978, p. 113) registra a Constituição italiana de 1948, a belga de 1831, as gregas de 1952 e 1968 e as de vários países latino-americanos: Colômbia, Haiti, México e Peru. Esse consagrado jurista brasileiro, escrevendo em 1978, já acenava para a necessidade da consagração constitucional em nosso país.

Trata-se de uma imposição do princípio do devido processo legal em que se busca a exteriorização das razões de decidir, o revelar do prisma pelo qual o Poder Judiciário interpretou a lei e os fatos da causa. Por isso, é importante que as razões venham expostas com clareza, lógica e precisão, visando à perfeita compreensão de todos os pontos controvertidos, bem como do desfecho da demanda (Cruz e Tucci, 1989, p. 223). É necessário que o juiz exponha qual o caminho lógico que percorreu para chegar à decisão a que chegou (Liebman, 1983, p. 80).

Como diz Calamandrei (s.d., p. 141): "a fundamentação da sentença é sem dúvida uma grande garantia de Justiça quando consegue reproduzir exatamente, como num levantamento topográfico, o itinerário lógico que o Juiz percorreu para chegar à sua conclusão, pois se esta é errada, pode facilmente encontrar-se, através dos fundamentos em que altura do caminho o Magistrado se desorientou".

A motivação é uma obrigatoriedade em todas as decisões emanadas do Poder Judiciário. Nenhum juiz cível está obrigado a fundamentar todas as citações que determina. No entanto, diante das peculiaridades de cada caso concreto, sequer está afastada a possibilidade da exigência de fundação, inclusive de despachos de mero expediente. Por isso, em princípio, é possível dizer que a obrigatoriedade se estende tanto a despachos como a sentenças, tanto a decisões de caráter administrativo como eminentemente jurisdicionais e em qualquer grau de recurso.

Infelizmente, na história do Poder Judiciário brasileiro, aqui e ali encontram-se maus exemplos que sonegam a plena aplicação do princípio da motivação. Não há como deixar de registrar, ainda que tristemente, a Emenda Regimental nº 3, de 12.6.1975, do Supremo Tribunal Federal, hoje revogada, que permitia apreciação das argüições de relevância em sessão secreta e com dispensa de motivação. Ainda hoje nossos tribunais tomam decisões administrativas sobre remoções e promoções, por exemplo, sem motivá-las. O procedimento é justificado com sibilina e inexistente distinção entre as palavras fundamentação e motivação.

O sistema legislativo permite a fundamentação concisa nas hipóteses de julgamento sem apreciação do mérito (art. 469, segunda parte) e nos julgamentos do Juizado de Pequenas Causas (art. 38 da Lei 7.244/84). Registre-se, ainda, os casos de julgamento em júri popular, em que os jurados decidem sem qualquer exteriorização de motivação. Enfim, a doutrina discrepa sobre se as decisões sem fundamentação são nulas ou inexistentes, mas não há dúvida quanto à gravidade do defeito.

Pode-se dividir a abordagem doutrinária a respeito da importância do princípio em comentários com marcas mais estritamente jurídicas e marcas mais políticas.

Mas antes disso, convém fazer uma abordagem com marcas mais estritamente lingüísticas. Ocorre que, não bastassem as dificuldades do linguajar jurídico, há juízes que elegem o ato sentencial palco para seus brilharecos vernaculares. A sentença acaba sendo o local onde despejam suas palavras colecionadas, de pouco uso corrente e por isso pouco compreensíveis. Não se pode esquecer também que o Poder Judiciário emana do povo. Assim, a sentença é o momento em que o juiz mais responde ante o povo pelo uso que faz desse poder. Por isso, é imprescindível que a sentença seja clara e convincente para que o sentimento do juiz seja compreendido sem dificuldade.

Do ponto de vista mais jurídico, a motivação judicial é importante, pois viabiliza aferir a vinculação do juiz à prova, o conhecimento das razões com vistas a um recurso adequado, a intentação de ações rescisórias, mandado de segurança e a uniformização da jurisprudência.

Já do ponto de vista mais marcantemente político, há vantagens em se poder verificar o grau de imparcialidade e o de arbítrio, a coerência e a razoabilidade do julgamento. Permite, ainda, apreciar a juridicidade do julgamento, as opções valorativas do julgador. Ademais, a motivação mostra à parte que o resultado do litígio não é fruto da sorte ou do acaso. A motivação permite o controle crítico da sentença, conhecendo-se eventual erro do juiz: "o erro conhecido é admissível pelas contingências humanas; mas nem mesmo o acerto, se forem desconhecidos os motivos em que se fundou, deve prevalecer pelo perigo que a omissão pode representar quando houver falha no julgamento." (Lima, 1979, p. 21).

Não se pense que o destinatário da motivação é somente a parte. O princípio não é tão restrito. Trata-se de uma garantia para o Estado, os cidadãos, o próprio juiz e a opinião pública em geral. Com razão, César de Faria Júnior (1991, p. 38) sustenta que o dispositivo constitucional ficaria em melhor situação topográfica, se tivesse sido incluído expressamente como um dos incisos do art. 5º da Constituição Federal.

A mais importante das garantias provenientes do princípio da motivação é a inerente ao Estado de Direito. Nesse sentido é o entendimento de José Carlos Barbosa Moreira (1978), que leva em consideração o fato de que o Estado de Direito é aquele que se justifica em face da intromissão do Estado na esfera jurídica do indivíduo. Neste ponto vale a observação de Plauto Faraco de Azevedo (1989, p. 59) quanto ao significado de Estado de Direito. O eminente professor gaúcho, referindo-se ao período autoritário brasileiro pós-1964, refere que naquelas circunstâncias "o Estado de Direito seria (...) um Estado da Lei, sem que entrasse em debate a legitimidade de fazer a lei".

Mas o que é fundamentar? Qual a extensão e os requisitos que se hão de satisfazer para que se tenha por cumprido o dever de fundamentar?

Ada Pellegrini Grinover (1990, p. 17) não se mostra satisfeita quanto ao conteúdo das motivações judiciais, ao estudar o raciocínio judicial pelos tribunais superiores brasileiros. É forçoso reconhecer que, assim como os tribunais de 2º grau deixam freqüentemente a desejar quanto à motivação e à explicitação do raciocínio, os tribunais superiores não demonstraram, até agora, muita sensibilidade para com o problema".

A resposta à pergunta *o que é fundamentar* virá levando-se em conta uma visão pelo menos tridimensional do direito.

Não é suficiente a fundamentação baseada somente na lei. Sendo o direito, pelo menos, fato, valor e norma, fundamentação bastante é aquela que atende a essas três dimensões.

José Carlos Barbosa Moreira (1984, p. 183) mostra, com estilo, a predileção dos juízes pela análise das questões de direito: "elas nos permitem até, quando temos um pouquinho mais de tempo, fazer um 'brilhareco', citando doutrina, quiçá estrangeira: algumas linhas em francês ou italiano podem causar uma impressão extraordinária, reconhecemos. Mas temos, geralmente um apetite um pouco menor pela análise das questões de fato; façamos aqui nossa autocrítica".

Além da análise da norma, fundamentar também significa proceder a exame discriminado, específico, dos fatos e das provas, informando o motivo do maior ou menor peso atribuído. "Tem o juiz de dar os fundamentos, que lhe assistiram, para a apreciação das provas: porque desprezou umas e acolheu outros, porque não atribuiu o valor, que fora de esperar-se, a alguma, ou algumas, e porque chegou às conclusões que expende".

Para atender à fundamentação de direito, é indispensável que haja motivação valorativa. Ada Pellegrini Grinover (1990, p. 14), citando Barbosa Moreira, analisa o problema da justificação dos juízos de valor e aponta a reticência dos tribunais, que preferem guardar silêncio sobre suas premissas (filosóficas, morais, ideológicas e políticas), atribuindo a suas valorações a natureza de verdades absolutas".

Importa, neste passo, atentar-se a uma visão pelo menos tridimensional do direito; aos escopos jurídicos, políticos, sociais e ideológicos do processo e a um entendimento interdisciplinar das ciências.

O inc. II do art. 458 do CPC diz que um dos requisitos da sentença é a apresentação de fudamentos em que o "juiz analisará as questões de fato e de direito". Isso não significa que a sentença possa omitir questões valorativas. O direito não é só fato e norma. Sendo o direito constituído, pelo menos, de fato, valor e norma, tem-se que é necessário virem à lume também considerações axiológicas.

De lege ferenda a legislação deverá ser mais explícita quanto à obrigação da sentença adequar-se a todas as dimensões do direito. Todavia, mesmo que não haja absoluta clareza, já é possível concluir-se pela efetiva obrigatoriedade. A teoria tridimensional do direito (Reale,1986) e os escopos do processo (Dinamarco: 1987) ensejam esse entendimento. Ademais, convém não esquecer a determinação cogente do art. 5º da Lei de Introdução ao Código Civil. Estando o juiz obrigado a aplicar a lei, e levando em consideração o bem comum e os fins sociais, está, por igual, obrigado a revelar, motivar e fundamentar o bem comum e o fim social que levou em conta.

No interior de toda a motivação reside, ainda, um outro elemento: a necessidade de convencer. Isso será objeto de estudo do *princípio da persuasão*.

Ver também: princípio do livre convencimento, princípio da persuasão racional.

4.2.4.8. Princípio da persuasão

Sinonímia

Princípio da persuasão racional.

Enunciado

O juiz deve convencer quanto à justiça da decisão que ele deu à lide.

Conteúdo

Não devemos esquecer a distinção que fizemos dos princípios da persuasão, livre convencimento e motivação. Assim, preliminarmente, o leitor deverá retomar as considerações iniciais aos princípios ligados à sentença.

A motivação não é só a exteriorização ordenada de expressões das razões motivacionais do juiz. Mais do que isso, a motivação deve demonstrar a justiça da decisão, deve buscar convencer.

Quando postulam, as partes buscam convencer o juiz de suas razões. O juiz, por sua vez, quando decide, também deve tentar convencer uma grande comunidade quanto ao acerto de sua solução.

O proceder jurisdicional hoje não é como nos tempos do período místico ou religioso quando todas as provas tinham um conteúdo irracional e se dizia: "a razão não julga, mas se limita a declarar o 'juízo dos deuses'" (Correa, 1978, p. 5).

Não basta o juiz repetir norma e fato ou aplicar um sobre o outro. A sentença não é mera seqüência de frases. É comunicação criativa e como tal deve convencer. É indispensável o juiz ativo, interessado em demonstrar suas razões de decidir.

As partes querem ganhar a ação, mas seja ganhando ou perdendo, querem, também, ser convencidas quanto ao resultado da demanda.

A importância do princípio da persuasão racional não se restringe somente às partes. A boa sentença, a que cumpre a missão outorgada a seu prolator, com fidelidade e segurança, é aquela que não inspira suspeita e deixa a sociedade tranqüila com relação ao seu conteúdo, "graças justamente à força de convencimento dos argumentos e raciocínios do magistrado em torno dos elementos pesquisados no processo." (Theodoro Jr., 1981, p. 185).

"Pressupõe o sistema jurídico em ação que o poder do juiz emana do povo e em seu nome exerce, pelo que *está obrigado a convencer, quando decide*, não somente as partes, como também a opinião pública." (Delgado, 1991, p. 32) (destaquei).

Diz Pontes de Miranda (1973, p. 377): "o juiz se torna mais responsável e o critério que emprega se aproxima daquele que é usado pela ciência, nas suas pesquisas e nos seus métodos de persuasão. Ao mesmo tempo, democratiza o processo, tornando-o inteligível às massas e ao homem comum, a quem cabe apreciar a ação de seus juízes".

Não há como se enganar: o juiz tem grande arbítrio, tanto na apreciação da prova em particular como na escolha do melhor direito a ser aplicado à espécie. Logo, é impossível contar com certeza absoluta. Para atender pelo menos à garantia de uma certa expectativa é indispensável buscar forma de conhecer o mais claramente possível a subjetividade do magistrado.

A sentença, que é um ato de vontade, não será um ato de imposição de vontade autoritária, pois se assentará num juízo razoável de convencimento. "Traduz-se a sentença num ato de justiça, da qual devem ser convencidas não somente as partes, como também a opinão pública". *Porta*nto, todos precisam conhecer dos motivos da decisão, "sem os quais não terão elementos para convercer-se do seu acerto." (Apelação nº 143.203-2, 12ª Câmara Cível do Tribunal de Justiça de São Paulo).

Visão tradicional do direito tem entedido que esse covencimento deve vir expresso através de um raciocínio dedutivo, silogístico, lógico formal. A premissa maior seria a regra de direito, e a premissa menor, a situação de fato, permitindo extrair, como conclusão, a aplicação da regra legal à situação de fato. Utilizando as palavras de Fábio Konder Comparato (1995), há como que um pressuposto de que as ações humanas são guiadas pela razão, sem se deixarem perturbar por interesses, sentimentos ou emoções. "O sentido da disciplina ou o rigor lógico da decisão sempre nos pareceram algo artificial, senão de dissimuladamente falso".

E acrescenta: "que esse racionalismo seja totalmente estranho à mentalidade brasileira, parece inútil sublinhar. Com a fórmula célebre do 'homem cordial', Sérgio Buarque de Holanda pretendeu justamente enfatizar o predomínio absoluto, entre nós, de uma ética de fundo emotivo sobre uma orientação racional da vida. As virtudes que temos tradicionalmente prezado, ao longo de nossa história, são as que se ligam à esfera dos sentimentos: a benevolência, a tolerância, a afabilidade".

Ensina Brutau (1977, p. 87) que o direito, ao utilizar a lógica formal, esqueceu suas origens retóricas e ligadas à vida prática. A idéia de que a sentença seja o resultado de um silogismo corresponde a uma simplificação exagerada e pouco fiel daquilo que verdadeiramente acontece com a formação do convencimento do juiz. O silogismo jamais representará a formação mental da sentença.

Ultrapassado o raciocínio lógico formal, Luiz Fernando Coelho (1979, p. 3) vê surgir um novo *logos*, mais adequado à compreensão da realidade do direito, sob as seguintes denominações: lógica do razoável, lógica material, teoria da argumentação, pensamento tópico retórico, lógica jurídica concreta. É uma nova metodologia que leva em conta o contingente, o movimento, o tempo, a realidade e a concreção na compreensão do Direito como fato.

O destaque nesta linha de pensamento é Theodor Viehweg, com seu livro *Tópica y Jurisprudencia* (1964), que investiga os fundamentos da ciência do direito sob nova perspectiva. A jurisprudência, como a chamam os alemães, recorre a uma técnica de pensamento por problemas, conformado e explicável pela retórica, diferente do raciocínio lógico. Trata-se do pensamento problemático, que mediante ajustes concretos e particulares, a partir de *topoi* procura resolver problemas.

Parece necessário voltar-se ao estudo da natureza da sentença. A sentença é ato de inteligência (Ugo Rocco, João Monteiro) e lógico, onde está presente a vontade do Estado formulando um comando (Chiovenda, Calamandrei, Carnelutti, Liebman e Michelli, entre outros). O ato sentencial também é, obrigatoriamente, um discurso retórico argumentativo. Evidentemente, não estamos falando da retórica que busque iludir, enganar, que transforme o falso em verdadeiro. Já Aristóteles recomendava "não se deve persuadir o que é imoral". A necessidade de o juiz convencer é conseqüência natural do princípio da demanda, do contraditório e da motivação.

Esta necessidade se estende, inclusive, à decisão sobre *sucumbência*, princípio que se verá a seguir.

Ver também: Princípio do livre convencimento, princípio da motivação.

4.2.4.9. Princípio da sucumbência

Sinonímia

Princípio do sucumbimento. Princípio da mera sucumbência.

Enunciado

Quem vai a juízo desassistido de direito (vencido em sentido amplo), responde tanto pelas custas processuais quanto pelos honorários advocatícios daquele que foi merecedor da tutela (vencedor em sentido amplo).

Conteúdo

Na linguagem comum, sucumbente é aquele que se sujeita à força que age contra si: estar deitado em baixo, cair debaixo, não resistir, ceder aos esforços de outrem.

No processo não é muito diferente, mas o sucumbente processual nem sempre luta. Há sucumbência mesmo na hipótese do requerido reconhecer a procedência do pedido do autor.

Costuma-se dar maior atenção ao aspecto pecuniário da sucumbência. É importante ter-se em mente que a sucumbência consiste na situação que surge a partir da desconformidade entre o que pediu o litigante e a decisão contida na sentença. A sucumbência não importa só em saber-se quem paga as despesas processuais. Interessa, por igual, para efeito de recurso de apelação. O legitimado natural para o recurso é a parte que haja sofrido gravame decorrente da decisão que pretende impugnar. O sucumbimento estabelece também critérios de análise do recebimento do recurso em face do interesse de quem recorre.

José de Moura Rocha (1977, p. 20) diz que hoje o princípio do sucumbimento que impõe o pagamento de custas e honorários é universal e corresponde ao axioma *victus victori expensas condenatur*. Vale dizer, porém, que nem sempre foi assim e hoje contesta-se a aplicação geral de tal axioma.

Se em nossos dias custas e honorários são condenações quase gêmeas, a história mostra percurso coativo diverso entre um e outro. O reconhecimento da condenação em honorários é mais tardio do que o das custas.

Entre os romanos já havia atendimento das custas pelo vencido, mas a profissão de advogado conferia honraria, e os advogados estavam inibidos de receber qualquer recompensa. A evolução da verba honorária como sucumbência foi penosa e teve que se impor contra argumentos até de renomados juristas como Ihering.

A condenação em custas não teve uma trajetória histórica absolutamente unívoca. De uma forma ou outra, o sucumbimento em custas sempre contou em seu prol com o marco histórico importante do reconhecimento do direito romano. A princípio, a condenação nas custas aplicava-se aos litigantes de má-fé. Após um período intermediário, em que a condenação nas custas era aplicada segundo princípios do direito civil (culpa), chega-se à condenação absoluta (Barbi, 1975, p. 187).

No direito brasileiro, a condenação em custas sempre foi importante. Cumpre lembrar a existência da prisão por custas, abolida pelo art. 206 do Decreto de 2.9.1874. O Aviso nº 27, de 10.9.1838, previa o pagamento "da cadeia" ao autor vencido que não tivesse bens com que responder pelas custas.

A natureza da sucumbência têm motivações subjetivas e objetivas. Mas quando se perquire sobre as motivações objetivas para a sucumbência, ter-se-á dificuldade de encontrar uma única formulação que abranja todas as hipóteses. Em verdade, a necessidade de sucumbência ficou mais clara quando a doutrina fez a separação entre o direito material e o direito processual.

Dizem-se de natureza subjetiva as condenações sucumbenciais fundadas no comportamento culposo ou malicioso da parte. Por longo tempo a questão da sucumbência foi considerada subjetivamente: uma instituição do direito civil e por isso era considerada uma pena imposta à parte. O exemplo é a redação original do art. 64 do Código de Processo Civil de

1939: "quando a ação resultar de dolo ou culpa, contratual ou extracontratual, a sentença que a julgar procedente condenará o réu ao pagamento dos honorários de advogado da parte contrária".

O antigo dispositivo da lei brasileira foi modificado pela Lei 4.632/65, adotando-se motivações objetivas para a condenação sucumbencial. Deve-se a Chiovenda (1942, p. 285) o caráter objetivo da sucumbência: "o fundamento dessa condenação é o ato objetivo da derrota". Não há necessidade de investigar a culpa ou a fé do litigante: perdeu, pagou. É uma conseqüência direta e imediata da própria ação.

Justificando-se a condenação como efeito do mero sucumbimento, evita-se a contradição do sistema. É que a sucumbência implica complementação do princípio da disponibilidade. Seria descabido que o Estado colocasse um órgão seu à disposição do cidadão, cobrasse por esse serviço e, por fim, onerasse aquele que utiliza lealmente a justiça. Não há razão para diminuir a vitória, não reembolsando o valor que obrigatoriamente gastou para movimentar a máquina judiciária.

Said Cahali (1978, p. 25), porém, mostra que a sucumbência objetivamente considerada não justifica todas as hipóteses de responsabilidade pelas despesas de um processo. A *causalidade*, que para Chiovenda justificava muitos casos em que havia derrota, mas não havia condenação ao pagamento de despesas, na verdade é o princípio mais geral e norteador de todas as hipóteses de atribuição das despesas processuais.

Mas atenção: a causalidade não exclui o princípio da sucumbência. Há entre eles uma relação de conteúdo e continente: o princípio da causalidade é mais amplo que a sucumbência. "Deve-se ter presente... que a idéia da causalidade não se dissocia necessariamente da idéia de sucumbência... trata-se de dois conceitos, do qual o primeiro é o conteúdo e o segundo o continente".

Cahali mostra, ainda, doutrina e jurisprudência que acolhem tal orientação, mas acrescenta que também o princípio da causalidade é insuficiente. É que ficam sem justificação os casos de distribuição dos encargos nos processos necessários, como processos de jurisdição voluntária, ação de negativa de parternidade e interdição por incapacidade ou ausência.

Seja como for, a regra sobre sucumbência em nosso Código - a exposição de motivo o diz - é de inegável inspiração chiovendiana: *a sentença condenará o vencido a pagar ao vencedor as despesas que antecipou e os honorários advocatícios* ... (art. 20). As exceções vão por conta de uma melhor leitura do dispositivo, de outras previsões legais e das peculiaridades de cada caso concreto

O estudo do princípio da sucumbência oportuniza referir algumas hipóteses pouco correntes, mas que poderiam ser mais incentivadas: despesas há que não são imputadas ao vencido. Com efeito, as despesas dos atos que forem adiados ou tiverem de repetir-se ficarão a cargo da parte, do serventuário, do órgão do Ministério Público ou do juiz que, sem justo motivo, houver dado causa ao adiamento ou à repetição (art. 29). Também as despesas dos atos manifestamente protelatórios, impertinentes ou supérfluos, serão pagas, não pelo vencido, mas pela parte que os tiver promovido ou praticado (art. 31). Enfim, não só as partes são responsáveis por custas, mas também o são os assistentes (art. 32).

Pela leitura do art. 20 do nosso CPC, é possível dividir a sucumbência em despesas e honorários. É preferível, contudo, considerar-se a palavra *despesas* como uma generalidade, que tem como espécies *custas, indenizações, gastos extrajudiciais* e *honorários.*

O que venha a ser *custas* não parece ser tão difícil de entender. São gastos referentes a atos especificamente declarados e com valores contados, em regra, pelos regimentos próprios de cada unidade judiciária movimentada. Em suma, é o pagamento, por exemplo, da distribuição da ação e da citação. Também têm a natureza de custas os gastos com os honorários dos peritos e com os curadores especiais (art. 9º do CPC). Nesses casos, contudo, o valor da verba vai fixada de acordo com o trabalho desenvolvido pelo profissional. As sanções impostas às partes em conseqüência de má-fé evidentemente não têm o caráter de custas, mas, por imposição do art. 35 do CPC, serão contadas como custas.

O § 2º do art. 20 prevê condenação também das *indenizações* de viagem, diária de testemunha e remuneração do assistente técnico. Como o texto legal não especifica a quem se refere quando menciona a indenização, Barbi (1977, p. 189) entende que se trata de gastos com viagem feita pela testemunha ou pela parte e também pelo advogado que não residir na comarca, notadamente quando nela não residir advogado, ou por não poderem funcionar os ali residentes. Quanto à diária de testemunha, tem-se como desnecessária no caso de se tratar de funcionário público ou regido pela Consolidação das Leis do Trabalho. A legislação prevê que estes não sofrerão abatimento do salário na hipótese de convocação. A dificuldade está em fixar a diária do profissional liberal.

Induvidosamente, a previsão legal é insuficiente para atender *gastos extrajudiciais*, muitas vezes absolutamente indispensáveis. Costuma-se dizer que a sucumbência deve indenizar o vencedor como se a sentença tivesse se dado no momento da lesão ao direito. Entretanto, a parte realiza despesas com certidões, fotocópias, fotografias e traduções que, estando fora do dispositivo legal, acabam desatendendo esse critério da plena indenização. Por isso, há quem entenda que a explicitação da lei é apenas exemplificativa, legitimando assim a condenação de despesas necessárias ou úteis ao processo (Zavataro, 1984, p. 262).

Hoje a fixação de *honorários* na verba sucumbencial atende a interesse de ordem pública, mas tem sido difícil aos advogados, ao longo da história, afirmarem seu direito à justa remuneração. Não se deve esquecer que a obrigatoriedade da participação de advogado seria a *ratio essendi* suficiente para justificar a condenação em honorários em todos os processos.

A necessidade de imposição da verba honorária apresenta uma série bastante grande de questões conflitantes. E não estamos falando dos conflitos entre advogados e cliente, mas divergências interpretativas doutrinárias e jurisprudenciais. São tantas as hipóteses, são tantas as particularidades, que, claro, desbordam dos limites gerais deste trabalho.

Vale referir, no entanto, dúvida sobre incidência de honorários em casos como embargos do devedor, execução de título judicial e mandado de segurança. Aliás, a luta pela justa remuneração processual não cessa, mesmo diante de Súmula do Supremo Tribunal Federal, como a de nº 512, que afasta incidência em caso de mandado de segurança.

Ainda nos casos de incidência da verba honorária, o conflito não é menor quando se trata das hipóteses do § 4º do art. 20 e do art. 21 do CPC.

A fixação do limite legal entre 10 a 20% do valor da condenação (§ 3º do art. 20) foi uma conquista dos advogados. Sobram riscos dos honorários aviltados nas causas de pequeno valor e nas de valor inestimável, bem como naquelas em que não houver condenação ou for vencida a Fazenda Pública (§ 4º do art. 20 do CPC). Não é menor a injustiça quando se aplica o limite mínimo em processos de labor simples, mas de causa ou condenação de valor elevado. É o caso, por exemplo, de execução. Havendo pronto pagamento, o trabalho se restringiu a elaboração de petição inicial, muitas vezes padronizada. Tratando-se de valor muito elevado, mesmo a fixação de honorários em 10% pode significar demasia.

Ao estabelecer os percentuais, o CPC acabou por revogar outras diretrizes em leis especiais. Assim, havendo condenação, o percentual legal é obrigatório sob pena de negativa de vigência da lei, a ponto de ensejar recurso especial.

Em sede de sucumbência recíproca (também chamada parcial), o arbítrio judicial não sofre qualquer limitação legal.

É possível haver sucumbência recíproca nos seguintes casos:

a) procedência parcial da ação e da reconvenção;
b) ações conexas julgadas simultaneamente;
c) quando há acolhimento de parte dos pedidos principais cumulados;
d) quando o autor obtém menos do que pediu.

Veja-se que a sucumbência recíproca não é exceção ao princípio da sucumbência, mas é dupla condenação das partes duplamente sucumbentes.

Quando se trata de sucumbência parcial, não se pode trocar o juízo de justiça por critério matemático. Nem se pode perder de vista que se está trabalhando com a ciência do direito, e não com a ciência matemática. Ao justo repugna critério de valoração estritamente pecuniário. A proporção não há de ser colocada em termos estritamente aritméticos ou matemáticos.

Seja como for, os honorários próprios da sucumbência judicial são fixados exclusiva e motivadamente pelo juiz, atendendo às circunstâncias legais do §3º do art. 20, quando for o caso, aos percentuais de lei e as peculiaridades de cada caso concreto. Apesar de alguma doutrina em contrário, o juiz não está vinculado a pactos extrajudiciais nem a pedidos das partes, ainda que não contrariados.

Vale acrescentar, ainda, que o valor contratado entre procurador e parte representada, também não vincula a condenação judicial, mas abate-se no preço da honorária contratada.

Parece que não é só nas hipóteses do § 4º que o juiz decidirá por eqüidade. Nunca se pode esquecer que a verba honorária jamais poderá ser irrisória, ou demasiadamente excessiva. O juiz deve agir com moderação e tempero ao atender à qualidade e à quantidade do trabalho, bem como o proveito da parte, a fim de não onerar o vencido em demasia nem apequenar o trabalho do advogado.

O Estatuto da Advocacia (Lei nº 8.906/94) disciplinou com clareza, duas das questões mais polêmicas em sede de verba honorária. Agora, nas causas em que for parte o empregador ou pessoa por este representada, os honorários de sucumbência são devidos aos advogados empregados (art. 21). Por outro lado, os honorários incluídos na condenação, por arbitramento ou sucumbência, *pertencem ao advogado*, tendo este direito autônomo para executar a sentença nesta parte (art. 23).

É importante não esquecer o caráter público da sucumbência. Sem sucumbência justa nos casos em que ela é obrigatória, o litígio não está composto com justiça. É claro que se pode sonhar com um Poder Judiciário plenamente acessível e gratuito como os Juizados de Pequenas Causas, mas enquanto isso não ocorre, é descabido afastar-se da realidade de uma sociedade de consumo. Com reparação adequada, evita-se restrição à garantia do acesso à justiça, principalmente aos menos favorecidos.

Sempre é possivel apreciar a questão da sucumbência, mesmo que não haja pedido ou ainda que o juiz tenha esquecido de fixar. Havendo sentença, e não tendo havido condenação em honorários no processo de conhecimento, é impossível incluir-se, quando da liquidação da sentença (Negrão, 1994, p. 460). Contudo, sendo caso de sucumbência, os honorários podem ser pedidos sob a forma de recurso, de embargos declaratórios ou mesmo por mero pedido autônomo. Esse entendimento vem desde a vigência do CPC anterior. A súmula 256 do STF, diz: "é dispensável pedido expresso para condenação do réu em honorários". Justifica-se esta proteção ao trabalho do profissional do direito em face dos termos imperativos do art. 20 do CPC determinando que "a sentença condenará o vencido a pagar ao vencedor".

Como visto, a sucumbência não está sujeita ao *princípio da invariabilidade da sentença* que se verá a seguir.

Ver também: princípio da assistência judiciária gratuita, princípio da indispensabilidade do advogado, princípio da disponibilidade.

4.2.4.10. Princípio da invariabilidade da sentença

Sinonímia

Princípio da imutabilidade da sentença. Princípio da imodificabilidade da sentença. Princípio da intangibilidade da sentença.

Enunciado

O juiz, depois de publicada a sentença, não poderá modificá-la.

Conteúdo

Ao publicar a sentença de mérito, o juiz cumpre e acaba o ofício jurisdicional.

Com a sentença que extingue o processo, com ou sem julgamento, exaure-se a função do julgador no tocante à solução da lide naquele processo. Este princípio está previsto no art. 463 do CPC.

Não é necessária a intimação da sentença para que ela se torne inalterável. Basta sua publicação, que ocorre quando o juiz a entrega em cartório (*RT*, v.605, p. 104).

A Lei 8.952, de 13.12.1994, ao dar nova redação ao art. 296 do CPC, introduziu exceção ao princípio em análise. Sem dúvida, a decisão que indefere a inicial é uma sentença. Todavia, agora, indeferida a inicial, o autor poderá apelar, facultado ao juiz, no prazo de quarenta e oito horas, reformar a decisão. "Só na hipótese de não ser reformada a decisão 'os autos serão imediatamente encaminhados ao tribunal competente'".

Somente em casos excepcionais haverá alteração da sentença pelo mesmo juiz. Nos incs. do art. 463 do CPC estão previstas duas formas de alteração da sentença:

a) de ofício ou a requerimento da parte para correção de inexatidões materiais ou lhe retificar erros de cálculo;

b) por meio de embargos de declaração quando houver obscuridade, contradição, ou omissão de ponto sobre o qual o juiz deveria pronunciar-se.

Tem-se considerado erro material aquele proveniente de equívoco na redação ou no cálculo feito pela sentença, por exemplo. Também conterá erro material a sentença homologatória de cálculo que apresentar erro de soma praticado por quem fez a conta. A sentença que apresenta erro material será corrigida, mesmo de ofício, pelo órgão julgador de segunda instância.

Vale salientar que o princípio vigora em todos os procedimentos. Incide ainda em todos os graus de jurisdição, mas não se tem admitido embargos declaratórios de voto vencido (Leite, 1980, p. 261). A doutrina e a jurisprudência, adequadamente, têm dado abrangência maior ao princípio do que a apresentada no art. 463. É que a imutabilidade não diz somente com as sentenças de mérito. Também quando o juiz extingue o processo sem apreciação do mérito incide o princípio.

Pode-se dividir as exceções ao princípio em duas ordens:

a) as correções;
b) as integrações.

As correções são as previstas no inc. I do art. 463 do CPC. São alterações da sentença de inexatidões materiais, como o esquecimento de referir o nome de litisconsortes, ou erro de cálculo, quer dizer, o erro aritmético. Nesses casos, a correção pode ser feita de ofício ou a requerimento da parte a todo e qualquer tempo. Não há de falar-se em trânsito em julgado ou preclusão para as hipóteses de necessidade de correção.

Diferentes são as integrações. Estas constituem-se de integração de ponto obscuro, contraditório ou omisso. No entanto, mesmo se dando conta de tais defeitos, o juiz só poderá modificar o ato sentencial em embargos declaratórios. (CPC art. 535, incs. I e II)

Seja como for, em ambas as hipóteses a decisão judicial que acolher a alteração não poderá, de forma alguma, modificar a substância do ato sentencial.

Nesse ponto nosso CPC atendeu mais ao princípio informativo lógico do que ao da economia processual. Como efeito, vê-se clara a preocupação do legislador em afastar o juiz do processo após a sentença. Isso sem dúvida garante um certo andamento lógico: finda a função do primeiro grau, começa a função do segundo grau.

A despeito disso, têm os tribunais admitido, de longa data, embargos de declaração com efeitos infringentes. Trata-se de correção de erros ou equívocos que não poderiam sê-lo por outra via, dada a inexistência de ulterior recurso à disposição da parte.

Alguns exemplos colhidos da jurispudência mostram que o efeito infringencial dos embargos declaratórios tem raiz no princípio da primazia da realidade e da busca da verdade. Assim, estando a decisão embargada em total desacordo com a verdade substancial ou com a realidade dos fatos, deve ser alterada para adequá-la à verdade e à realidade, dado o efeito infringente que contém o recurso de embargos declaratórios em tais hipóteses (Embargos de Declaração na Apelação Cível 188094742, da 1ª Câmara Cível do Tribunal de Alçada do Rio Grande do Sul).

Convém alertar que a omissão corrigida pode, eventualmente, alterar o julgamento, tal como ocorreria pronunciando-se a decadência ou a prescrição. E os embargos declaratórios adquirem evidente conotação recursal. Por isso, Ney da Gama Ahrends (1984, p. 33) anota um dado "pragmaticamente saliente, qual seja o de que os embargos declaratórios de conteúdo infringente e modificativo não consoam com ação unilateral e inadmitem desrespeito ao princípio do contraditório, sem lesão a regras indestronáveis do processo".

Enfim, a prática tem mostrado que uma atenção ao princípio da economia processual poderia evitar idas e vindas desnecessárias e dispendiosas do processo. Não é raro constatar-se erro processual claro e incontroverso. Tome-se, como exemplos:

a) a falta de provimento sobre a reconvenção, ou

b) o reconhecimento de uma revelia por equivocada certidão cartorária.

No caso de ausência de julgamento da reconvenção, os embargos declaratórios resolveriam o problema, mas a parte poderá, até para ganhar tempo, preferir alegar a falha só nas razões de apelação. No segundo exemplo, apesar do lapso flagrante, mesmo que haja reconhecimento da parte vencedora, a situação é irreversível. Em ambas as hipóteses é inevitável que o processo suba ao segundo grau para anular-se a sentença.

Seja como for, o sistema preferiu os graus de jurisdição em compartimentos estanques em nome, por certo, da segurança procedimental. Os recursos também se submetem a princípios que serão vistos a seguir.

4.2.5. RECURSOS

4.2.5.1. Considerações iniciais

Costuma-se justificar a existência de recursos ao inconformismo humano. Por isso, por princípio, o sistema processual admite o acesso da parte inconformada ao rejulgamento do feito.

No nosso sistema processual, essa inconformidade é sempre levada em consideração. Tanto assim, que este trabalho acolhe a orientação de vincular o princípio geral da recursividade aos princípios da jurisdição, diferenciando da especificidade do princípio do duplo grau de jurisdição como princípio mais ligado ao processo e ao procedimento.

Nesse ponto, cumpre remeter o leitor à análise feita ao princípio da recursividade.

A abordagem feita neste capítulo baseou-se na obra *Princípios Fundamentais - Teoria Geral dos Recursos*, de autoria de Nelson Nery Jr. (1993). Com pequenos acréscimos, mas sem a profundidade do professor paulista, vão resenhados os seguintes princípios ligados aos recursos:

Duplo grau de jurisdição,
Duplo grau de jurisdição obrigatório,
Taxatividade,
Singularidade,
Fungibilidade,
Dialeticidade e
Irrecorribilidade em separado das interlocutórias.

O estudo dos princípios pertinentes aos recursos revela uma certa contradição. De um lado, verifica-se grau cada vez maior de formalismo a cada nova decisão. De outro lado, e em contrapartida, há uma amplitude cada vez mais acentuada de abordagem no grau de recurso de apelação.

Começa pela enumeração taxatividade dos recursos. Depois, temos a singularidade (cabe apenas um recurso para a mesma decisão). Cabe referir, ainda, a irrecorribilidade em separado das interlocutórias e a obrigatoriedade da indicação dos fundamentos de fato e de direito da inconformidade (princípio da dialeticidade). Ainda que se admita a fungibilidade, não se admite erro grosseiro. O rigor na forma culmina com a necessidade da "precisa indicação do dispositivo ou alínea que autoriza" o recurso extraordinário, conforme art. 321 do Regimento Interno do Supremo Tribunal Federal (Agravo de Instrumento 134.070-3, publicado no *Diário da Justiça* de 5.4.95, p. 8.385. Rel. Min. Maurício Corrêa).

Por outro lado, é possível constatar um alargamento cada vez maior de poder decisório dos órgãos que apreciam apelações.

Já nem se fala do chamado duplo grau de jurisdição obrigatório, mas da atual amplitude do princípio da devolutividade dos recursos (art. 515 do CPC) com a nova redação do artigo 516. Agora, ficam também submetidas ao tribunal as questões anteriores à sentença, ainda não decididas.

Seja como for, não parece próxima a solução do debate em torno do que seja melhor para o sistema processual: o risco de decisões irrecorríveis, porém céleres e com maior proximidade entre o julgador e a parte; ou o risco de decisões com julgadores distantes (no tempo e no espaço) das partes, mas resguardado o direito natural de inconformidade do prejudicado.

4.2.5.2. Princípio do duplo grau de jurisdição

Sinonímia

Princípio do duplo grau de jurisdição voluntário. Princípio do duplo grau de jurisdição mínimo. Princípio do controle hierárquico.

Enunciado

A decisão judicial é suscetível de ser revista por um grau superior de jurisdição.

Conteúdo

É indispensável que o leitor retome as considerações preliminares feitas quando da abordagem do princípio da recursividade. Lá, tanto quanto possível, aparece justificado o motivo da distinção entre princípio da recursividade (ligado à jurisdição) e princípio do duplo grau de jurisdição (ligado ao processo e não à jurisdição).

O duplo grau de jurisdição nasceu com indiscutível finalidade mantenedora de ideologia. Seu surgimento deu-se nos sistemas hierarquizados e rígidos de governo. Convinha à ordem política o conhecimento e eventual revisão das decisões dos níveis judicantes inferiores. Esse interesse foi uma constante outrora e é facilmente perceptível na Roma Antiga, onde povo e poder dividiam as funções jurisdicionais. Evoluiu no período de cristianização do direito, fundado na possibilidade do erro e como forma de controle disciplinar, portanto político e doutrinário. Mas foi na Revolução Francesa, em que a estrutura jurídica era exaltada, que o princípio foi imortalizado. "Por ele pretendia abrir portas às reformas de sentenças de juízes viciados, permitir aperfeiçoamento do Judiciário e suas decisões partindo da idéia de que menor a possibilidade de erro em segunda instância que em uma única, e atender a anseios psicológicos do vencido na demanda. O conceito francês, carregado de ideologia, prosperou pelo mundo misturando-se muitas vezes com caracteres de sua antiga roupagem política." (Oliveira, 1982, p. 155).

Nelson Nery Jr. (1993, p. 251) salienta que existem tendências doutrinárias e jurisprudenciais ora alargando, ora restringido a recorribilidade das sentenças. Menciona a circunstância de haver surgido em França, logo após a Revolução, forte corrente de opositores ao duplo grau. Refere, ainda, posição radical de Mauro Cappelletti pela abolição da apelação. O grande jurista italiano aponta o excesso de órgãos colegiados, a excessiva duração do recurso de cassação, a idolatria do direito à impugnação. Há notícia de que somente o direito turco admite o grau único de jurisdição (Leite, 1981, p. 287).

Da forma como vigora hoje no Brasil, o princípio é acolhido desde a Constituição Imperial de 1824. Hoje, inclusive, tem dignidade constitucional complementável por legislação ordinária.

Em verdade, o sistema recursal brasileiro permite dizer-se que o princípio vigorante é o do *duplo grau mínimo*. É que há possibilidade de mais de um recurso. A recorribilidade, em tese, é extensiva a diversos órgãos do Poder Judiciário. Todas as decisões são passíveis de terceira revisão por instâncias imediatamente superiores (nos casos, por exemplo, de embargos infringentes) ou mediatamente superior (nas hipóteses de recurso extraordinário ou especial).

Costuma-se dizer que o juízo de primeiro grau ou primeira instância é o juízo da causa (juiz *a quo*) e o de segundo grau é o juízo do recurso *(juiz ad quem)*. Vale ressaltar que a admissibilidade dos recursos aumenta em formalidades à medida que avançam. Tanto ao órgão recorrido como ao órgão recorrente cumpre fazer o controle preliminar de admissibilidade do recurso, atentando às peculiaridades, não de fundo, mas de forma e oportunidade dos recursos.

Quando se fala em recursos, interessa referir seus efeitos. Estes podem ser divididos em efeitos subjetivos e efeitos objetivos.

No plano subjetivo, vigora o *princípio da personalidade do recurso*, ou seja, sua interposição só beneficia o recorrente. Não se pode perder de vista, contudo, os termos do art. 599 do CPC: o recurso interposto por um dos litisconsortes a todos aproveita, salvo se distintos ou opostos seus interesses. Comentando este artigo, a melhor doutrina assenta que esse *aproveitar* diz respeito ao litisconsórcio unitário, independente de ser necessário ou facultativo, deixando firmado que, a despeito do art. 47, litisconsórcio necessário e litisconsórcio unitário são figuras completamente distintas e separadas, autônomas, inconfundíveis (Ap. Cível 266.960, 1ª Câmara Cível do Tribunal de Justiça de São Paulo, *Revista de Processo*, v.14-15, p. 335).

No plano objetivo, além de impedir o trânsito em julgado ou a preclusão da decisão, o recurso opera efeitos de duas ordens: efeito suspensivo e efeito devolutivo.

O efeito suspensivo é a regra em todos os recursos, mas a lei pode excepcionar, como faz nosso CPC quando se trata de agravo de instrumento (art. 497). O efeito suspensivo faz subsistir o impedimento à manifestação imediata da eficácia da decisão. Como autêntica condição suspensiva, ele impede a produção imediata dos efeitos da decisão.

Sendo o recurso o poder de provocar o reexame de um ato decisório, ver-se-á que o efeito devolutivo é da própria essência dos recursos. Significa que a impugnação devolve ao órgão judicante *ad quem* o exame da matéria discutida no processo e que tenha sido objeto de impugnação através do recurso. Atua aqui o princípio *tantum devolutum quantum apelatum*.

Nesse ponto o CPC tem disciplina abrangente, no art. 515 e seus §§ 1º e 2º, porquanto permite, nas apelações, apreciação e julgamento pelo tribunal de todas as questões suscitadas e discutidas no processo, ainda que a sentença não as tenha julgado por inteiro. Também quando o pedido ou a sentença tiver mais de um fundamento, e o juiz acolher apenas um deles, a apelação devolverá ao tribunal o conhecimento dos demais. Exemplifica bem esta hipótese legal o caso de sentença que julgou procedente separação judicial aceitando a alegação de adultério, quando a inicial referiu adultério e injúria grave. Mas o tribunal, reconhecendo a inexistência do adultério, mantém a procedência sob fundamento da injúria.

Esse efeito será analisado um tanto mais amplamente quando da apreciação específica do princípio da devolutividade.

Cumpre dizer que o duplo grau é voluntário. É o *princípio da voluntariedade*. Como conseqüência direta do princípio da demanda, ninguém pode obrigar a parte a recorrer, assim como ninguém pode obrigar a parte a deixar de recorrer. O duplo grau é dependente da vontade da parte, do terceiro ou do Ministério Público que, vencido, em parte ou totalmente, pretender submeter a decisão a reexame.

O recurso interposto sem o conhecimento e vontade da parte recorrente não pode ser conhecido. Não pode o juiz, de ofício, interpor recurso pela parte, ainda que se trate de incapaz ou hipossuficiente de maneira geral. "Manifestação do princípio da voluntariedade é, por exemplo, o não-conhecimento do recurso, quando houver fato impeditivo ou extintivo do poder de recorrer, tal como a renúncia ou desistência do recurso, ou ainda aquiescência à decisão que se pretenda ver modificada ou invalidada: faltaria a 'vontade' inequívoca de recorrer." (Nery Jr., 1993, p. 346).

Apesar disso, há hipóteses de *duplo grau de jurisdição obrigatório*. Mas isso constitui princípio próprio que veremos a seguir.

Ver também: princípio da recursividade, princípio do duplo grau de jurisdição, princípio da demanda.

4.2.5.3. Princípio do duplo grau de jurisdição obrigatório

Sinonímia

Princípio da remessa oficial. Princípio da remessa *ex officio*.

Enunciado

Algumas sentenças que envolvem interesse público referente à família, ao erário, à União, aos Estados e aos Municípios são o primeiro momento de um ato judicial complexo, cujo aperfeiçoamento requer a manifestação do tribunal.

Conteúdo

O art. 475 do CPC determina que algumas sentenças alinhadas em seus incisos não produzirão efeitos senão depois de confirmada pelo tribunal.

Trata-se das sentenças que anulam casamento (inc. I), das proferidas contra a União, Estados e Municípios (inc. II) e as que julgarem improcedente a execução de dívida ativa da Fazenda Pública (inc. III). Além dessas hipóteses, outras há na legislação esparsa. Vale a pena referir: Decreto-Lei 365/41, sobre desapropriação; Lei 818/49, sobre nacionalidade; Lei 1.533/51 e Lei 4.348/64, sobre mandado de segurança; Lei 2.664/55, sobre ações propostas contra as mesas do Congresso e presidentes dos tribunais federais; Lei 2.770/56, sobre ações propostas para liberação de mercadorias de procedência estrangeira; Lei 4.137/62, sobre o abuso de poder econômico; Lei 4.717/65, sobre ação popular; Decreto-Lei 779/69, sobre o processo trabalhista em ações contra União, Estados, Municípios, Distrito Federal; Lei 6.830/80, sobre ações de execução fiscal.

Costuma-se justificar o duplo grau obrigatório mais por razões de ordem política do que jurídica. A origem do princípio deve-se aos processos criminais lusitanos, em que as causas criminais de interesse público podiam ser instauradas por qualquer do povo e, ainda, pelo juiz *ex officio*. Da decisão aí proferida advinha apelação *ex officio* para evitar desmandos. Adentrou no processo civil brasileiro pela Lei de 4.10.1831, e o CPC de 1939 a disciplinava como "apelação necessária" no art. 822 (Medeiros, 1990, p. 305).

A maioria da doutrina entende que o duplo grau obrigatório não é recurso, porquanto não foi previsto entre os recursos cabíveis que só podem ser interpostos pela parte vencida, pelo terceiro prejudicado e pelo Ministério Público. Em verdade, Alfredo Buzaid sempre se mostrou infenso ao recurso *ex officio* existente no Código de Processo Civil anterior. Por isso, não há mais que se falar em "apelação ou recurso *ex officio*". Em decorrência do fato de não se tratar de recurso, o Segundo Grupo Cível do Tribunal de Alçada Cível de São Paulo entendeu que não cabem embargos infringentes do julgado em caso de existir voto vencido quando da apreciação pelo tribunal (*Revista de Processo*, v.6, p. 257).

A decisão supra-referida, contudo, apresenta um voto vencido que acolhe os embargos infringentes e, assim, consagra a natureza recursal da remessa oficial. Quem atribui natureza jurídica de recurso à remessa obrigatória entende que a vontade de recorrer é do Estado, que se previne da eventual negligência de seus representantes (procuradores) que porventura deixem de recorrer das decisões contrárias à Fazenda Pública. Quem recorre não é o juiz, mas o Estado. O juiz não está manifestando vontade sua. "Antes é instrumento da vontade do Estado, que é quem, efetivamente, recorre da decisão que contrariou interesse seu." (Bermudes, 1977, p. 33).

Nos casos de reexame necessário, a instância recursal tem conhecimento integral do processo. Logo, é permitido o exame de todos os assuntos, mesmo não contidos no apelo voluntário. No entanto, considerando que o duplo grau obrigatório é informado pelo interesse de ordem pública, é reiterada a jurisprudência no sentido de que esse instituto consulta precipuamente o interesse do Estado ou da pessoa jurídica de direito público interno, quando sucumbente. Constitui *reformatio in pejus* decidir contra tais órgãos se não houver recurso voluntário da parte contrária.

Não se pode perder de vista que o duplo grau obrigatório é princípio somente nas hipóteses *expressamente* previstas em lei. Logo, é impensável interpretação extensiva. A despeito disso, acolhe-se a possibilidade de remessa oficial em caso de sucumbência do Distrito Federal e de territórios, apesar da falta de previsão legal. Não há outras extensões, para a hipótese de agravos, por exemplo. Por igual, decisões contrárias aos interesses de autarquias só serão submetidas ao duplo grau em caso de sucumbência em dívida ativa. Mantida, nesse sentido, a Súmula 34 do extinto Tribunal Federal de Recursos.

Márcia Maria Bianchi Prates (1986, p. 226), apreciando decisão superior, questiona o significado de interesse público. É que o tribunal, decidindo processo em remessa oficial, mesmo reconhecendo um "erro" na sentença inferior, decide manter o "erro". Tratava-se de uma desapropriação indireta, em que o tribunal decidiu manter o valor menor do que seria devido, por falta de recurso voluntário. A autora entende que, para o acórdão, *interesse público* consistiria, no caso concreto, em fazer com que a Fazenda Pública pagasse menos. Isso é, confundir o público relativo aos interesses maiores da sociedade e do Estado com o público relativo ao Poder Público, ao Estado-Administração. A autora vê na decisão quebra do princípio da igualdade, pois a decisão não levou em conta outro critério, a não ser o benefício e a qualidade de uma das partes. Mesmo a falta de recurso voluntário não seria desculpa, pois o "artigo 475 tem por fim submeter a decisão a reexame justamente porque considera imprescindível que seja a mais acertada, *mesmo que as partes estejam satisfeitas* - aí se vê a atuação do interesse púbico".

A situação parece mais grave diante de evidente decadência do direito do Estado, e a matéria não foi atacada em recurso voluntário. O Supremo Tribunal Federal entendeu a impossibilidade de reconhecer a decadência do crédito tributário, mas o acórdão mereceu aprofundado estudo (que concluiu em sentido contrário) de Maria Lúcia L. C. Medeiros (1991, p. 302).

Seja como for, parece induvidoso, nos dias atuais, que o duplo grau obrigatório é demasia. Na medida em que privilegia uma parte, afronta o princípio informativo jurídico da igualdade. Contando o Estado com cada vez melhores advogado e o Ministério Público se fazendo cada vez mais atuante e prestigiado, há uma afronta ao princípio da econcomia processual. Diante disso, não há razão para subtrair ao julgador e aos advogados a confiança em suas condutas. Nesse particular, Lourival Gonçalves de Oliveira (1982, p. 163) advoga a "imediata revogação do instituto como disposto no Código de Processo Civil e leis especiais".

Persistindo e entendendo-se como recurso, tem-se que a remessa *ex officio* faz parte do rol de contrariedades previstas em lei. Rol, aliás, que não admite extensão como se verá a seguir com o *princípio da taxatividade*.

Ver também: princípio do duplo grau de jurisdição, princípio da devolutividade.

4.2.5.4. Princípio da taxatividade

Enunciado

Somente são considerados recursos aqueles designados *numerus clausus* pela lei federal

Conteúdo

Pouco há a acrescentar na abordagem do princípio da taxatividade àquilo que já foi dito pelo eminente jurista Nelson Nery Jr. (1993). Por isso, o que segue é apenas um resumo das lições desse mestre, com pequenos acréscimos.

Em virtude do princípio da taxatividade, só podem servir como recurso os instrumentos especificamente previstos em lei federal, quer seja via Código de Processo Civil, quer seja por outra lei de mesma hierarquia. A enumeração legal não é exemplificativa, mas taxativa. A interpretação neste caso é restritiva, e não ampliativa.

Não é a parte que cria o recurso para expressar sua contrariedade.

Sendo competência exclusiva da União Federal legislar sobre direito processual, os Estados não podem criar novos recursos ou restringir os já existentes.

Quando o art. 496 do CPC usa o vocábulo *seguinte,* usa umas das expressões normalmente empregadas para significar que o interesse do legislador é apresentar um rol de *numerus clausus.*

O CPC enumera os recursos cabíveis no art. 496 (apelação, agravo, embargos infringentes, embargos de declaração, recurso ordinário, recurso especial e recurso extraordinário). A estes se acrescentam os mencionados nos art. 532, *caput*, e 557, parágrafo único, do mesmo diploma.

A previsão de recursos em leis federais extravagantes não fere o princípio da taxatividade. Conspira contra a unidade do sistema processual civil brasileiro, pois há requisitos e contornos próprios descritos nas leis especiais, que, não raro, até colidem com as regras dos constantes no CPC.

Além dos recursos previstos no CPC, temos outros.

Na Constituição Federal, temos o chamado por Alcides Mendonça Lima de *recurso ordinário constitucional*. A previsão legal desses recursos encontra-se: na Constituição Federal (arts. 102, I e 105, II), no Regimento Interno do Supremo Tribunal Federal (art. 307), no Regimento Interno do Superior Tribunal de Justiça (art. 247) e na Lei 8.038/90, que regulamenta o procedimento dos recursos extraordinário e especial.

Há, ainda, os *embargos de divergência* previstos igualmente no Regimento Interno do Supremo Tribunal Federal (art. 330), Regimento Interno do Superior Tribunal de Justiça (art. 266) e art. 29 da Lei 8.038/90, que regulamenta o procedimento dos recursos extraordinário e especial.

Há, ainda, o *agravo regimental* previsto nos regimentos internos do STF e do STJ, nos arts. 317 e 258, respectivamente.

Por fim, vale referir: os *embargos infringentes* previstos no art. 34 da Lei de Execuções Fiscais (6.830/80); o *agravo*, no art. 4º da Lei 4.348/64; e o *recurso*, no art. 41 da Lei dos Juizados de Pequenas Causas (7.244/84).

Nelson Nery Jr. (1993, p. 261) considera *recurso-tipo* somente quatro dos enumerados no art. 496: apelação, embargos infringentes, recursos especial e extraordinário. Não considera recursos autônomos o agravo retido (art. 522, § 1º), os embargos de declaração contra sentença de primeiro grau (arts. 464 e 465), nem o recurso adesivo (art. 500). Este nada mais é do que uma das maneiras de interpor-se os quatro recursos previstos no art. 496 do CPC. O recurso adesivo, por igual, nada mais é do que o recurso de agravo previsto no art. 496, cujo julgamento é deixado para o momento futuro, por solicitação do agravante. Não vê razão de distinguir os embargos declaratórios de primeiro e segundo graus. Têm a mesma finalidade, logo são o mesmo recurso.

Refere ainda o eminente doutrinador a existência de sucedâneos dos recursos: "remédios que, por absoluta falta de previsão legal, não são considerados como recurso, mas tendo em vista a finalidade para a qual foram criados, fazem as vezes destes".

Para os objetivos desta obra basta a enumeração dos sucedâneos mais importantes: pedido de reconsideração, correição parcial, remessa obrigatória, argüição de relevância no recurso extraordinário, ação rescisória, embargos de terceiro, medida cautelar inominada, agravos regimentais, *habeas corpus* contra decreto de prisão civil e mandado de segurança contra ato judicial.

Ao lado dos recursos e sucedâneos, referido autor menciona, ainda, "medidas que não são nem uma coisa nem outra". São os incidentes de uniformização da jurisprudência, de declaração de inconstitucionalidade, de avocação de causas e de reclamação perante o STF.

O princípio da taxatividade colabora para que, em matéria de recurso, busque-se conciliar a rapidez com a segurança e a justiça do provimento jurisdicional. No mesmo sentido é o *princípio da singularidade*, que veremos a seguir.

4.2.5.5. *Princípio da singularidade*

Sinonímia

Princípio da unirrecorribilidade. Princípio da unicidade.

Enunciado

De qualquer decisão recorrível cabe apenas um recurso.

Conteúdo

No sistema brasileiro não há possibilidade de ser interposto mais de um recurso contra uma mesma decisão. A mesma questão não pode ser objeto de mais de um recurso simultaneamente.

Diferentemente ocorre com o direito italiano. Lá - ensina Barbosa Moreira (1974, p. 204) - o art. 360, última alínea, faculta a interposição direta do *ricorso per cassazione* contra sentença ainda apelável, desde que as partes se ponham de acordo em omitir a apelação. É o recurso *per saltum*.

Em verdade, no Brasil inexiste um dispositivo legal expresso consagrando a unirrecorribilidade. Diferente era o CPC anterior. O art. 809 permitia que a parte variasse de recurso dentro do prazo legal, mas impedia o uso, ao mesmo tempo, de mais de um recurso. Agora também é assim: para cada hipótese a lei prevê um recurso adequado e somente um. A prevalência do princípio da unirrecorribilidade decorre de interpretação sistemática: "ao definir os atos decisórios do juiz, estipulando o cabimento de determinado recurso para cada qual, o CPC adotou o princípio da singularidade." (Neri Jr., 1993, p. 293).

Uma das aplicações possíveis do princípio é didaticamente exemplificada por Athos Gusmão Carneiro (1980, p. 163):

Suponhamos uma ação em que o autor cumule pedidos x, y e w. O juiz julga procedente apenas o pedido x. O autor, porque parcialmente sucumbente, apela, pedindo a procedência, mas somente de y. O réu também apela: objetiva a total improcedência da ação. Com o apelo do réu, resta viável o recurso adesivo do autor. Pergunta-se: será possível ao autor, no recurso adesivo, apresentar pedido de condenação do demandado também no pedido w?

A solução oferecida pelo ex-Ministro do Superior Tribunal de Justiça é no sentido de aplicar o princípio da unirrecorribilidade. A resposta é negativa. É que, apelando relativamente à sucumbência no pedido y, e deixando de fazê-lo quanto ao pedido w, o autor fixou expressamente os limites de sua inconformidade, aceitando em parte a sucumbência.

Vale referir algumas possibilidades que excepcionam o princípio.

A primeira são os embargos declaratórios, os quais cabem contra qualquer decisão, comporte ou não outro recurso. Também é de se pensar na hipótese em que uma câmara, apreciando uma apelação, decida por unanimidade uma das matérias impugnadas e por maioria outra. Contra o julgamento por unanimidade caberá cumulativamente recurso especial, se for violada lei, e recurso extraordinário se também for violada a Constituição Federal. Já em relação à matéria acolhida por maioria, caberão embargos infringentes.

Como se viu, por princípio o sistema é estreito quanto à escolha de um único caminho para o recurso. Todavia, a realidade processual apresenta uma série de facetas que, não raro, torna difícil a escolha do recurso.

Nelson Nery Jr. (1993, p. 295) aprecia diversos exemplos em que uma só decisão judicial aprecia questões de natureza interlocutória e extintiva do processo. Nesse caso, propõe que a escolha do recurso leve em conta a finalidade do conteúdo do ato judicial. "Assim, se o ato do juiz, não obstante contenha em seu bojo várias decisões interlocutórias, põe termo ao processo, esta última circunstância é de *conteúdo mais abrangente* no sentido finalístico, prevalecendo sobre as demais *decisões abrangidas*".

O mesmo autor admite interposição de agravo de instrumento e de apelação quando numa mesma audiência de processo sumaríssimo, por exemplo, o juiz - depois de rejeitar a incompetência absoluta - julga o mérito do processo.

Mesmo o art. 498 do CPC prevê a possibilidade de um mesmo processo em julgamento de segundo grau desatar simultaneamente embargos infringentes (se há um voto vencido), recurso extraordinário (se a mesma decisão violou a Constituição) e recurso especial (se a mesma decisão violou, ainda, lei). Nessa hipótese, primeiro se julgarão os embargos infringentes. Havendo concorrência apenas de recurso especial e recurso extraordinário, "o Supremo tem entendido que, em primeiro lugar deve ser julgado o recurso especial e, em segundo lugar, o recurso extraordinário, embora o julgamento da matéria constitucional possa, em muitos casos, inutilizar o julgamento do recurso especial." (Pinto, 1990, p. 155).

Por causa dessas dificuldades, o sistema é flexível e acolhe eventual equívoco de interposição do recurso. É o *princípio da fungibilidade* dos recursos, que veremos a seguir.

4.2.5.6. *Princípio da fungibilidade do recurso*

Sinonímia

Princípio do recurso indiferente. Princípio da permutabilidade dos recursos. Princípio da conversibilidade dos recursos.

Enunciado

É possível aos tribunais corrigirem o engano na interposição de um recurso por outro, desde que haja dúvida objetiva sobre a espécie de recurso a ser interposto e não labore a parte em erro grosseiro ou má-fé.

Conteúdo

Examinando o significado filosófico ínsito ao princípio da fungibilidade, Arruda Alvim (1976, p. 192) ensina que no direito alemão, na base de todo problema, sediavam-se duas teorias, ambas preocupadas em identificar a necessidade de especificar qual o recurso cabível nas difíceis hipóteses de ter o juiz decidido erradamente. Pela *teoria subjetiva,* perderia a parte o direito de recurso se tivesse interposto o recurso correspondente à decisão correta que deveria ter sido dada, mas que não foi proferida na espécie. Já pela *teoria objetiva,* interessava não o erro do juiz, mas sim o que é, em face do sistema, exatamente compreendido, embora, no caso, erroneamente aplicado.

Como se vê, a adoção de uma ou outra dessas teorias criava uma situação de perplexidade, pois não se sabia, por elas, qual o recurso que deveria ser interposto. O resultado foi a gradual superação de tais teorias, endereçando-se a uma solução para efetivamente favorecer aquele que recorresse, nascendo então a *teoria* ou *princípio do maior favorecimento* (Prinzip der Meistbegünstigung). Assim, tanto é idôneo o recurso que foi interposto contra decisão (errada) do juiz, como também é admissível (idôneo) aquele interposto contra a decisão correta (que deveria ter sido proferida, mas não o foi).

O atual CPC não tem norma expressa consagrando o princípio da fungibilidade. Já o CPC revogado dispunha expressamente em seu art. 810: "Salvo a hipótese de má-fé ou erro grosseiro, a parte não será prejudicada pela interposição de um recurso por outro, devendo os autos serem enviados à Câmara ou Turma a que competir o julgamento".

A falta de disposição expressa oportunizou amplo debate sobre a adoção ou não da fungibilidade dos recursos no novo sistema. Milton Sanseverino (1982, p. 181) alinha, em resumo, um extenso rol de doutrina e jurisprudência defendendo um lado e outro.

Em suma, os que defendiam a infungibilidade dos recursos baseavam-se na simplicidade do novo sistema recursal e no fato da não-repetição de norma equivalente à do art. 810 revogado. O sistema recursal era tão simples que qualquer erro seria um erro grosseiro. Aliás, mesmo a Exposição de Motivos ao CPC de 1973, criticando o sistema do Código anterior e falando em simplificação do sistema recursal, possibilitava a ilação quanto à desnecessidade de repetir-se os termos do art. 810 do CPC de 1939.

A singeleza do sistema recursal, contudo, era aparente. Logo a doutrina e a jurisprudência começaram a divergir sobre qual o recurso cabível em diversas hipóteses. O art. 715, em seu § 2º, e o art. 780 falam em "sentença" na adjudicação e na remição de bens. Contudo, o art. 558 concede ao "agravante", na adjudicação e na remição de bens, o direito de pedir a suspensão da medida até o julgamento definitivo do recurso. Situação controvertida, ainda, era saber-se qual o recurso cabível da decisão que homologa pedido de desistência da ação com relação a um dos réus, prosseguindo com atinência aos demais. Qual o recurso adequado contra a decisão que indefere *in limine* a reconvenção? E das decisões proferidas a respeito de questões incidentes que são processadas em autos apartados, com tramitação formal completa, cabe agravo ou apelação? (Aranovich, 1978, p. 163).

Desde cedo Barbosa Moreira (1974, p. 205) alertava que a omissão do legislador não significava a impossibilidade de aproveitamento de recursos nos casos duvidosos: "a solução não repugna ao sistema do novo Código, que não leva (nem poderia levar) a preocupação do formalismo ao ponto de prejudicar irremediavelmente o interesse substancial das partes por amor ao tecnicismo".

Hoje a fungibilidade é amplamente admitida, em especial nos recursos ordinários. Persiste, é claro, a preocupação com o erro grosseiro e a má-fé. Mas não pode haver dúvida: não se identificando hipótese de erro grosseiro, fica autorizado o princípio da fungibilidade recursal, que o Código não repele, expressamente, enquanto a doutrina e a jurisprudência o aceitam.

A lamentar somente o número incontável de pessoas que foram vítimas de espíritos formalistas.

Nelson Nery Jr. (1993, p. 317), levando em consideração a falta de dispositivo expresso sobre os requisitos para a incidência do princípio da fungibilidade no direito vigente, acresce a necessidade de que haja *dúvida objetiva sobre qual o recurso cabível*. "Essa dúvida pode ser de três ordens:

a) o próprio código designa uma decisão interlocutória como sentença ou vice-versa, fazendo-a obscura ou impropriamente;

b) a doutrina e/ou a jurisprudência divergem quanto à classificação de determinados atos judiciais e, conseqüentemente, quanto à adequação do respectivo recurso para atacá-lo;

c) o juiz profere um pronunciamento em lugar de outro".

Quanto ao erro grosseiro e a malícia, vale dizer, persiste ainda preocupação em defini-los.

Pontes de Miranda (1960, p. 51) alinhava, em comentários ao art. 810 do CPC antigo, algumas hipóteses de má-fé. Assim, o mestre dizia que configura malícia:

a) usar do recurso impróprio de maior prazo, por ter perdido o prazo do recurso cabível;

b) valer-se do recurso de maior devolução para escapar à coisa julgada formal;

c) protelar o processo, lançando mão de, por exemplo, recurso mais demorado;

d) provocar apenas divergência na jusrisprudência para se assegurar, depois, outro recurso. E alertava: "é claro que em todos êsses casos a malícia não se presume. Trata-se de pressupostos não suficientes".

Quanto ao erro grosseiro, trata-se de uma exigência essencialmente de conhecimento da técnica processual. Há certa complacência quando se trata de lei recente e de dissídio interpretativo doutrinário ou jurisprudencial ainda existente. Porém, à medida que o tempo passa e se acomodam as interpretações, corre-se maior risco de ver considerado como grosseira a errada intentação de um recurso por outro. Com vistas à humanização do processo e adequada interpretação do princípio jurídico, é possível exigir mais de quem pode mais e exigir menos de quem pode menos.

Não se pode perder de vista que nos recursos extraordinários e especiais exige-se mais formalidades do que nos recursos ordinários. Aqueles têm uma casuística muitíssimo mais restrita e por isso o erro pode ser mais claramente reconhecido do que nas hipóteses dos recursos ordinários.

Equivocando-se a parte na espécie de recurso, é indispensável que decline os fundamentos de fato e de direito de sua contrariedade. É o *princípio da dialeticidade*, que veremos a seguir.

4.2.5.7. *Princípio da dialeticidade*

Enunciado

A petição do recurso deve conter os fundamentos de fatos e de direito que embasam o inconformismo do recorrente.

Conteúdo

Mais uma vez vamos buscar na excelente obra de Nelson Nery Jr. (1993, p. 343) a base doutrinária sobre o princípio da dialeticidade.

Entende o eminente doutrinador paulista que o procedimento recursal é semelhante ao inaugural da ação civil. Neste passo, a petição de recurso assemelha-se à petição inicial e por isso deve conter os fundamentos de fato e de direito que embasam o inconformismo do recorrente.

Esses requisitos têm por finalidade atender ao princípio da dialeticidade do recurso. A oportunidade para contra-razões é requisito para o imprescindível contraditório em sede recursal.

Tanto quanto a petição inicial é o projeto da sentença, pode-se dizer que a petição de recurso é o projeto do futuro acórdão: "são as alegações do recorrente que demarcam a extensão do contraditório perante o juízo *ad quem*, fixando os limites de aplicação da jurisdição em grau de recurso".

Há quem entenda que a apelação é total quando falta específica impugnação da matéria sob recurso. Nelson Nery Jr. (idem) não concorda, porquanto a discursividade é inerente a todos os recursos. Logo, exposição dos motivos de fato e de direito que levaram o recorrente a interpor o recurso, bem como o pedido de nova decisão, são requisitos *essenciais* e, portanto, *obrigatórios*. A inexistência desses requisitos leva à decisão de não-conhecimento do recurso.

Apenas quando se trata de agravo retido é possível que suas razões sejam apresentadas em momento posterior a sua interposição. De resto, as razões do recorrente devem acompanhar a petição de recurso.

Todavia, por incidência do *princípio da complementariedade*, o recorrente poderá complementar a fundamentação de seu recurso já interposto se houver alteração ou integração da decisão em virtude de acolhimento de embargos de declaração.

O exemplo oferecido por Nelson Nery Jr. (idem, p. 348) refere uma ação em que foram pedidos perdas, danos e lucros cessantes. A sentença deu pela procedência das perdas e danos, mas omitiu-se quanto a lucros cessantes. O réu apela, mas o autor intenta embargos declaratórios buscando suprir a omissão sentencial. Caso o juiz defira também os lucros cessantes, não é o caso de o réu apresentar nova apelação. O vencido, "como surgiram fatos novos... poderá, somente, quanto à parte nova da decisão, aumentar o já interposto recurso de apelação".

O emérito professor paulista (ibidem, p. 356) entende, ainda, que, "uma vez já exercido o direito de recorrer, consumou-se a oportunidade de fazê-lo, de sorte a impedir que o recorrente torne a impugnar o pronunciamento judicial já impugnado".

Trata-se do *princípio da consumação* adotado pelo atual sistema processual e que revogou o *princípio da variabilidade* existente anteriormente por incidência do art. 809 do CPC de 1939.

Com efeito, no sistema do código revogado, a parte poderia variar de recurso, desde que o fizesse dentro do prazo de interposição. O fato, contudo, de o CPC de 1973 não reprisar o dispositivo não nos parece motivo suficiente para optar-se por uma posição restritiva do direito que a parte tem de recorrer adequadamente. Os prazos para recursos são instituídos a favor das partes e não se consomem ante manifestação equivocada. Teme-se que o rigor formal, aqui, fira de morte um direito maior - o direito de ação que se prolonga no direito de recorrer.

O conhecimento das razões e do pedido de recurso são importantes, inclusive para ensejar a aplicação adequada do *princípio da devolutividade dos recursos*, que se verá em seguida.

4.2.5.8. Princípio da devolutividade dos recursos

Sinonímia

Princípio da devolutividade plena. Princípio da devolutividade plena dos recursos, *tantum devolutum quantum appellatum*. Princípio da proibição da *reformatio in pejus*. Princípio do efeito devolutivo. Princípio de defesa da coisa julgada parcial.

Enunciado

O recurso devolve ao tribunal o conhecimento da matéria impugnada.

Conteúdo

O recurso é o poder da parte de provocar o reexame de um ato decisório. Logo, o efeito devolutivo é da própria essência dos recursos. Significa que a impugnação devolve ao órgão judicante *ad quem* o exame da matéria discutida no processo e que tenha sido objeto de impugnação através do recurso. Atua aqui o princípio *tantum devolutum quantum appellatum*.

A devolutividade já foi maior. Na época de Justiniano, a apelação intentada por uma das partes era comum a ambas. Ou seja, a devolução abrangia inclusive a parte não impugnada na sentença. Também no direito lusitano do século XV vigorava o princípio de que a apelação devolvia toda a cognição. Assim vigia o *princípio do benefício comum*, segundo o qual a apelação permitia ao tribunal superior um novo julgamento amplo da causa, de que poderia resultar uma decisão contra o próprio apelante (Silva, 1991, p. 361).

Nos casos de reexame necessário, a instância recursal tem conhecimento integral do processo. Logo, é permitido o exame de todos os assuntos, mesmo os não contidos no apelo voluntário. No entanto, considerando que o duplo grau obrigatório é informado pelo interesse de ordem pública, é reiterada a jurisprudência no sentido de que esse instituto consulta precipuamente o interesse do Estado ou da pessoa jurídica de direito público interno, quando sucumbente. Constitui-se *reformatio in pejus* decidir contra tais órgãos se não houver recurso voluntário da parte contrária.

O efeito devolutivo do recurso, no nosso sistema, permite dividir a abordagem. Por primeiro, vai interessar o caráter geral - e sem previsão legal - do princípio da proibição da *reformatio in pejus*. Depois, vamos falar sobre alguma discussão que enseja a interpretação do art. 515 e seus parágrafos.

Por princípio, o tribunal deve-se manter nos limites do recurso. Não pode mudar a decisão de primeiro grau nem para pior (*reformatio in pejus*) nem para melhor (*reformatio in melius*). Essa proibição nos faz retomar as peculiaridades do princípio dispositivo e sua face judicial denominada adstrição do juiz ao pedido da parte.

Lembra Nelson Nery Jr. (1993, p. 351) que em nosso direito positivo não há regra explícita a respeito da proibição da *reformatio in pejus* ou *in melius*. Ademais, essas reformas não ocorrem quando o tribunal apenas modifica a fundamentação da decisão recorrida. Enfim, "o objeto do recurso é, tão-somente, a matéria efetivamente impugnada, acrescida daquelas questões que o juiz deva conhecer de ofício".

Vejamos agora como a disciplina legal do princípio do efeito devolutivo em nosso sistema processual tem ensejado ampla discussão.

Por um lado, o art. 515 do CPC restringe o efeito devolutivo da apelação, devolvendo ao tribunal apenas o conhecimento da matéria impugnada. Por efeito do princípio dispositivo, os limites do recurso são estabelecidos pelo próprio recorrente. Os termos da apelação delimitam a extensão do efeito. A atividade cognitiva da segunda instância se limita às partes da sentença que hajam sido objeto de impugnação.

Todavia, o § 1º do mesmo dispositivo amplia o objeto do recurso, possibilitando que todas as questões suscitadas e discutidas no processo sejam apreciadas e julgadas pelo tribunal. Essas questões podem ser apreciadas em segundo grau de jurisdição, mesmo que a sentença não as tenha julgado por inteiro e ainda quando o juiz acolheu apenas um dos fundamentos apresentados pelas partes.

Essa situação tem suscitado tanto a inventiva dos doutrinadores na apresentação de exemplos hipotéticos, como uma gama de conflitos interpretativos de fatos reais levados aos tribunais. São particularidades, sem dúvida importantes, para o aprofundamento dos estudos do tema, mas que refogem ao objetivo geral desta obra.

Vale, porém, tomar uma das exemplificações de Ovídio Baptista da Silva em seu *Curso de Processo Civil* (1991, p. 362) como fio condutor da exposição dos temas conflitantes mais ocorrentes.

Trata-se de ação de ressarcimento de danos materiais e pessoais proveniente de acidente automobilístico. O autor fundamenta a culpa do réu em três fatos: embriaguez, velocidade excessiva e defeito nos freios. Por sua vez, o réu defendeu-se, alegando: prescrição da pretensão de exigir ressarcimento de danos, que o autor foi o culpado pelo acidente juntamente com terceiro. Nega, também, a existência dos danos materiais e pessoais e informa que o autor antes renunciara à pretensão indenizatória. O magistrado julgou a ação parcialmente procedente. Acolheu apenas a indenização dos danos materiais e entendeu provado que o réu dirigia embriagado. Somente o autor apelou. Pediu a condenação também em danos pessoais.

Vejamos o que poderia e o que não poderia decidir o tribunal nessa hipótese.

Desde logo vale referir que, inexistente apelação do réu, o tribunal não poderia julgar improcedente a ação, nem alterar a condenação referente a custas e honorários. Poderia, contudo, manter a procedência, não pela embriaguez, mas pelo excesso de velocidade, com fundamento no § 2º do art. 515.

Entende Ovídio Baptista que o tribunal não poderá apreciar a questão pertinente à prescrição e à renúncia, por falta de contrariedade do réu.

Quanto à prescrição, há ainda uma outra questão. Na hipótese de o tribunal afastar a prescrição provocado por recurso, pode haver julgamento de pronto ou haverá devolução ao juízo de origem? Sem dúvida, trata-se de decisão que extingue o processo com apreciação do mérito (art. 269, inc. IV). Logo, de um ponto de vista rigorosamente técnico, resta viável ao juízo do recurso, se não concordar com a prescrição e a decadência, passar a apreciar as demais questões de mérito. Não se pode negar uma realidade: a prescrição logicamente não é mérito, é preliminar de mérito. O tema mais importante a ser decidido no processo só obteve uma única decisão. Verdadeiramente houve supressão de um grau de jurisdição, porquanto tema relevantíssimo ficou com um só conhecimento.

Pode haver hipóteses em que o rigor técnico afronte absurdamente a realidade ou tumultue inexoravelmente o andamento do processo. É o caso, por exemplo, de ação que necessite perícia médica ou prova testemunhal, e a sentença reconhecendo a prescrição veio antes da produção de tais provas. Por essas razões, encontram-se decisões determinando a devolução dos autos ao juízo *a quo* após reconhecer a inexistência de prescrição (*RT*, v. 606, p. 147; *RT*, v. 633, p. 91).

Por fim, Ovídio Baptista apresenta posição eclética na hipótese de julgamento sem apreciação do mérito pelo juízo da causa. Majoritariamente tem-se entendido que o tribunal, reformando a sentença, não poderá julgar o mérito, devendo anular o ato sentencial e fazer retornar os autos à primeira instância. Nesse sentido é a doutrina de José Carlos Barbosa Moreira (1993, p. 374): "em semelhante hipótese, jamais se pode esperar do tribunal que, ao conhecer do recurso, decida a lide, se pronuncie sobre a *res in iudicium deducta* - numa palavra: julgue o mérito da causa. Ele terá de resolver apenas a seguinte questão: devia o processo realmente encerrar-se sem tal julgamento? Isso é que constitui, aqui, o mérito da apelação". O professor gaúcho acolhe este entendimento se houver recurso de ambas as partes. Em caso contrário, haverá retorno ao primeiro grau só em caso da decisão de o tribunal beneficiar a quem recorreu.

Em verdade, a amplitude fática da dinâmica da vida cria situações tão diversas que o jurista aferrado ao dogmatismo legalista poderá cair em formalismos inúteis.

Por exemplo, é acertada a decisão da 3ª Câmara Cível do 1º Tribunal Cível de São Paulo contida na *Jurisprudência Brasileira*, v. 161, p. 254. Apesar de ser decisão de primeiro grau, cujo dispositivo falava em carência da ação (sem julgamento do mérito, portanto), verdadeiramente se estava diante de um erro do juiz, pois se tratava de julgamento de mérito. Era uma ação possessória em que o juiz, entendendo não estar provada a posse, julgou o autor carecedor de ação. No caso, o tribunal, entendendo provada a posse - e apesar do julgamento sem apreciação do mérito - deu provimento ao recurso para julgar a ação procedente. Sem dúvida, a técnica estava a exigir que o tribunal anulasse a sentença. Mas seria uma demasia aguardar o retorno dos autos após uma nova sentença que apenas trocasse no dispositivo sentencial uma expressão por outra.

Para compatibilizar o *caput* do art. 515 do CPC com seus parágrafos, convém algumas considerações.

A primeira parece óbvia, mas é indispensável que seja mencionada. Os parágrafos não podem ser interpretados isoladamente, ou seja, independentes do *caput*, mas, sim, em consonância com ele. As questões "suscitadas e discutidas", referidas nos parágrafos, devem ser apreciadas à vista da "matéria impugnada" referida no *caput*. Deve-se procurar compatibilizar o artigo com os parágrafos e não desconsiderar completamente um ou outros. Não se pode chegar à absurda conclusão de que todas as decisões do juízo inferior estão sujeitas ao duplo grau de jurisdição voluntário. Além disso, não se pode perder de vista uma certa extensão do princípio da demanda e da disponibilidade. O Judiciário, mesmo em recurso, não poderá agir a não ser provocado pela parte. "Partindo-se desta orientação legislativa, podemos concluir que, ao juízo da apelação cabe apreciar todas as questões suscitadas e discutidas no processo, desde que o recurso não tenha impugnado apenas uma parte da sentença." (Dower, 1986, p. 312).

Seja como for, é pertinente a cautela que encerra o ensinamento de Fernando Setembrino Márques de Almeida (1982, p. 114): vencida numa preliminar, mas vencedora no mérito, diante da interposição de recurso da parte contrária, deverá a parte vencedora, se tiver interesse, reviver a preliminar então rejeitada por via de recurso adesivo. As contra-razões também são um bom lugar para, em preliminar, ser levantada a questão para conhecimento do segundo grau.

Fora disso, resta evidente a possibilidade de o tribunal apreciar questões de direito que desatam interesse público e que, consagradamente, podem ser apreciadas de ofício (art. 267, § 3º, do CPC). Além dessa exceção ao princípio em estudo temos, ainda, a possibilidade de o segundo grau condenar na sucumbência não apreciada pela sentença, mesmo sem apelo expresso. Por igual, pode o tribunal apreciar questões novas e direitos supervenientes que não foram objeto da sentença nem do recurso, (arts. 462 e 517 do CPC) e as questões anteriores à sentença ainda não decididas (art. 516 do CPC).

Se o efeito devolutivo é da essência de todo o recurso, o mesmo não se pode dizer do efeito suspensivo. É o que se verá a seguir com o *princípio da irrecorribilidade em separado das interlocutórias*.

Ver também: princípio do duplo grau de jurisdição, princípio da disponibilidade, princípio da adstrição do juiz ao pedido da parte.

4.2.5.9. Princípio da irrecorribilidade em separado das interlocutórias

Enunciado

O recurso de decisão interlocutória não suspende o processo.

Conteúdo

Tradicionalmente o princípio da irrecorribilidade em separado das interlocutórias tem sido considerado um desdobramento, uma conseqüência e até um subprincípio da oralidade.

Em verdade, num procedimento eminentemente oral é compreensível que não se admita a possibilidade de recurso no decorrer do litígio. Tal procedimento terminaria por atrasar o julgamento da questão principal e contrariar a finalidade da oralidade.

João Baptista Monteiro (1981, p. 62) entende que o direito brasileiro nunca adotou o princípio em estudo. Pior: "com o advento do Código de Processo Civil de 1973, adotou o legislador o princípio da ampla recorribilidade das interlocutórias".

Ensina Arruda Alvim (1972, p. 243) que esse princípio não se liga indissoluvelmente à oralidade, uma vez que pode existir sem que se verifique sua adoção. "É um princípio que, rigorosamente, se coloca como pressuposto ou diz respeito à fluência e rapidez com que se deseja o desenvolvimento do processo, até a sua meta final".

Nesse passo, Nelson Nery Jr. (1993, p. 347) mostra uma faceta diferente do princípio: o que define a questão é a locução *em separado*, que significa impugnação com a suspensão do processo. A adoção do princípio pretende evitar que se confira efeito suspensivo aos recursos que ataquem as decisões interlocutórias. "Nem seria bom cogitar-se de que, a cada decisão interlocutória no curso do processo, se paralisasse todo o procedimento até que fosse cada qual resolvida individualmente, para somente então, o processo retomar o andamento normal".

Conclusão

A utilização dos princípios é caminho para o processo livrar-se de dois dos mais importantes fantasmas da tradição individual-positivista.

Os princípios deixam cada vez mais distante a idéia de aferramento à ritualística inconseqüente, burocrática, mecanicista e alienante de origem positivista. Vale lembrar com Carrio (1970, p. 51), que os princípios importam no colapso do positivismo e de seu *modelo de regras*.

"Solo si admitirmos que los principios integran el derecho y desempeñan en él un papel central podremos hacer justicia a la complejidad de aquél y representarnos adecuadamente la tarea de los jueces, quienes están siempre guiados por principios jurídicos y unicamente ejercen discreción en un sentido muy trivial de esta palabra".

A par disso, os princípios escancaram as portas do processo para que o interesse público na justa solução da lide afaste por completo os resquícios de uma mentalidade liberal e individualista que ainda se fazem sentir, tanto no direito material como no direito instrumental. O momento atual do proceso civil no Brasil aponta claramente para o rumo da superação do dogmatismo liberal positivista.

Como se sabe, a ilustração inaugurou a "idade de ouro" do individualismo e de uma sociedade centrada no direito privado. Havia uma supervalorização da "auto-realização do homem, sua ventura e seu prazer". As virtudes sociais eram relegadas a segundo plano. Não se pode negar que essas idéias fizeram os seres humanos mais autônomos e menos conformistas. Em contrapartida, proporcionaram grandes injustiças sociais.

Por isso, "sobreveio a justa crítica marxista no sentido de que o individualismo, além de basear-se numa separação ilusória entre indivíduos e sociedade, não formulou com clareza a relação entre a auto-realização do indivíduo e o interesse da coletividade. . . É evidente que, depois de Marx e Freud, é difícil sustentar a autonomia individual, nos termos do ideário da ilustração, a não ser em termos relativos. A razão, suporte desta idéia, enfrenta um duplo cativeiro, a de ordem interna (imanente à própria consciência) e a de ordem externa (relativa às estruturas sociais)." (Missaggia, 1995, p. 48).

Sob color individualista, o Estado, em geral, e o Poder Judiciário, particularmente, através do processo, soube garantir os direitos de liberdade (participação política, liberdade de voto, de pensamento, de palavra, de imprensa, de religião, de ir e vir, etc) propugnados pela Revolução Francesa. Sem igualdade e fraternidade, contudo, não se concretizaram os direitos sociais (alimentação, emprego, moradia, educação, saúde e lazer, por exemplo). Desse modo, como diz Cappelletti (1974, p. 119), citando Calamandrei, as liberdades políticas se converteram na liberdade de os ricos explorarem os pobres; liberdades para os ricos acumularem riquezas cada vez mais incalculáveis, privilégios dos nascidos ricos de continuar a sê-lo sem trabalhar e, através do desenvolvimento da grande indústria, a criação de monopólios não menos tirânicos do que haviam sido, no *Ancien Regime*, os privilégios políticos que a Revolução Francesa havia destroçado.

O Estado tem o dever positivo de implementar os direitos sociais. A abertura do direito e do processo civil para o interesse público e social oportuniza, através do Poder Judiciário, que o Estado seja tensionado mais fortemente no sentido de remover obstáculos e destruir privilégios de ordem econômica e social que se opõem à livre expansão da dignidade da pessoa humana.

A pesquisa mostrou o processo civil com traços mais (+) acentuados de algumas características e diminuição, ou traços menos (-) acentuados de outras. Estes traços podem assim ser apresentados:

(+) Público	(-) Privado
(+) Coletivo	(-) Individual
(+) Social	(-) Liberal
(+) Material	(-) Formal
(+) Justo	(-) Legalista
(+) Ético	(-) Técnica
(+) Real	(-) Ideal
(+) Concreto	(-) Abstrações
(+) Humano	(-) Técnica
(+) Juiz ativo	(-) Juiz passivo
(+) Pluridimensionalidade	(-) Unidimensionalidade
(+) Interdisciplinariedade	(-) Legalidade
(+) Fundo	(-) Forma

Esta situação deve-se a dois motivos fundamentais:

a) aumento cada vez mais acentuado dos interesses público ou coletivos; e conseqüente;

b) atenção à função social do processo.

Por isso, convém referir algumas diferenças e algumas semelhanças entre o sistema de princípios e o sistema de leis tradicional.

Diferente da mecanicista aplicação da lei, os princípios não têm cada qual sentido absolutamente autônomo e limites absolutamente rígidos. Os princípios não são estanques ou absolutos. São relativos e por isso todos devem ser ponderados diante do caso concreto. Inter-relacionados e interdependentes, eles se ligam, se influenciam mutuamente e se combinam entre si e com outras ciências, jurídicas ou não. Os significados tanto se interpenetram e limitam a abrangência, como se excluem e são conflitantes entre si. Nesse passo, um princípio pode tanto ser conseqüência como causa de não-aplicação de outro. Ademais, nem todos os princípios têm previsão legal. Muitos (e às vezes os mais importantes, como, por exemplo, o da boa-fé no direito civil e o do interesse público no processo) são reflexos imediatos da realidade.

Nessas circunstâncias, a boa aplicação dos princípios é a contextualizada. Interpretar por princípios exige, é certo, mais do que o simples conhecimento de sua formação ao longo da história. Contudo, não pode ser desprezada tanto a indispensável atualização de seus postulados em função da realidade e das necessidades sociais, com atendimento às peculiaridades de cada caso concreto. É indispensável, por isso, que o operador jurídico tenha visão interdisciplinar do fato e busque, além da norma, fatores de ordem social, política, econômica, geográfica e ideológica para uma adequada aplicação dos princípios.

Os princípios, à semelhança das leis, não estão imunes às motivações ideológicas dos atores jurídicos. A qualidade, tanto da aplicação da norma como dos princípios, depende da fundamentação de quem interpreta. A vantagem dos princípios é possibilitar melhor desvendamento da ideologia do intérprete. Para tanto, é importante que o conteúdo do princípio seja amplo e aberto.

Vale salientar, ainda, que, assim como as normas, os princípios não são imunes a críticas. É difícil concordar com a submissão de quem vê nos princípios vigentes entre nós vinculação à ideologia política liberal e, "porque são verdadeiramente princípios fundamentais do sistema dominante, nós o absorvemos da mesma forma como respiramos o ar que circunda". Daí a dificuldade de qualquer crítica. Apresentam-se como postulados, não necessariamente evidentes, nem demonstráveis, mas que precisam ser aceitos, como condição para se operar no sistema. Atacá-los importa em atrair sobre si os raios da ira da comunidade jurídica (Tesheiner., 1993, p. 30).

PRINCÍPIOS DO PROCESSO CIVIL **285**

Bibliografia

ACKEL FILHO, Diomar. Verdade formal e verdade real. *Revista de Jurisprudência do Tribunal de Justiça do Estado de São Paulo*, v. 22, 1988.

AGUIAR, João Carlos Pestana de. *Comentários ao Código de Processo Civil*, v. 4. São Paulo: Ed. Revista dos Tribunais, 1974.

ALBERTON, Genacéia da Silva. Considerações sobre o princípio dispositivo e o princípio da oralidade segundo Cappelletti. *Estudos Jurídicos*, v. 23, p. 75-86, 1991.

ALMEIDA, Joaquim Canuto Mendes. O Princípio da verdade real. *Revista da Faculdade de Direito de São Paulo*, v. 52, 1957.

——. *A contrariedade na instrução criminal.* São Paulo: Saraiva, 1937.

ALMEIDA, Fernando Setembrino Márquez de. Da necessidade de se recorrer da sentença quando vencido em preliminar, mas vencedor do mérito. *Revista de Processo*, v. 28, p. 109-115, 1982.

ALONSO, Pedro Aragoneses. *Técnica Procesal.* Proceso de Cognición y Juicio Verbal. Madrid: Aguilar, 1955.

ALSINA, Hugo. *Tratado Teórico Practico de Derecho.* Processo Civil e Comercial, v. 1. Buenos Aires: Compañia Argentina de Editores, 1941.

ALVIM, José Manuel de Arruda. *Manual de Direito Processual Civil.* V. 1. São Paulo: Ed. Revista dos Tribunais, 1977.

——. *Manual de Direito Processual Civil (ampliado e atualizado de acordo com a Constituição Federal de 1988).* 4. ed., v. 2. São Paulo: Revista dos Tribunais, 1994.

——. Principios fundamentales y formativos del procedimiento civil brasileño. *Revista de Processo*, v. 38, p. 84-110, 1985.

——. A "perpetuatio jurisdictionis" no Código de Processo Civil Brasileiro. *Revista de Processo*, v. 4, p. 13-37, 1976.

——. MICHELI, Gian Antônio; FORNACIARI JR. Clito; PELUSO, Antonio Cezar. Ônus da prova e o direito intertemporal. *Revista de Processo*, v. 4, p. 227-230, 1976.

——. MICHELI, Gian Antônio; FORNACIARI JUNIOR, Clito; PELUSO, Antonio Cezar; ARRUDA, Antonio Carlos Matteis de. Promoção do juiz depois de terminada a instrução e antes da prolatação da sentença. *Revista de Processo*, v.4, p. 219-226, 1974.

——. Sentença no Processo Civil. *Revista de Processo*, v. 2, p. 13-94, 1976.

——. *Manual de Direito Processual Civil*, v. 3., 3. ed. São Paulo: Ed. Revista dos Tribunais, 1986.

——. *Curso de Direito Processual Civil*, v. 2. São Paulo: Ed. Revista dos Tribunais, 1972.

——. Análise das principais inovações do sistema e da estrutura do Código de Processo Civil. *Revista de Processo*, v. 3, p. 192-211, 1976.

——. *Código de Processo Civil Comentado*, v.1. São Paulo: Ed. Revista dos Tribunais, 1975.

——. *Código de Processo Civil Comentado*, v.2. São Paulo: Ed. Revista dos Tribunais, 1975.

———. Anotações sobre o tema da competência. *Revista de Processo*, v. 24, p. 9-51, 1981.

AMERICANO, Jorge. *Comentários ao Código de Processo Civil*, v. 1. São Paulo: Saraiva, 1940.

ANDRADE FILHO, Teófilo Ribeiro de. Imparcialidade do Poder Judiciário. *Revista do Tribunal de Contas do Município de São Paulo*, v. 12, n. 38, p. 12-19, 1983.

ANDRADE, Antonio de. Interdição por prodigalidade. *Revista de Processo*, v. 38, p. 161-180, 1985.

ARAGÃO, Egas D. Moniz de. *Comentários ao Código de Processo Civil*, v. 2, São Paulo: Forense, 1974.

ARANOVICH, Rosa Maria de Campos. O princípio da fungibilidade dos recursos no atual Código de Processo Civil. *Revista da Ajuris*, v. 13, p. 156-174.

ARAÚJO, Justino Magno. Os poderes do juiz no processo civil moderno (visão crítica). *Revista de Processo*, v. 32, p. 94-106, 1983.

———. Direito de defesa no processo civil e no processo penal. *Revista da Ajuris*, v. 26, p. 54-71, 1982.

AHRENDS, Ney da Gama. Embargos declaratórios modificativos. *Revista do Ministério Público*, v. 17, p. 29-34, 1984.

ARISTÓTELES, *Arte Retórica e Arte Poética*. Tr. Antônio Pinto de Carvalho. Rio de Janeiro: Ediouro, s.d.

ASSIS, Araken de. *Eficácia Civil da Sentença Penal*. São Paulo: Ed. Revista dos Tribunais, 1993.

———. *Da ação do novo Código de Processo Civil*. Revista Jurídica, v. 86, p. 75-98, 1977.

ATALIBA, Geraldo. Palestra. *II Ciclo de Conferências e Debates Sobre ICM*. Brasília: *Secretaria de Economia e Finanças,* p. 4-18, 1981.

———. *República e Constituição*. São Paulo: Ed. Revista dos Tribunais, 1985.

AZEVEDO, Plauto Faraco de. *Crítica à dogmática e hermenêutica jurídica*. Porto Alegre: Fabris, 1989.

BAGGIO, André; CARVALHO, Amilton Bueno de. Jusnaturalismo de caminhada: uma visão ético-utópica da lei. *Magistratura e Direito Alternativo*, p. 54-61. São Paulo: Acadêmica, 1992.

BARBI, Celso Agrícola. *Comentários ao Código de Processo Civil*. 4. ed., v. 1. Rio de Janeiro: Forense, 1986.

———. *Comentários ao Código de Processo Civil*. v. 1, t. 1. Rio de Janeiro; Forense, 1975.

BARTHES, Roland. *Aula*. Cultrix, 1980.

BASTOS, Celso Ribeiro; MARTINS, Ives Gandra. *Comentários à Constituição do Brasil*. v. 2, São Paulo: Saraiva, 1989.

BAUR, Fritz. Da importância da dicção "Iuria Novit Curia". *Revista de Processo*, v. 3, p. 169-177, 1976.

BERMUDES, Sérgio. *Comentários ao Código de Processo Civil*. 2. ed., v. 7. São Paulo: 1977.

BEVILAQUA, Clóvis. A Fórmula - Liberdade, Igualdade e Fraternidade - sociologicamente considerada. *Revista dos Tribunais*, v. 35, 1943.

BIDAR, Adolfo Gelsi. Proceso y epoca de cambio. *Revista de Processo*, v. 24, p. 137-165, 1991.

BITENCOURT, Edgar de Moura. *O juiz*. São Paulo: Jurídica Universitária, 1986.

BOMFIM, Edson Rocha. Aspectos da jurisprudência do Supremo Tribunal Federal sobre o sistema de recursos no direito processual civil. *Revista de Processo*, v. 55, p. 204-223, 1989.

BONAVIDES, Paulo. O princípio da igualdade como limitação à atuação do Estado. *Revista da Procuradoria Geral do Estado de São Paulo*, v. 16, 1980.

BORGES, Marcos Afonso Borges. Do julgamento conforme o Estado do Processo. *Revista de Processo*, v. 1, p. 145-152, 1976.

———. Recurso parcial. *Revista de Processo*, v. 63, p. 160-163, 1991.

———. Sucedâneos dos recursos. *Revista de Processo*, v. 13, p. 53-58, 1979.

BRAGA, Antonio Pereira. *Exegese do Código de Processo Civil (Crítica - Interpretação - Ju-*

risprudência). São Paulo: Max Limonad, s.d.

BREDA, Acir Antonio. Efeitos da declaração de nulidade no processo penal. *Revista de Processo*, v. 20, p. 179-194, 1980.

BRUM, Nilo Bairros. *Requisitos retóricos da sentença penal.* São Paulo: Ed. Revista dos Tribunais, 1980.

BRUTAU, José Puig. *A jurisprudência como fonte de Direito.* Tradução de Lenine Nequete. Porto Alegre: Coleção Revista da Ajuris, 1977.

BUZAID, Alfredo. Processo e verdade no direito brasileiro. *Revista de Processo*, v. 12, 1987.

CABALLERO, Alexandre Augusto da Silva. Da relação entre o princípio da isonomia e o contraditório no processo civil. *Revista de Processo*, v. 52, p. 225-228, 1988.

CAHALI, Yussef Said. *Honorários de Advogado.* São Paulo: Ed. Revista dos Tribunais, 1978.

CALAMANDREI, Piero. *Eles, os juízes, vistos por nós, os advogados.* 7. ed., Clássica Editora, s.d.

CANARIS, Claus-Wilhelm. *Pensamento Sistemático e Conceito de Sistema na Ciência do Direito.* Lisboa: Fundação Calouste Gulbenkian, 1989.

CAPPELLETTI, Mauro. Acesso à Justiça. Tradução de Tupinambá Pinto de Azevedo. *Revista do Ministério Público*, v. 1, n. 18, p. 13-27, 1985.

——. *Los Derechos Sociales de liberdade en la concepcion de Piero Calamandrei. In*: Proceso. Ideologías. Sociedad. Tradução de Santiago Sentis Melendo e Tomás A. Banzhaf. Buenos Aires: Jurídica Europa-América, p. 115-127, 1974.

——. Constitucionalismo moderno e o papel do poder judiciário na sociedade contemporânea. *Revista de Processo*, v. 60, p. 110-117, 1990.

——. Problemas de reforma do processo civil nas sociedades contemporâneas. In: MARIONI, Luiz Guilhermo. *O Processo Civil Contemporâneo.* Curitiba: Juruá, 1994.

——. A ideologia no processo civil. Tradução de Athos Gusmão Carneiro. *Revista da Ajuris,* v. 23, p. 16-33, 1981.

CARNEIRO, Athos Gusmão. Observações sobre o recurso adesivo. *Revista de Processo*, v. 18, p. 161-164, 1980.

——. Jurisdição - noções fundamentais. *Revista de Processo*, v. 19, p. 9-22, 1980.

——. *Jurisdição e Competência.* 5. ed. São Paulo: Saraiva, 1993.

CARRIÓ, Genaro R. *Notas sobre Derecho y Lenguage.* Buenos Aires: Abeledo-Perrot, 1965.

——. *Principios Juridicos y Positivismo Juridico.* Buenos Aires: Abeledo-Perrot, 1970.

CASTILHOS, Othelo Dilon. Embargos do devedor - Rejeitados ou improcedentes - Recurso e efeitos - Definitividade da execução. *Revista de Processo*, v. 26, p. 65-82, 1982.

CASTRO, Maria da Gloria Lins da Silva. Os Mitos do Processo. *Revista Brasileira de Direito Processual*, v. 51, 1986.

CHAVES, Paulo. Formas de procedimento civil. *Revista de Processo*, v. 11-12, p. 89-100, 1978.

CHIOVENDA, Giuseppe. *Instituições de Direito Processual.* Tradução de J. Guimarães Menegale e notas de Enrico Tulio Liebman. São Paulo: Saraiva, 1942.

COELHO, Luiz Fernando. *Lógica Jurídica e Interpretação das Leis.* Rio de Janeiro: Forense, 1979.

COMPARATO, Fábio Konder. *Um homem de princípios.* Folha de São Paulo, n. 24.149, p. 1.3, 16 maio 1995.

COSTA, Coqueijo. Nulidade e anulabilidade no processo do trabalho. O princípio da convalidação. *Revista de Processo*, v. 6, p. 111-117, 1977.

——. Anulabilidade processual: alegação, preclusão e convalidação. *Revista LTr*, v. 45, p. 395-401, 1981.

COSTA, Alfredo de Araújo Lopes da. *Manual Elementar de Direito Processual Civil,* 1956.

CREDIE, Ricardo Antonio Arcoverde. As ações de manutenção e imissão de posse. *Revista de Processo*, v. 22, p. 47-49, 1981.

CONGRESSO MUNDIAL DE DIREITO COMUNITÁRIO, 9. 1991. Coimbra - Lisboa. *Relatórios gerais*. Coimbra - Lisboa, Associação Internacional de Direito Judiciário, 1991.

COUTURE, Eduardo. *Fundamentos del Derecho Procesal*. 2. ed. Buenos Aires: Depalma, 1951.

————. *Fundamentos del Derecho Procesal Civil*. 3. ed. Buenos Aires: Depalma, 1958.

CRETELA Jr., José. *Comentários à Constituição Brasileira de 1988*. v. 1. Rio de Janeiro: Forense Universitária, 1992.

————. *Curso de Direito Administrativo*. Rio de Janeiro: Forense, 1989.

CRUZ, José Raimundo Gomes. Ônus da prova em ação relativa a acidente de trabalho. *Revista dos Tribunais*, v. 569, p. 31, 1983.

CUENCA, Humberto. *Processo Civil Romano*. Buenos Aires: Ediciones Jurídicas Europa-América, 1957.

CUNHA, Mauro; SILVA, Roberto Geraldo Coelho. *Guia para estudo da teoria geral do Processo*. 3. ed. Porto Alegre: Livraria Acadêmica, 1990.

————. Notas relativas ao novo Código de Processo Civil. *Revista da Ajuris*, v. 2, p. 37-42, 1974.

DALL'AGNOL JR., Antonio Janyr. O princípio dispositivo no pensamento de Mauro Cappelletti. *Revista da Ajuris*, v. 46, p. 97-115, 1989.

————. Invalidade derivada e invalidade parcial. Exegese do art. 248 do CPC. *Revista da Ajuris*, v. 33, p. 123-132, 1985.

————. *Invalidades Processuais*. Porto Alegre: Letras Jurídicas, 1989.

DELGADO, José Augusto. Alguns aspectos controvertidos no processo de conhecimento. *Revista dos Tribunais*, v. 664, p. 27-33, 1991.

————. Princípios processuais constitucionais. *Revista da Ajuris*, v. 3, 9, p. 223-232, 1987.

DINAMARCO, Cândido Rangel. *A instrumentalidade do processo*. São Paulo: Ed. Revista dos Tribunais, 1987.

————. *Escopos políticos do processo*. In: GRINOVER, Ada Pellegrini; participação e processo. DINAMARCO, Cândido; WATANABE, Kazuo (org.). São Paulo: Ed. Revista dos Tribunais, p. 114-127, 1988.

————. As partes do Mandado de Segurança. *Revista de Processo*, v. 19, p. 199-214.

DORIA, Antonio Roberto Sampaio. *Direito Constitucional Tributário e "Due Process of Law"*. 2. ed. Rio de Janeiro: Forense, 1986.

DWORKIN, Ronald. *Los Derechos in Serio*. Barcelona: Ariel, 1989.

————. *A Matter of Principle*. Oxford: Clarendon Press, 1986.

ECHANDÍA, Hermando Devís. *Compendio de Derecho Procesal*. 3. ed., v. 2, Bogotá: Editorial ABC, 1973.

————. Pruebas ilícitas. *Revista de Processo*, v.32, p. 82-93, 1983.

ESSER, Josef. *Princípio y Norma en la Elaboración Jurisprudencial del Derecho Privado*. Barcelona: Bosch, 1961.

FABREGA, Jorge. Influencias de Jeremias Bentham en el movimiento de reforma procesal. *Revista de Processo*, v. 29, p. 82-99, 1983.

FABRÍCIO, Adroaldo Furtado. Absolvição criminal por negativa de existência ou de autoria do fato. Limites de sua influência sobre o juízo civil. *Revista da Ajuris*, v. 55, p. 34-59, 1992.

————. *Extinção do Processo e mérito da causa*. In: Saneamento do Processo. Porto Alegre: Fabris, 1989.

FADEL, Sérgio Sahione. *Código de Processo Civil Comentado*. 3. ed., v. 1, 1975.

FARIA Jr., César de. A motivação das decisões como garantia constitucional e seus reflexos práticos. *Fascículos de Ciências Penais*, v. 4, n. 1, p. 34-40, jan./mar. 1991.

FARIA, Anacleto de Oliveira. *Do princípio da igualdade jurídica*. São Paulo: RT/EDUSP, 1973.

FASCHING, Hans W. *O desenvolvimento do Código de Processo Civil Austríaco nos últimos 75 anos*. Revista de Processo, v. 5, p. 117-127, 1977.

FERNANDES, Francisco Nogueira. Dos recursos civis. *Revista de Processo*, v. 22, p. 178-183, 1981.

FERRANDIZ, L. Prieto - Castro. *Derecho Processal Civil*. v. 1, Madrid: Editorial Revista de Derecho Privado, 1964.

FERRAZ, Mário Devienne. Ação de acidente do trabalho - Identidade física do juiz - Aplicabilidade. *Revista de Processo*, v. 14-15, p. 415-417, 1979.

FORNACIARI JR., Clito. Sucessão processual. *Revista de Processo*, v. 24, p. 52-61, 1981.

——. O ônus da prova e o direito intertemporal. *Revista de Processo*, v. 4, p. 227-230, 1976.

FREITAS, Guilherme Rezende. *Princípios Informativos do Processo Civil*. Rio de Janeiro: Forense, 1978.

FUCHS, C. *et alli*. A propósito da análise automática do discurso: atualização e perspectivas (1975). *In: por uma análise automática do discurso*. HAC. T. (org.) Campinas: Unicamp, 1990.

GELLATI, Diócles; PORTANOVA, Rui; RODRIGUES, Celso Santos; *et al*. *Racionalização da Justiça*. São Paulo: Imprensa Oficial do Estado, 1986.

GESSINGER, Ruy Armando. Justiça gratuita e assistência jurídica. *Revista da Ajuris*, v. 56, p. 177-178, 1992.

GIANESINI, Rita. Alguns aspectos da reconvenção. *Revista de Processo*, v. 718, p. 79-97, 1977.

GONÇALVES, Aroldo Plínio. *Nulidades do processo*. Rio de Janeiro: Aide, 1993.

GRAU, Eros Roberto. *A Ordem Econômica na Constituição de 1988 (Interpretação e Crítica)*. São Paulo: Ed. Revista dos Tribunais, 1990.

GRINOVER, Ada Pellegrini. As garantias constitucionais do processo nas ações coletivas. *Revista de Processo*, v. 43, p. 19-30, 1986.

——. Conclusões. *In:* GRINOVER, Ada Pellegrini; DINAMARCO, Cândido Rangel; WATANABE, Kazuo (org.) *Participação e Processo*. São Paulo: Ed. Revista dos Tribunais, 1988.

——. *Os princípios Constitucionais e o Código de Processo Civil*. São Paulo: José Bushatsky, 1975.

——. O procedimento sumário, princípio do juiz natural e a lei orgânica do MP. *Revista da Ajuris*, v. 32, p. 98-107, 1984.

——. *Novas Tendências do Direito Processual*. Rio de Janeiro: Forense, 1990.

——. Ações coletivas para a tutela do ambiente e dos consumidores. A lei nº 7.347, de 24.07.85. *Revista de Processo*, v.44, p. 13-128, 1986.

——. O controle do raciocínio judicial pelos tribunais superiores brasileiros. *Revista da Ajuris*, v. 50, p. 5-20, 1990.

——. O princípio do juiz natural e sua dupla garantia. *Revista de Processo*, v. 29, p. 11-33, 1983.

——. CINTRA, Antonio Carlos de Araujo; DINAMARCO, Cândido Rangel. *Teoria Geral do Processo*. 9. ed. São Paulo: Malheiros, 1992.

——. CINTRA, Antonio Carlos de Araujo; DINAMARCO, Cândido Rangel. *Teoria Geral do Processo*. 3. ed. São Paulo: Editora Revista dos Tribunais, 1983.

GUERRA, Wilis Santiago Filho. *Ensaios de Teoria Constitucional*. Fortaleza, 1989.

——. *Estado de Direito e Judiciário na pós-modernidade*. Nomos, v. 11/12, p. 13-29, 1992/1993.

GUILLÉN, Victor Fairén. La humanización del proceso: lenguaje, formas, contacto entre los jueces y las partes. Desde Finlandia hasta Grecia. *Revista de Processo*, v. 14/15, p. 127-171, 1979.

HART, H. L. A. *El concepto de derecho*. Tradução de Genaro R. Carrio. Rio de Janeiro: Editora Nacional, 1961.

HOLANDA FILHO, Marcial Herculino de. Substituição processual. *Revista de Processo*, v. 18, p. 256-260, 1980.

JARDIM, Afrânio da Silva. O princípio dispositivo e a intervenção do Ministério Público no processo civil moderno. *Revista de Processo*, v. 44, p. 166-175, 1986.

KARAN, Munir. Ônus da prova: noções fundamentais. *Revista de Processo*, v. 17, p. 50-60, 1980.

LACERDA, Galeno. O código e o formalismo processual. *Revista da Ajuris*, v. 28, p. 7, 1983.

———. *Despacho Saneador*. 2. ed. Porto Alegre: Fabris, 1985.

———. O juiz e a justiça no Brasil. *Revista de Processo*, v. 61, p. 161-177, 1990.

LEITE, Armando Roberto Holanda. Apontamento sobre o duplo grau de jurisdição quando da condenação da Fazenda Pública Municipal em ação de desapropriação. *Revista de Processo*, v. 21, p. 286-295.

———. Recurso. Embargos de declaração. Omissão. Obscuridade. Contradição. Voto vencido. Cabimento. *Revista de Processo*, v. 18, p. 260-263, 1980.

LEME, Gilberto Gomes de Macedo. A denunciação da lide no novo Código de Processo Civil. *Revista de Processo*, v. 37, p. 31-51, 1985.

LIEBMAN, Enrico Tullio. Do arbítrio à razão. Reflexões sobre a motivação das sentenças. *Revista de Processo*, v. 29, p. 79-81, 1983.

LIMA, Alcides de Mendonça. O princípio da probidade no Código de Processo Civil Brasileiro. *Revista de Processo*, v. 16, p. 15-42, 1979.

———. Principais inovações do processo executivo brasileiro. *Revista de Processo*, v. 9, p. 37-56.

———. *Introdução aos recursos cíveis*. São Paulo: Ed. Revista dos Tribunais, 1976.

———. Os princípios informativos no Código de Processo Civil. *Revista de Processo*, v. 34, p. 9-19, 1984.

———. Atividade do Ministério Público no processo civil. *Revista de Processo*, v. 10, p. 63-81, 1978.

LIMA, Jarbas. Morosidade do PJ: uma idéia massificada. *Jornal da Ajuris. Caderno Especial*, Porto Alegre, 1993.

LOPES, João Batista. Hierarquia das Provas - Fato provado por documento. *Revista de Processo*, v. 6, p. 293-296, 1977.

———. O depoimento pessoal e o interrogatório livre no processo civil brasileiro e estrangeiro. *Revista de Processo*, v. 13, p. 86-108, 1979.

———. Breves considerações sobre o instituto da preclusão. *Revista de Processo*, v. 23, p. 45-60, 1981.

LYRA, Roberto Filho. *O que é direito*. São Paulo: Brasiliense, 1986.

MADELA, Pedro. Embargos de terceiro. Sucumbência - Inexistência de culpa do credor. *Revista dos Tribunais*, v. 517, p. 245-247, 1978.

MALACHINI, Edson Ribas. Das nulidades no processo civil. *Revista de Processo*, v. 9, p. 59-69, 1978.

———. *A* "perpetuatio iurisdictionis" e o desmembramento de comarca. *Revista de Processo*, v. 47, p. 273-282, 1987.

MALUF, Carlos Alberto Dabus. Cumulação de ações no processo civil. *Revista de Processo*, v. 17, p. 61-77, 1980.

MANCINI, P. S.; PISANELI, G.; SCIALOIA, A. *Commentario del Codice Di Procedura Civile*. v. 2, Torino: Amministrazione della Società Editrice, 1855.

MANCUSO, Rodolfo de Camargo. *Ação civil pública: instrumento de participação na tutela do bem comum. In:* GRINOVER, Ada Pellegrini; DINAMARCO, Cândido; WATANABE, Kazuo (org.). *Participação e Processo*. São Paulo: Revista dos Tribunais, p. 190-211, 1988.

MANGABEIRA, João. *Oração do paraninfo. Direito achado na rua*, 3. ed., p. 91-101. Brasília: Ed. UnB, 1990.

MARANHÃO, Délio; VIANA, Segadas. *Instituições de Direito do Trabalho*. 14. ed., 1993.

MARCATO, Antonio Carlos. Preclusões: licitação ao contraditório? *Revista de Processo*, v. 17, p. 105-114, 1980.

MARINONI, Luiz Guilherme. *Novas Linhas de Processo Civil. O Acesso à Justiça e os Institutos Fundamentais do Direito Processual.* São Paulo: Ed. Revista dos Tribunais, 1993.

MARTINS, Ives Gandra; BASTOS, Celso. *Comentários à Constituição do Brasil.* v. 2, São Paulo: 1989.

MARTINS, Pedro Batista. *Comentários ao Código de Processo Civil.* v. 3, Rio de Janeiro: Forense, 1942.

MEDEIROS, Antonio Paulo Cachapuz. Racionalidade e razoabilidade na lógica jurídica. *Revista da Ajuris*, v. 26, p. 173-186, 1982.

MEDEIROS, Maria Lúcia L. C. Recurso "ex officio" - "Reformatio in pejus". *Revista de Processo*, v. 61, p. 302-313, 1991.

MEINHARDT, Betina P. Funcionamento dos Juizados: pesquisa de campo. *Revista dos Juizados de Pequenas Causas*, v. 3, p. 5-23, 1991.

MEIRELLES, Hely Lopes. *Direito Administrativo Brasileiro.* 9. ed. São Paulo: Malheiros, 1983.

MELLO, Antonio Bandeira de. *Conteúdo Jurídico do Princípio da Igualdade.* São Paulo: Malheiros, 1993.

——. *Elementos de Direito Administrativo.* São Paulo: Ed. Revista dos Tribunais, 1984.

MELO, Luiz Pereira de. Poderes de polícia processual. *Revista de Processo*, v. 16, p. 43-47, 1979.

MENDES, Antonio Celso. *Direito, Ciência, Filosofia e Política.* Curitiba: EDUCA, 1990.

MESQUITA, José Ignácio Botelho de. *Da Ação Civil.* São Paulo: Ed. Revista dos Tribunais, 1975.

——. Conteúdo da causa de pedir. *Revista dos Tribunais*, v. 564, p. 41-51, 1982.

MICHELI, Gian Antonio; TARUFFO, Michele. *A prova.* Revista de Processo, v. 6, p. 155-168, 1979.

——. O ônus da prova e o direito intertemporal. *Revista de Processo*, v. 4, p. 227-236, 1976.

MIRANDA, Francisco Cavalcanti Pontes de. *Comentários ao Código de Processo Civil.* v. 3. Rio de Janeiro: Forense, 1974.

——. *Comentários à Constituição de 1967.* v.5, 1986.

——. *Comentários ao Código de Processo Civil.* v. 5, Rio de Janeiro: Forense, 1960.

——. *Comentários ao Código de Processo Civil.* v. 1, Rio de Janeiro: Forense, 1979.

——. *Comentários ao Código de Processo Civil.* v. 2, Rio de Janeiro: Forense, 1973.

——. *Comentários à Constituição de 1967. Com a Emenda n. 1 de 1969.* v. 4, Rio de Janeiro: Forense, 1987.

——. *Comentários ao Código de Processo Civil.* v. 1, Rio de Janeiro: Forense, 1973.

——. *Comentários ao Código de Processo Civil.* v. 1, Rio de Janeiro: Forense, 1947.

MISSAGIA, Clademir José Colin. Direito público e direito privado: desenvolvimento histórico da distinção. *Paper apresentado na cadeira da Teoria Geral do Direito Privado no Curso de Mestrado da Faculdade de Direito da Universidade Federal do Rio Grande do Sul*, 1995.

MONTEIRO, João Baptista. O conceito de decisão. *Revista de Processo*, v. 23, p. 61-83, 1981.

MOREIRA, José Carlos Barbosa. Problemas de al immediacion en el proceso civil. *Revista de Processo*, v. 34, p. 191-196, 1984.

——. Notas sobre o problema da efetividade do processo. *Revista da Ajuris*, v. 29, p. 77-94, 1983.

——. La igualdad de las partes en el proceso civil. *Revista de Processo*, v. 44, p. 176-185, 1986.

——. A ação popular do direito brasileiro com instrumento de tutela jurisdicional dos chamados "interesses difusos". *Revista de Processo*, v. 28, p. 7-19, 1982.

——. O direito à assistência jurídica. Evolução no ordenamento brasileiro de nosso tempo. *Revista da Ajuris*, v. 55, p. 60-75, 1992.

——. O problema da "divisão do trabalho" entre juiz e partes: aspectos terminológicos. *Revista de Processo*, v. 41, p. 7-14, 1986.

——. Pode o juiz declarar de ofício a incompetência relativa? *Revista de Processo*, v. 62, p. 30-39, 1991.

——. O juiz e a prova. *Revista de Processo*, v. 35, p. 178-184, 1984.

——. A garantia do contraditória na atividade de instrução. *Revista de Processo*, v. 35, p. 231-236, 1984.

——. A motivação da sentença como garantia inerente ao Estado de Direito. *Revista Jurídica*, v. 89, p. 103-115, 1978.

——. *Comentários ao Código de Processo Civil.* v. 5, São Paulo: Forense, 1974.

——. *Comentários ao Código de Processo Civil.* v. 5, São Paulo: Forense, 1993.

——. Responsabilidade das partes por dano processual. *Revista de Processo*, v. 10, p. 15-31, 1978.

——. A função social do processo civil moderno e o papel do juiz e das partes na direção e na instrução do processo. *Revista de Processo*, v. 37, p. 140-150, 1985.

——. Conteúdo e efeito da sentença. Variações sobre o tema. *Revista da Ajuris*, v. 35, p. 204-212, nov. 1985.

MORELLO, Augusto Mario. *El conocimiento de los derechos como presupuesto de la participación. In:* GRINOVER, Ada Pellegrini; DINAMARCO, Cândido; WATANABE, Kazuo (org.). *Participação e Processo.* São Paulo: Ed. Revista dos Tribunais, p. 166-179, 1988.

MOURA, Margarida Maria. *A força da lei. Direito Achado na Rua*, 3. ed. Brasília: UnB, p. 56-59, 1990.

MOURA, Mário Aguiar. Insuportabilidade da vida em comum. Questão proposta: ônus de sua prova. *Revista dos Tribunais*, v. 587, p. 27-32, 1984.

MULLER, Sérgio J. D. Pela imparcialidade. *Revista da Ajuris*, v. 45, p. 118-122, 1989.

NALINI, José Renato. O juiz e a imprensa. *Revista dos Tribunais*, v. 673, 1991.

NASCIMENTO, Amauri Mascaro. *Curso de Direito Processual do Trabalho.* São Paulo: Saraiva, 1992.

NASCIMENTO, Cláudio Nunes do. Do julgamento conforme o estado do processo. *Revista de Processo*, v. 24, p. 222-230, 1981.

NAVES, Candido. *Impulso processual e poderes do juiz.* Belo Horizonte: Graf. Santa Maria, 1949.

NEGRÃO, Theotonio. *Código de Processo Civil e Legislação Processual em Vigor.* São Paulo: Malheiros, 1994.

NERY, Nelson Junior. Ônus da Prova. *Revista de Processo*, v. 17, p. 210-212, 1980.

——. *Princípios do Processo Civil na Constituição Federal.* São Paulo: Ed. Revista dos Tribunais, 1992.

——. Extinção do processo sem julgamento do mérito - legitimidade recursal do réu. *Revista de Processo*, v. 19, p. 175-178, 1980.

——. Execução provisória. *Revista de Processo*, v. 18, p. 211-214, 1980.

——. Aspectos da teoria geral dos recursos no processo civil. *Revista de Processo*, v. 51, p. 155-163, 1988.

——. *Princípios Fundamentais - Teoria Geral dos Recursos.* 2. ed. São Paulo: Ed. Revista dos Tribunais, 1993.

OLIVEIRA JR., Waldemar M. de. *Curso de Direito Processual Civil.* v. 1, São Paulo: Ed. Revista dos Tribunais, 1973.

OLIVEIRA, Carlos Alberto Álvaro. O juiz e o princípio do contraditório. *Revista de Processo*, v. 73, p. 7-14, 1994.

OLIVEIRA, Regis Fernandes de. Lacunas e Sistema Normativo. *Revista de Jurisprudência do Tribunal de Justiça de São Paulo*, v. 53, p. 13-30, 1978.

OLIVEIRA, Lourival Gonçalves de. Duplo grau de jurisdição obrigatório e as entidades de direito público. *Revista de Processo*, v. 27, p. 155-165, 1982.

PAINI, Reynaldo José Castilho. O artigo 132 do Código de Processo Civil. *Revista de Processo*, v. 45, p. 259-265, 1987.

PASQUALINI, Alexandre. Reflexões para uma tese sobre o público e o privado. *Revista da Ajuris*, v. 45, p. 43-62, 1989.

PASSOS, J. J. Calmon de. Da responsabilidade por custas e honorários de advogado na execução de títulos extrajudiciais. *Revista de Processo*, v. 3, p. 22-31, 1976.

——. *Comentários ao Código de Processo Civil.* v. 3, Rio de Janeiro: Forense, s.d.

——. *Democracia, participação e processo. In:* GRINOVER, Ada Pellegrini; DINAMARCO, Cândido; WATANABE, Kazuo (org.). *Participação e Processo.* São Paulo: Ed. Revista dos Tribunais, 1988.

PAULA, Alexandre de. *Código de Processo Civil Anotado.* São Paulo: Ed. Revista dos Tribunais.

——. *O Processo Civil à Luz da Jurisprudência.* v. 1. Rio de Janeiro: Forense, 1987.

PÊCHEUS, M.; GADET, A.; HAC, T. A propósito da análise automática do discurso: atualização e perspectivas (1975). *In:* Por uma Análise Automática do Discurso. Campinas: Unicamp, 1990.

PELLEGRINI, José Francisco. Do ônus da prova. Crítica do art. 333, do CPC. *Revista da Ajuris*, v. 16, p. 41-51, 1979.

PELUSO, Antônio Cezar. O ônus da prova e o direito intertemporal. *Revista de Processo*, v. 4, p. 227-237, 1976.

PENTEADO, Jaques de Camargo Penteado. O princípio do promotor natural. *Revista dos Tribunais*, v. 619, p. 407-413, 1987.

PEREIRA, Jeremias Alves Filho. Recurso adesivo. Amplitude. *Revista de Processo*, v. 39, p. 300-304, 1985.

PIETRO, Maria Sylvia Zanela Di. *Discricionariedade Administrativa na Constituição de 1988.* São Paulo: Atlas, 1988.

——. *Direito Administrativo.* São Paulo: Atlas, 1990.

PIMENTEL, Wellington Moreira. *Comentários ao Código de Processo Civil.* v. 3. São Paulo: Ed. Revista dos Tribunais, 1975.

PINTO, Nelson Luiz. Execução fiscal e princípio da paridade de tratamento das partes. *Revista de Processo*, v. 52, p. 210-213, 1988.

PINTO, Teresa Celina de Arruda Alvim. Teoria Geral dos Recursos. *Revista de Processo*, v. 58, p. 150-156, 1990.

PIZA, Marcos Salvador de Toledo. Contradita e o contraditório. *Revista dos Tribunais*, v. 6, p. 250-251, 1988.

PORTANOVA, Rui. Instrumental Alternativo. Pequena Contribuição. *Revista da Ajuris*, v. 59, p. 199-223, 1993.

——. Temporariedade suspensiva do processo de execução. *Revista da Ajuris*, v. 27, p. 131-136, 1983.

——. *Motivações Ideológicas da Sentença.* Porto Alegre: Livraria do Advogado Editora, 1992.

——. A falência do sumaríssimo. *Jornal da Ajuris*, ago./set. 1992.

PRATES, Márcia Maria Bianchi. Duplo grau de jurisdição. *Revista de Processo*, v.42, p. 220-227, 1986.

RAMOS, Elival da Silva. O direito à igualdade formal e real. *Revista dos Tribunais*, v. 651, p. 53, 1990.

REALE, Miguel. *Teoria Tridimensional do Direito (Situação Atual).* São Paulo: Saraiva, 1986.

REGO, Hermenegildo de Souza. Os motivos da sentença e a coisa julgada. *Revista de Processo*, v. 35, p. 7-22, 1984.

RIGOLIN, Antonio. Jurisprudência comentada. *Revista de Processo*, v. 9, p. 330-333, 1978.

ROCHA, Jayme Soares da. Honorários de sucumbência. Pertencem à parte vencedora ou ao seu advogado? *Revista dos Tribunais*, v. 633, p. 236-242, 1988.

ROCHA, José de Albuquerque. *Teoria Geral do Processo.* São Paulo: Saraiva, 1991.

ROCHA, José de Moura. Há "poder de polícia" no art. 445 do Código de Processo Civil? *Revista de Processo*, v. 6, p. 27-39, 1977.

——. Produção antecipada de prova. *Revista de Processo*, v. 20, p. 56-65, 1980.

——. Sucumbência e processo de execução. *Revista Brasileira de Direito Processual*, v. 9, p. 17-33, 1977.

——. Sucumbência. *Revista de Processo*, v. 21, p. 19-48, 1991.

——. Notas sobre o procedimento sumaríssimo. *Revista da Ajuris*, v. 11, p. 34-166, 1977.

RODRIGUES, Horácio Wanderlei. *Acesso à Justiça no Direito Processual Brasileiro*. São Paulo: Editora Acadêmica, 1994.

RODRIGUEZ, Américo Plá. *Princípios de Direito do Trabalho*. Tradução de Wagner D. Giglio. São Paulo: LTr. Editora da Universidade de São Paulo, 1978.

ROENICK, Hermann Homem de Carvalho. Os efeitos civis da sentença penal. *Revista da Ajuris*, v. 6, p. 5-16, 1976.

SANCHES, Sydney. O advogado e o Poder Judiciário. *Revista dos Tribunais*, v. 648, p. 241-249, 1989.

——. O juiz e os valores dominantes. *Revista dos Tribunais*, v. 669, p. 239-241, 1991.

SANSEVERINO, Milton. Fungibilidade dos recursos. *Revista de Processo*, v. 25, p. 181-183, 1982.

SANTOS, Ernane Fidelis dos. *Manual de Direito Processual Civil. Processo de Conhecimento*. 3. ed., v. 1. São Paulo: Saraiva, 1994.

——. Aplicação subsidiária de normas do processo de conhecimento no processo de execução. *Revista de Processo*, v. 29, p. 41-49, 1983.

SANTOS, Francisco Cláudio de Almeida. Atividade jurisdicional - princípios aplicáveis. *Revista de Processo*, v. 58, p. 135-149, 1990.

SANTOS, João Manoel de Carvalho. *Código de Processo Civil Interpretado*. v. 1. Rio de Janeiro: Freitas Bastos, 1940 e 1941.

SANTOS, Moacyr Amaral. *Comentários ao Código de Processo Civil*. 2. ed. v. 4, Rio de Janeiro: Forense, 1977.

——. *Primeiras Linhas de Direito Processual Civil*. v. 1. São Paulo: Saraiva, 1984 e 1985.

——. *Primeiras Linhas de Direito Processual Civil*. v. 2. São Paulo: Saraiva, 1990.

SAROTTE, Georges. *O materialismo histórico no estudo do direito*. Tradução de Joaquim Monteiro Matias. 2. ed. Lisboa: Editorial Estampa, 1975.

SCHWAB, Karl Heinz. Divisão de funções e o juiz natural. Tradução de Nelson Nery Júnior. *Revista de Processo*, v. 48, p. 124-131, 1987.

SILVA FILHO, Artur Marques da. Juízes Irresponsáveis? Uma indagação sempre presente. *Revista dos Tribunais,* v. 674, p. 71-80, 1991.

SILVA, Adhemar Gomes da. Sucumbência em mandado de segurança. *Revista dos Tribunais*, v. 512, p. 304-304, 1978.

SILVA, Clóvis V. do Couto e. Direito material e processual em tema de prova. *Revista de Processo*, v. 13, p. 135-146, 1979.

SILVA, José Afonso da. *Curso de Direito Constitucional Positivo*. 8. ed. São Paulo: Malheiros, 1992.

——. O advogado perante o princípio da igualdade. *Revista Jurídica*, v. 92, 1979.

SILVA, Ovídio A. Baptista da. *Curso de Processo Civil*. v. 1, 2. ed. Porto Alegre: Fabris, 1991.

——. *Teoria Geral do Processo Civil*. Porto Alegre: Letras Jurídicas, 1983.

——. *Democracia moderna e processo civil*. In: GRINOVER, Ada Pellegrini; DINAMARCO, Cândido; WATANABE, Kazuo (org.). *Participação e Processo*. São Paulo: Revista dos Tribunais. p. 98-113, 1988.

——. Execução em face do executado. *Revista da Ajuris*, v. 60, p. 180-200, 1994.

SILVEIRA, José Neri. Em busca da plenitura da cidadania. *Revista dos Tribunais*, v. 687, 1993.

SOUSA, Everardo de. Do princípio da eventualidade no sistema do Código de Processo Civil. *Revista Forense*, v. 251, p. 101-111, 1975.

SOUZA, Gelson Amaro de. A nova lei de execuções fiscais e o princípio da sucumbência. *Revista dos Tribunais*, v. 565, p. 263-271, 1982.

SOUZA, Paulo Roberto Pereira de. Da fungibilidade dos Recursos. *Revista de Processo*, v. 38, p. 200-206, 1985.

SUSSEKIND, Arnaldo. *Instituições de Direito do Trabalho*. 14. ed., 1993.

TEIXEIRA FILHO, João de Lima. *Instituições de Direito do Trabalho*. 14. ed., 1993.

TEIXEIRA, Salvio de Figueiredo. A efetividade do processo e a reforma processual. *Revista da Ajuris*, v. 59, p. 253-268, 1993.

———. Considerações sobre o direito norte-americano. *Revista de Processo*, v. 16, p. 113-133, 1979.

TESHEINER, José Maria Rosa. *Elementos para uma Teoria Geral do Processo*. São Paulo: Saraiva, 1993.

THEODORO JR., Humberto. A garantia fundamental do devido processo legal e o exercício do poder de cautela no direito processual civil. *Revista dos Tribunais*, v. 665, p. 11-21, 1991.

———. *Curso de Direito Processual Civil*. 2. ed. v. 1. Rio de Janeiro: Forense, 1990.

———. Princípios gerais do direito processual civil. *Revista de Processo*, v. 23, p. 175-191, 1981.

———. *Curso de Direito Processual Civil*. 11. ed. v. 1. Rio de Janeiro: Forense, 1994.

TORNAGHI, Hélio. *Comentários ao Código de Processo Civil*, v. 2. São Paulo: Revista dos Tribunais, 1975.

———. *Comentários ao Código de Processo Civil*. 2. ed. São Paulo: Ed. Revista dos Tribunais, 1976.

TORON, Alberto Zacharias. O indevido processo legal, a ideologia da "law and order" e a falta de citação do réu preso para o interrogatório. *Revista dos Tribunais*, v. 685, p. 277-285, 1992.

TOURINHO FILHO, Fernando da Costa. *Processo Penal*. v. 1, São Paulo: Javali, 1977.

TUCCI, Rogério Lauria; TUCCI, José Rogério Cruz e *Constituição de 1988 e processo*. São Paulo: Saraiva, 1989.

———; ———. *Constituição de 1988 e Processo*. São Paulo: Saraiva, 1989.

TUCCI, José Rogério Cruz e. Ainda sobre a nulidade da sentença imotivada. *Revista de Processo*, v. 56, p. 223-230, 1989.

———. Código do consumidor e processo civil. Aspectos polêmicos. *Revista dos Tribunais*, v. 671, p. 32-39, 1991.

VASCONCELOS, Antonio Vital Ramos de. O pedido de reconsideração e a preclusividade das decisões judiciais. *Revista dos Tribunais*, v. 616, p. 17-23, 1987.

———. Oportunidade processual da especificação de provas. *Revista Jurídica*, v. 160, 1991.

VÉSCOVI, Enrique. Una forma natural de partipación popular en el control de la justicia: el proceso por audiencia pública. In: GRINOVER, Ada Pellegrini; DINAMARCO, Cândido; WATANABE, Kazuo (org.). *Participação e Processo*. São Paulo: Ed. Revista dos Tribunais, 1988.

VIANA, Segadas; ———. *Instituições de Direito do Trabalho*. 14. ed., 1993.

VIDAL, José. A praça pública da Lei nº 5.741. *Revista de Processo*, v. 23, p. 147-148.

VIDIGAL, Luiz Eulálio de Bueno. Por que unificar o direito processual? *Revista de Processo*, v. 27, p. 40-48, 1982.

VIERA, Luiz Alberto. Sobre el proyecto del nuevo codigo de procedimiento civil uruguayo. *Revista de Processo*, v. 4, p. 164-177, 1976.

VIE WEG, Theodor. *Topica y Jurisprudencia*. Madrid: Taurus, 1964.

VILLAMARIN, Alberto Juan González. A indisponibilidade do procedimento sumaríssimo. *Revista da Ajuris*, v. 21, p. 208-220, 1981.

WALD, Arnoldo. A cumulação de cláusula penal e dos honorários do novo Código de Processo Civil. *Revista de Processo*, v. 6, p. 41-45, 1977.

WAMBIER, Luiz Rodrigues. Anotações sobre o princípio do devido processo legal. *Revista dos Tribunais*, v. 646, p. 33-40, 1989.

WATANABE, Kazuo. Assistência judiciária e o Juizado Especial de Pequenas Causas. *Revista da Ajuris*, v. 34, p. 219-225, 1985.

———. *Acesso à justiça e sociedade moderna*. In: GRINOVER, Ada Pellegrini; DINAMARCO, Cândido; WATANABE, Kazuo (org.). *Participação e Processo*. São Paulo: Ed. Revista dos Tribunais, p. 128-135, 1988.

ZARIF, Marcelo Cintra. Prova testemunhal. Contradita. Acareação. Testemunha referida. *Revista de Processo*, v. 21, p. 90-123, 1981.

ZAVATARO, Eliseu. Despesas de viagens: ônus da sucumbência. *Revista de Processo*, v. 35, p. 260-263, 1984.

——. A falência dos honorários. *Revista de Processo*, v. 26, p. 178-184, 1982.

Índice temático

Ação   114
Acesso à justiça   112
Acesso à ordem jurídica justa   112
Acesso ao Judiciário   112
Acumulação eventual   130
Aderência ao território   89
Adstrição do juiz ao pedido da parte   234
Alheabilidade   77
Ampla defesa   124
Apreciação da prova   218
Aproveitamento   190
Aquisição da prova   216
Ataque e defesa global   130
Audiatur et altera pars   160
Ausência de limites no uso do direito de ação   118
Ausência do prejuízo   192
Autonomia   72
Autonomia da ação   118
Autonomia da reconvenção   120
Autoridade do juiz   149
Avaliação da prova   218
Benefício comum   277
Bilateralidade da ação   160
Bilateralidade da audiência   160
Boa-fé   156
Brevidade   171
Busca da verdade   198
Carga probatória   212
Causalidade (nulidade)   195
Causalidade (sucumbência)   254
Celeridade   171

Competência da União para legislar sobre direito processual 171
Complementariedade 276
Comunhão da prova 216
Comunidade da prova 216
Concentração (da prova) 224
Concentração (na contestação) 128
Congruência 121
Consolidação 194
Consumação 276
Continuidade 226
Contradição da prova 208
Contraditório 160
Controle hierárquico 264
Controle jurisdicional 82
Convalidação 194
Conversibilidade dos recursos 273
Correlação entre a demanda e a sentença 231
Correspondência entre o postulado e o pronunciado 231
Dami facto dabo tibi jus 237
Debate 149
Defesa da coisa julgada parcial 277
Defesa global 128
Defesa plena 124
Demanda 114
Dever de verdade 200
Devido processo legal 145
Devolutividade dos recursos 277
Devolutividade plena 277
Dialeticidade 275
Disponibilidade 114
Dispositivo 121
Dispositivo em sentido formal 149
Dispositivo em sentido material 121
Distinção da jurisdição cível e criminal 96
Dualidade jurisdicional 96
Duplo grau de jurisdição 264
Duplo grau de jurisdição mínimo 264
Duplo grau de jurisdição obrigatório 266
Duplo grau de jurisdição voluntário 264
Economia processual 24
Econômico 24
Efeito devolutivo 277

Efetividade   54
Efetividade da jurisdição   90
Efetivo   54
Eficácia jurídica e legal da prova   200
Encargo probatório   212
Espontaneidade da prova   201
Estabilidade da instância   136
Estabilidade objetiva da demanda   132
Estabilidade subjetiva da demanda   136
Estabilidade subjetiva da relação processual   136
Estabilização do processo   136
Eventualidade   130
Finalidade   187
Formalidade da prova   204
Fungibilidade do recurso   273
Gratuidade judiciária   84
Identidade física do juiz   241
Idoneidade   228
Igualdade   35
Igualdade de oportunidade para a prova   208
Igualizador   35
Imediação   221
Imediatidade   221
Imodificabilidade da sentença   260
Imparcialidade   77
Imparcialidade do juiz na direção e apreciação da prova   198
Improrrogabilidade de prazos   176
Improrrogabilidade da jurisdição   89
Impulsão   153
Impulso oficial   153
Impulso processual   153
Imutabilidade da *causa petendi*   132
Imutabilidade da sentença   260
Inafastabilidade   82
Inalterabilidade dos prazos   175
Incondicionalidade   118
Indeclinabilidade   92
Indelegabilidade   91
Independência   72
Independência das jurisdições civil e criminal   96
Indispensabilidade de advogado   164
Indisponibilidade da ação penal   116

PRINCÍPIOS DO PROCESSO CIVIL   301

Indisponibilidade procedimental   178
Indivisibilidade do Ministério Público   66
In dubio pro reo   213
Inércia da jurisdição   69
Inevitabilidade   95
Informalidade   186
Infungibilidade do rito   178
Iniciativa da parte   114
Inquisitivo   204
Inquisitório   204
Instrumental   48
Instrumentalidade   48
Instrumentalidade das formas   187
Intangibilidade da sentença   260
Interesse público em função da prova   217
Interioridade   72
Invariabilidade da sentença   260
Investidura   88
Inviolabilidade da defesa em juízo   145
Irrecorribilidade em separado das interlocutórias   281
Irredutibilidade de prazos   176
Irrelevância   192
Isenção de pressões externas   72
Isonomia   35
Iura novit curia   237
Juiz constitucional   63
Juiz natural   63
Juízo legal   63
Jurídico   35
Justiça gratuita   84
Lealdade da prova   203
Lealdade processual   156
Legalidade   40
Legalidade da forma   187
Legitimidade da prova   204
Liberdade da forma   186
Liberdade da prova   208
Liberdade do direito de ação   114
Licitude da prova   201
Livre admissibilidade da prova   208
Livre apreciação da prova   244
Livre convencimento   244

Livre convencimento motivado   244
Livre convicção motivada   244
Livre investigação no interior do pedido   198
Livre investigação probatória   208
Lógico   21
Mera sucumbência   254
Monopolístico do cidadão de movimentar o Poder Judiciário   114
Motivação   247
Não-prejuízo   192
Narra mihi factum narro tibi jus   237
Naturalidade da prova   201
Naturalidade do juiz   63
Ne eat iudex ultra petita partium   234
Necessidade da demanda   69
Necessidade da prova   200
Necessidade de advogado   164
Nemo iudex sine actore   114
Non liquet   92
Obtenção coativa da prova   200
Oficialidade   153
Oficiosidade   149
Ônus da prova   212
Oralidade   46
Ordinariedade   181
Originalidade   227
Paridade   35
Participativo   31
Pedido   114
Peremptoriedade de prazos   176
Permutabilidade dos recursos   273
Perpetuação da jurisdição   99
Perpetuatio fori   99
Perpetuatio jurisdictionis   99
Perpetuatio legitimationis   136
Personalidade dos recursos
Persuasão   251
Persuasão racional   251
Pertinência da prova   228
Plenitude da assistência dos juízes   241
Poderes direcionais do juiz   153
Político   31
Preclusão   174

Preclusão da prova   209
Preferibilidade do rito ordinário   181
Prejudicialidade   23
Prejuízo   192
Primazia da realidade   261
Probidade   156
Probidade da prova   203
Processo justo   145
Proibição da *reformatio in pejus*   277
Promoção do processo   114
Promotor natural   65
Proteção   190
Prova imaculada   201
Publicidade   167
Publicidade da prova   208
Recursividade   103
Recurso indiferente   273
Remessa *ex officio*   266
Remessa oficial   266
Representação por advogado   164
Respeito à pessoa humana   201
Sana critica   219
Simplificação   24
Singularidade   137
Singularidade (recursos)   271
Submissão   90
Subsidiariedade   183
Substanciação   132
Sucumbência   254
Sucumbimento   254
Supremacia do interresse social   54
Tantum devolutum quantum apellatum   277
Taxatividade   269
Transcendência   192
Tutela cautelar   50
Unirrecorribilidade   271
Unicidade   271
Unidade da prova   218
Unidade do Poder Judiciário   105
Utilidade   83
Utilidade da jurisdição   82
Variabilidade   276

Veracidade da prova   203
Verdade formal   199
Verdade real   199
Vinculação do juiz aos fatos da causa   231
Voluntariedade   266

Alunos cooperadores

Adão de Jesus Paz Rodrigues, Adelaide Barbosa Ramos, Adriana Brasil Filippi, Adriana Seelig Gonçalves, Airton Santos Vargas Junior, Alberto Ribeiro Marques, Alderian Dacás Tasca, Alécio Silveira Nogueira, Alessandra Lehmen, Alexandra Carniel Antonio, Alexandra Cristina Giacomet Pezzi, Alexandre Duarth Corrêa, Alexandre Lopes Vianna, Alvaro Plácido Cruz Ferreira Lima, Ana Cristina Stein Correia, Ana Inês Algorta Latorre, Ana Letícia Lando, Ana Paula Carvalho de Medeiros, Ana Sabrina Silveira Martins, Anair Isabel Schaefer, André Antonio Beltrami, André L. M. Silveira, André Luís Spies, André Luiz Cavalli de Oliveira, Andrei Kampff de Melo, Angela Roberta Paps Dumerque, Angélica dos Santos Petrillo, Artur Menezes Junior, Artur Peixoto San Martin, Ben-hur Coelho Vieira, Berenice Pereira da Silva, Carlos Eduardo Lima Pinto, Carlos Francisco Gross, Carlos Klein Zanini, Carlos Manoel Cassares Campos, Carmem Lígia Machado da Silva, Carolina da Siveira Medeiros, Christine Balbinot, Cibele Maciel Ferreira, Cláudia Sobreiro de Oliveira, Cláudio Formagio, Cláudio Valério, Cristóvão Pereira Neto, Dagoberto A.V. Muniz, Daniel Cravo Souza, Daniel Machado da Rocha, Daniela Schilling de Almeida, Danilo Knijnik, Débora de Godoy D'Armas, Débora Viegas Menezes, Décio Fochesatto, Dione Dorneles Silva, Domingos Henrique Baldini Martin, Dóris Brandão Paim, Dóris Krause Kilian, Edir Antônio Alves de Moraes, Eduardo Cabral de Melo Gargioni, Eduardo César Weber, Eduardo Marchese, Elaine Maria Cunha, Elaine Ramos da Silva, Eliane Michels Ortiz, Elisa de Araujo Ribeiro Alvares, Elizabeth de Deus Franco, Elói Ritter Filho, Eloir Ambos da Silva, Enio Laércio Chappuis, Eunice Nessi Papaleo, Evandro Luis Dias da Silveira, Evânia Núbia Gonçalves de O. Almeida, Fabiana Arenhart, Fabiana Gonçalves dos Santos, Fabiano Koff Coulon, Fábio Dutra Lucarelli, Fábio Krause Pereira, Fábio Nesi Venzon, Fabio Nodari, Fábio Pires, Fádia Ramos Gonzalez Zanini, Fátima M. Motter, Felipe Martins de Azevedo, Felipe Néri Dresch da Silveira, Fernando Coelho Torres, Fernando Palombini Moralles, Fernando Rigol, Flávio Duarte, Flávio Fagundes Vizentini, Flávio Migowski,

PRINCÍPIOS DO PROCESSO CIVIL

Francisco de Sales Dresch da Silveira, Fúlvia de Souza, Gerson Elias Charchat, Gerson Martins Pereira, Gervásio Vendruscolo Damian, Gil Vicente Bozzo, Gilberto Brito Travi, Gilberto Schäfer, Giovanni Olsson, Gisele Werner, Gustavo Borsa Antonello, Gustavo Juchem, Heitor Paim Viterbo de Oliveira, Heliomar Athaydes Franco, Ibanes Morais Froes, Irineu Derli Langaro, Jane Teresinha Pacheco, Jenifer Castellan de Oliveira, Joanes Machado da Rosa, Jonathan Vitor Mairèsse, Jones Tadeu dos Santos Viana, Jorge Amado Rodrigues Prestes, Jorge Delgado Ramos Filho, Jorge Luís Barnetche Barth, Jorge Luiz Terra da Silva, Jorge V.Rodrigues, José Antonio Julian, José Antônio Rispoli, José Astrogildo Mallet Pinheiro, José Carlos Milioli, José Guilherme Giacomuzzi, José Henrique Anschau, José Lauro Dieckmann Siqueira, Júlio Átila Dias Gonçalves, Julio Cezar Salini, Karen Kristine M. Guerra, Lênia Regina R. Moraes, Lia Sara Tedesco, Liane Maria Fagundes Pinto, Lila Paula Flores França, Liliane Schifino Robles de Almeida, Lucia Hoff, Luciana Barcellos Tegiacchi, Luciano Carvalho da Cunha, Lúcio Hagemann, Luiz Eduardo Custódio, Fernando Rosa Nunes, Luiz Fernando Barzoto, Luiz Fernando Crespo Cavalheiro, Luiz Fettermann Bosak, Marcelo Victória de Freitas, Marco Antonio Soares Ochoa, Marconi Borges Caldeira, Marcos Maia de Araújo, Marcos Weiss Bliacheris, Maria Angélica Carrard, Maria Aparecida Schneider Santos, Maria do Socorro Montezuma Bulcão Glaeser, Maria Isabel Borges da Silva Bastos, Maria Jocely Paim Ferreira, Maria José Blaskovki Vieira, Maria José Calleya, Mariangela Correa Lima, Maximiliano Kucera Neto, Michel Laub, Miriam Moraes Feijó, Moisés Giacomelli Nunes da Silva, Neusa Medianeira Sperb, Nildo Lodi, Nilton Camargo Vargas, Nilton Gabriel Paz Koltermann, Oli Oliveira da Rosa, Oriovaldo Rui Bastos Cardoso, Patrícia Stein, Patrícia Vieria Gabardo, Paulo Cézar Filipon, Paulo Emílio Melchiades Barreto, Paulo Estevam Maia de Castilhos, Paulo Roberto Martins, Paulo Roberto Stefani Sanches, Paulo Rogério Lino, Paulo Fagundes, Pedro Antonio D. de Oliveira, Percio Torres, Raquel Inês Hilbig, Rejane Antunes Rodrigues, Renata Martins de Martins, Renato Reis da Silva, Ricardo Nogueira Pianta, Rita Maria Petri Nascimento, Roberto Fernandes Júnior, Robson Thales Rodrigues, Rodrigo Krieger Martins, Rodrigo Valin de Oliveira, Rogério Luiz Ferreira, Rogério Möller dos Santos, Ronaldo Gusmão Busnello, Nedson Ramos de Oliveira, Ronaldo Sansone Guerra, Rosa Beatriz Foresti, Rudimar Nunes Fraga, Sabina Cavalli, Sabrina Presti Sartori, Santiago Costa de Montoya, Sebastião Jorge de Lima, Sérgio Fusquine Gonçalves, Sérgio N. Breitenbach, Silene C. Simões, Silvana Regina Zanuz, Sílvia Maria Garibaldi, Sonia Regina Carvalho Rigo, Suzete Bragagnolo, Taiguara Wendel Pereira, Telmo Tadeu Sant'anna Bitello, Teresinha Martins da Rosa, Toya de Souza Gomes, Valter Priebe, Vania Vallandro de Azanbuja, Vera Susana Brandão Ríspoli.

Impressão:
Evangraf
Rua Waldomiro Schapke, 77 - POA/RS
Fone: (51) 3336.2466 - (51) 3336.0422
E-mail: evangraf.adm@terra.com.br